汽车技术精品著作系列

低碳汽车与材料

主　编　梁鸿宇　　[加拿大] 马芳武

主　审　工登峰

机械工业出版社

《低碳汽车与材料》一书旨在从材料的视角对低碳汽车的设计开发过程进行阐述，助力材料生态化、设计轻量化、制造绿色化、应用健康化、回收环保化的车辆研发关键技术的提升。全书共分9章。第1章介绍了汽车发展过程中的关键节点，从不同维度阐述了发展低碳汽车的时代意义；第2章讲述了国内外绿色低碳工业转型的现状，着重突出对低碳汽车产品的设计要求；第3章~第8章以生态材料为主线讲述了低碳汽车从材料选择、材料改性、设计、制造、应用、报废、回收的全流程开发关键技术；第9章对低碳生态汽车的几大热点方向及先进技术进行了介绍，综述了这些技术的优缺点及发展趋势。

本书适合涉及汽车材料、汽车轻量化、低碳汽车、汽车材料回收利用、绿色制造的工程设计研发人员和管理人员阅读。

北京市版权局著作权合同登记　图字：01-2020-0966号。

图书在版编目（CIP）数据

低碳汽车与材料／梁鸿宇，（加）马芳武主编.

北京：机械工业出版社，2024. 10. -- （汽车技术精品著作系列）. -- ISBN 978-7-111-77113-5

Ⅰ. U471. 23

中国国家版本馆 CIP 数据核字第 2024CU4919 号

机械工业出版社（北京市百万庄大街22号　邮政编码100037）
策划编辑：母云红　　　　　责任编辑：母云红　赵晓峰
责任校对：韩佳欣　陈　越　　封面设计：马精明
责任印制：李　昂
北京捷迅佳彩印刷有限公司印刷
2025年1月第1版第1次印刷
169mm×239mm · 14.5 印张 · 246 千字
标准书号：ISBN 978-7-111-77113-5
定价：99.00 元

电话服务　　　　　　　　　网络服务
客服电话：010-88361066　　机 工 官 网：www.cmpbook.com
　　　　　010-88379833　　机 工 官 博：weibo.com/cmp1952
　　　　　010-68326294　　金 书 网：www.golden-book.com
封底无防伪标均为盗版　　机工教育服务网：www.cmpedu.com

前　言

汽车自诞生以来，承载着人们对美好生活的向往与憧憬，给人们生活出行带来便利、风驰电掣的自由以及个性化风格的表达，同时也体现了不同时代的社会属性。如今，汽车低碳化已成为全行业的发展共识，与电动化、智能化、网联化、共享化并驾齐驱，各类先进技术层出不穷。

本书的撰写计划是 2019 年由国家特聘专家、吉林大学马芳武教授提出的。马芳武教授在欧美和国内汽车行业及高校工作 30 余年，在汽车性能开发、轻量化、NVH 和智能化技术等领域具有丰富的研发经验，他大力倡导生物基材料等低碳环保材料在汽车领域的应用发展，将其推荐写入中国汽车轻量化发展战略文件中，并带领团队对复杂服役条件下生态材料的设计改性开展了大量基础研究。不幸的是，在本书编撰过程中，马芳武教授因病医治无效，与世长辞，临终委托弟子梁鸿宇完成本书的编写工作。

全书共分 9 章。第 1 章介绍了汽车发展过程中的关键节点，从不同维度阐述了发展低碳汽车的时代意义；第 2 章讲述了国内外绿色低碳工业转型的现状，着重突出对低碳汽车产品的设计要求；第 3 章分析了汽车用材的发展趋势，指出生态材料在低碳汽车设计中的性能优势及应用价值；第 4 章详细介绍了生态材料的起源、分类、性质及应用范围；第 5 章讲述了主流的生态材料改性方法及当前的研究现状；第 6 章对典型的低碳轻量化设计方法展开介绍，梳理出从材料到产品之间的关键研发环节；第 7 章对生态材料在汽车上的应用进行综述总结，并对其目前的应用局限性及技术挑战进行具体阐述；第 8 章介绍了汽车关键零部件及材料的报废、回收、拆解及再利用关键技术；第 9 章对低碳生态汽车的几大热点方向及先进技术进行了介绍，综述了这些技术的优缺点及发展趋势，展望了未来低碳生态汽车集低碳材料、轻量设计、清洁能源、智能控制、生态出行为一体的美好愿景。

本书由国内外汽车行业专家、学者，历时四年，共六轮编撰完成。吉林大学马芳武教授完成了本书大纲的搭建和每章主要内容的确定，吉林大学鼎新学者梁鸿宇接任全书的主编并完成统稿工作，吉林大学王登峰教授承担本书的总审工作，丁祎博士在本书写作过程中给予了许多实质性指导。本书第 1 章由丁祎编写；第 2 章由张延、赵明楠、李家昂 [中汽碳（北京）数字技术中心有限公司] 编写；第 3、7 章由梁鸿宇（吉林大学）编写；第 4、5 章由薛桂连（吉林大学）编写；第 6 章由蒲永锋（吉林大学）、卢春达（吉林大学）编写；第 8 章由田广东（北京建筑大学）、孙昊（吉林大学）编写；第 9 章由吴量（吉林大学）、马文婷（中国第一汽车集团有限公司）、刘百川（吉林大学）编写。在此，对以上参与本书编撰的全体人员表示衷心的感谢！同时，特别感谢机械工业出版社母云红等编辑在本书写作与出版过程中给予的大力支持与帮助。

本书的撰写寄托着马芳武先生对我们的传承以及我们对先生的深切怀念。在撰写过程中，我们深深地认识到由于个人能力、学识极其有限，本书可能仍存在一些错误与纰漏之处，恳请各位读者批评指正的同时给予更多宝贵的修改意见。

梁鸿宇

吉林大学鼎新学者

目 录

第1章
汽车的魅力与人类出行

1.1 引言

　　汽车自诞生以来，承载着人们对美好生活的向往与憧憬，它带给人们生活出行的便利、风驰电掣的自由以及个性化风格的表达，同时也承载着不同时代的社会属性。汽车诞生初期的产量极低，只能作为彰显富豪身份的一种标志。1903 年，亨利·福特（Henry Ford）本着"制造人人都能买得起的低价车"的愿望创建了福特汽车公司，随后福特 T 型车问世。1914 年，福特生产线成为世界上第一条汽车生产流水线，汽车开始进入大量生产阶段；第一次世界大战、第二次世界大战爆发，汽车进入了适应不同需求的产业化阶段；20 世纪 70 年代石油危机的爆发，促使汽车进入追求经济性的阶段；随后汽车进入高级化阶段，更加重视舒适性、安全性以及环保性，20 世纪 80 ~ 90 年代传感器技术的快速发展，汽车开始进入电子化、智能化时代，更能满足人类的驾驶品质需求；如今，全球汽车年产销量正向亿辆级发展，早已成为人类出行和社会发展不可或缺的一部分。而"低碳"，这个 21 世纪全球范围内的关注点，无疑已成为当下乃至未来汽车的发展主题，意味着新一轮全球化的汽车技术革命已经拉开了序幕。

1.2 汽车与人类出行的关系

　　自 1886 年卡尔·本茨（Carl Benz）在德国曼海姆发明汽车以来，汽车就一直吸引着人们的关注。汽车是一种高科技的产品，也是社会活动不可缺少的载运工具。多年来，汽车的世代更替不仅是技术进步的证据，而且展现了美学、社会和文化变化的足迹，这些在汽车设计和用材方面得到了充分的体现。汽车的发展里程可以看作是 100 多年来人类在电子、信息、机械工程、艺术、设计和许多其他学科领域取得成就的证明，如图 1 - 1 所示。从本质上讲，汽车以它

低碳汽车与材料

的特点和功能、吸引力和美学，反映了不同时代的人们想利用社会各行各业的投入生产出什么产品的意愿。然而，汽车的魅力不仅在于它的有形品质，还在于它所提供的可能性和机会。出行、自由和独立以及社会地位都可以从一辆汽车中得到体现。因此，汽车不仅给予了人们控制、驾驭机器的能力，还有自由、运动、自豪和快乐的感觉。

图 1-1　汽车的发展里程

在许多国家，汽车不仅具有运输的功能，而且具有无形的价值。汽车用来展示车主的社会地位，表达个性并获得社会认可。似乎在汽车上，许多人的梦想和愿望都具体化了，这增加了人们在汽车上花费大量金钱的意愿。制造商和经销商通过提供豪华型、运动型或家用型的汽车，并根据最新流行趋势反复调整技术、材料和设计来满足这些意愿。客户可以从各种型号、类型、版本和装置选项中，选择配置自己的个性化汽车。各家制造商提供的设计方案非常多，这可能就是目前为什么难以找到所有细节都完全相同的两辆车的原因。

同时，汽车工业的经济意义是显著的。据估计，每年售出的新车商业价值约为 1.1 万亿美元。汽车工业是发达国家（特别是韩国、日本、德国、美国、意大利和法国）工业化政策和战略的"发动机"，这些国家有许多相关的经济部门直接或间接地依赖于这一工业活动。汽车工业作为一个体系，不仅涉及汽车的制造、使用、维修、回收、处理，还涉及公路、桥梁和隧道等道路基础设施，以及供应基础设施（加油站、充电桩、换电站等）。如果考虑到整体影响，汽车工业可以被定义为"由科学知识、工程实践、生产过程技术、产品特性、技能和程序，以及机构和基础设施组成的完整的技术综合体"。

汽车交通出行并不是边缘问题，它影响着社会的经济和生态核心。随着汽车保有量的持续增加，对能源与土地的占用率也在随之提高，能源短缺、全球变暖、停车难等问题愈发明显。

在中国的积极推动下，世界各国达成了应对气候变化的《巴黎协定》，中国在自主贡献、资金筹措、技术支持、透明度等方面为发展中国家争取了最大利益。2016 年，中国率先签署《巴黎协定》并积极推动落实。2020 年 9 月，习近平主席在第七十五届联合国大会一般性辩论上阐明，应对气候变化《巴黎协定》代表了全球绿色低碳转型的大方向，是保护地球家园需要采取的最低限度行动，各国必须迈出决定性步伐。中国将提高国家自主贡献力度，采取更加有力的政策和措施，二氧化碳排放力争于 2030 年前达到峰值，努力争取 2060 年前实现碳中和。

1.3　科学与创新引领方向

2020 年全球碳排放量只有小幅度的下降清楚地表明了一件事：不可能简单地通过减少航空和汽车出行来实现完全的（哪怕是大部分的）零排放。毋庸置疑的是，越来越多的人用视频电话会议代替某些商务旅行，会在一定程度上减少航空与汽车出行。但是总的来说，世界应该使用更多清洁能源与生态环保材料，也需要应对气候变化的新工具——不会产生碳排放的发电、工业生产、食物种植、室内温度调节以及运输人员和货物的方式。同时，任何应对气候变化的综合方案都必须结合许多不同的学科，气候科学可以告诉我们为什么需要重视气候变化问题，但不可能告诉我们如何来解决这个问题。为此，我们需要化学、物理学、材料学、工程学和其他学科的协同进步与研发来共同实现低碳生态出行。

中国汽车工程学会于 2015 年受国家制造强国战略咨询委员会、工业和信息化部委托，组织行业编写《节能与新能源汽车技术路线图》（以下简称为 "《技术路线图》"），笔者团队有幸参与其中，于 2016 年与 2020 年分别发布了《技术路线图 1.0》与《技术路线图 2.0》，《技术路线图 3.0》也正在修订阶段。来自于汽车、交通、材料、能源、化工、人工智能、信息与通信、大数据、城市规划等相关领域的 1000 多位专家学者进行全产业链的积极讨论与意见征集。立足于新一轮科技革命背景下我国汽车产业发展，明确了汽车低碳化多技术路线并行发展的新需求，制定了 "1 + 9" 技术路线图，力争实现汽车产业碳排放总量先于国家碳减排承诺，于 2028 年左右提前达到峰值，到 2035 年排放总量较峰值下降 20% 以上。笔者团队自 2014 起开始从事环保可降解的车用低碳生态材料研发，当时国内研发生物基材料的公司以及具有生物基材料的自主知识产权都相对较少，对生物基材料在汽车上的应用路线与可能性还处于摸索阶段，而国外的一些知名车企，如宝马、丰田等，对生物基材料的应用已经有了一些应用案例。笔者团队历经十年的研发投入，并在中国汽车工程学会的大力支持下，积极推动生物基材料在国内汽车企业的应用，虽然能力有限，但也取得了一些成绩。目前，生态材料已经是低碳汽车技术发展的重要趋势之一，对汽车的全生命周期具有深远的影响。车用低碳生态材料技术路线如图 1-2 所示。

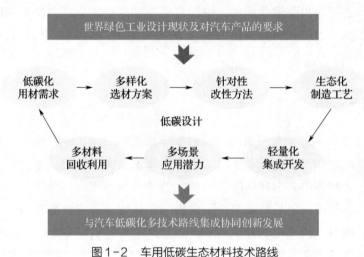

图 1-2　车用低碳生态材料技术路线

1.4　小结

解决气候变化问题可能需要数十年的时间来开发和使用清洁能源与生态环保材料。我们要积极面对气候变化的警示，努力找到更好的应对方法。如果我们现在就开始，利用科学和创新的力量，并确保这些解决方案同样适用于最贫困的人口，我们就能避免在气候变化问题上犯错误。

参考文献

中国汽车工程学会. 节能与新能源汽车技术路线图 2.0[M]. 2 版. 北京：机械工业出版社，2020.

第2章
世界绿色工业设计现状及
对汽车产品的要求

2.1 引言

　　绿色低碳发展已经成为世界发展的潮流和趋势，特别是在应对气候变化的国际大背景下，发展绿色低碳经济已经成为世界主要经济体的重要战略。在新形势下，党中央、国务院高度重视绿色低碳发展问题，将生态文明建设和环境保护置于更加重要的战略位置。2015年国务院印发了《中国制造2025》，将绿色低碳发展作为指导方针之一，并将绿色低碳制造作为五项重大工程之一。2016—2021年工业和信息化部先后发布了《工业绿色发展规划（2016—2020年）》《绿色制造工程实施指南2016—2020年》《工业和信息化部办公厅关于开展绿色制造体系建设的通知》等文件，提出：打造万种绿色产品，建立千家绿色工厂，搭建绿色供应链体系，推动工业的绿色低碳转型升级，并优先在汽车等行业组织开展试点示范。汽车产业作为国家先导性产业，正在积极采取措施，响应国家战略部署，通过强化绿色低碳设计、推广绿色产品、搭建绿色供应链、建设绿色工厂、开展绿色回收等环节，不断提升汽车产业的绿色制造水平，推动产业可持续发展。

2.2 汽车绿色工业设计起源

　　1996年，美国制造工程师学会（Society of Manufacturing Engineers，SME）发表了关于绿色制造的专门蓝皮书《绿色制造》（《Green Manufacturing》），提出绿色制造的概念。绿色制造是一个综合考虑环境影响和资源效益的现代化制造模式，其目标是使产品从设计、制造、包装、运输、使用到报废处理的整个产品生命周期，对环境的影响（负面作用）最小，资源利用率最高，并使企业经济效益和社会效益协调优化。

从绿色制造的定义可知，绿色制造涉及的问题领域包括三部分：①制造领域，包括产品生命周期全过程；②环境领域；③资源领域。绿色制造就是这三大领域内容的交叉和集成。

国内方面，2016 年 7 月，工业和信息化部发布《工业绿色发展规划（2016—2020 年）》（以下简称为《规划》），对工业领域的传统工业改造、绿色技术创新、法规标准制度建设等方面提出了全面的绿色化要求，并明确提出了工业领域绿色发展十大重点任务。汽车工业作为对能源、环境影响重大的制造业之一，在《规划》中被多次提及，主要包括以下几个方面：

1）开发绿色产品，按照产品全生命周期绿色管理理念，遵循能源资源消耗最低化、生态环境影响最小化、可再生率最大化原则，大力开展绿色设计示范试点，以点带面，加快开发具有无害化、节能、环保、低耗、高可靠性、长寿命和易回收等特性的绿色产品。

2）减少有毒有害原料使用，从源头削减或避免污染物产生，推进汽车等重点产品有毒有害物质的限制使用；实施挥发性有机物削减计划，在汽车制造等重点行业推广替代或减量化技术。

3）建立绿色供应链，以汽车等行业的龙头企业为依托，以绿色供应链标准和生产者责任延伸制度为支撑，带动上游零部件或元器件供应商和下游回收处理企业，在保证产品质量的同时践行环境保护责任，构建以资源节约、环境友好为导向，涵盖采购、生产、营销、回收、物流等环节的绿色供应链。

4）创建绿色工厂，按照厂房集约化、原料无害化、生产洁净化、废物资源化、能源低碳化的原则分类创建绿色工厂；鼓励企业使用清洁原料，对各种物料进行严格分选、分别堆放，避免污染。优先选用先进的清洁生产技术和高效末端治理装备，推动水、气、固体污染物资源化和无害化利用，降低厂界环境噪声、振动以及污染物排放，营造良好的职业卫生环境。

5）面向节能环保、新能源装备、新能源汽车等绿色制造产业的技术需求，加强核心关键技术研发，构建支持绿色制造产业发展的技术体系；在电动汽车领域，重点推进动力电池、电动机、电控等技术的研发。

6）加快推动再生资源高效利用及产业规范发展，围绕报废汽车、废旧动力电池等主要再生资源，加快先进适用回收利用技术和装备的推广应用，落实生产者责任延伸制度，在电器电子产品、汽车领域等行业开展生产者责任延伸试点示范。

自"十三五"以来，在国家政策的大力促进下，工业领域以传统工业绿色化改造为重点、以绿色科技创新为支撑、以法规标准制度建设为保障，大力实施绿色制造工程，工业绿色发展取得明显成效。

2.3　低碳生态汽车发展环境分析

2.3.1　行业政策环境分析

1. "十四五" 规划倡导绿色发展理念

2021 年，我国发布《中华人民共和国国民经济和社会发展第十四个五年规划和 2035 年远景目标纲要》（以下简称为 "十四五" 规划），作为我们国家经济发展新常态的第二个五年行动纲领，绿色低碳发展贯穿了 "十四五" 期间经济社会发展的各个领域和环节，成为主基调之一。汽车产业作为国民经济的重要支柱，近年来一直保持高速发展态势，2022 年国内汽车产销量分别为 2702.1 万辆和 2686.4 万辆，同比增长 3.4% 和 2.1%，连续 14 年位居全球第一，是 "十四五" 期间绿色发展的重要战略阵地。

"十四五" 期间我国汽车产业虽面临诸多挑战，但由于国家 "一带一路" 政策引领以及一系列支持政策落地等利好因素，汽车产业增长的制约因素将有望得到科学解决。对于汽车污染问题，我国新生产汽车将参照发达国家经验，逐步向第六阶段排放标准过渡；对于交通拥堵问题，将随汽车增速逐步降至 10% 以下，城市道路、停车设施建设加强，交通管理水平提高等因素逐步得到解决；对于能源紧张问题，《新能源汽车产业发展规划（2021—2035 年）》提出力争经过 15 年的持续努力，使我国新能源汽车核心技术达到国际先进水平，质量品牌具备较强国际竞争力。纯电动汽车成为新销售车辆的主流，公共领域用车全面电动化，燃料电池汽车实现商业化应用，高度自动驾驶汽车实现规模化应用，充换电服务网络便捷高效，氢燃料供给体系建设稳步推进，有效促进节能减排水平和社会运行效率的提升。伴随着汽车发展环境的逐步优化以及汽车企业的自身努力，中国汽车技术将取得重大进步，"十四五" 时期无疑是我国汽车产业发展、实现绿色转型升级的重要机遇期。

2.《中国制造 2025》开启绿色制造工程

2015 年 5 月 19 日，国务院印发《中国制造 2025》，将 "绿色发展" 作为基本方针之一，并将 "绿色制造" 作为五项重大工程之一，文件指出：坚持把可持续发展作为建设制造强国的重要着力点，加强节能环保技术、工艺、装备推广应用，全面推行清洁生产。发展循环经济，提高资源回收利用效率，构建绿色制造体系，走生态文明的发展道路。文件对于工业的绿色发展，提出了重点方向：

1）加大先进节能环保技术、工艺和装备的研发力度，加快制造业绿色改造升级；提高制造业资源利用效率；强化产品全生命周期绿色管理。

2）加快制造业绿色改造升级。全面推进传统制造业绿色改造，大力研发推广余热余压回收、水循环利用、有毒有害原料替代等绿色工艺技术装备；加快应用清洁高效铸造、锻压、焊接、表面处理、切削等加工工艺，实现绿色生产；加强绿色产品研发应用；积极引领新兴产业高起点绿色发展，大幅降低产品生产、使用能耗及限用物质含量。

3）推进资源高效循环利用。支持企业强化技术创新和管理，增强绿色精益制造能力，大幅降低能耗、物耗和水耗水平；持续提高绿色低碳能源使用比率；全面推行循环生产方式；推进资源再生利用产业规范化、规模化发展；大力发展再制造产业，实施高端再制造、智能再制造、在役再制造。

4）积极构建绿色制造体系。支持企业开发绿色产品，推行生态设计；建设绿色工厂，实现厂房集约化、原料无害化、生产洁净化、废物资源化、能源低碳化；发展绿色园区，推进工业园区产业耦合，实现近零排放。打造绿色供应链，落实生产者责任延伸制度；壮大绿色企业，支持企业实施绿色战略、绿色标准、绿色管理和绿色生产；强化绿色监管，健全节能环保法规、标准体系，加强节能环保监察，推行企业社会责任报告制度，开展绿色评价。

我国作为汽车制造大国，尚未摆脱传统的粗放型发展模式，汽车生产每年消耗上千万吨钢铁、上百万吨塑料，以及大量橡胶、玻璃、纺织品、有色金属和各种化工产品，并且铅、汞等有害物质仍被大量应用于汽车部件中。推动汽车产业落实《中国制造2025》，贯彻绿色发展理念，按照全生命周期理念，从设计、采购、生产、物流、运输、回收等全方位出发，开展全链条绿色转型升级，对于提升我国汽车产品质量，提升国际影响力，消除绿色贸易壁垒具有重要意义。

### 3.	"工业绿色发展规划"引导汽车绿色转型

为贯彻落实绿色制造工程，2021年工信部发布《"十四五"工业绿色发展规划》，提出了绿色发展九大重点任务：①实施工业领域碳达峰行动；②推进产业结构高端化转型；③加快能源消费低碳化转型；④促进资源利用循环化转型；⑤推动生产过程清洁化转型；⑥引导产品供给绿色化转型；⑦加速生产方式数字化转型；⑧构建绿色低碳技术体系；⑨完善绿色制造支撑体系。其中，汽车行业的绿色低碳发展要求被进一步明确，主要包括：

1）壮大绿色环保战略性新兴产业。着力打造能源资源消耗低、环境污染少、附加值高、市场需求旺盛的产业发展新引擎，加快发展新能源、新材料、新能源汽车、绿色智能船舶、绿色环保、高端装备、能源电子等战略性新兴产业，带动整个经济社会的绿色低碳发展。

2）减少有害物质源头使用。严格落实电器电子、汽车、船舶等产品有害物质限制使用管控要求，减少铅、汞、镉、六价铬、多溴联苯、多溴二苯醚等使用。研究制定道路机动车辆有害物质限制使用管理办法，更新电器电子产品管控范围的目录，制修订电器电子、汽车产品有害物质含量限值强制性标准，编制船舶有害物质清单及检验指南，持续推进有害物质管控要求与国际接轨。

3）升级改造末端治理设施。持续推进基础制造工艺绿色优化升级，实施绿色工艺材料制备，清洁铸造、精密锻造、绿色热处理、先进焊接、低碳减污表面工程、高效切削加工等工艺技术和装备改造。

4）加大绿色低碳产品供给。构建工业领域从基础原材料到终端消费品全链条的绿色产品供给体系，鼓励企业运用绿色设计方法与工具，开发推广一批高性能、高质量、轻量化、低碳环保产品。打造绿色消费场景，扩大新能源汽车、光伏光热产品、绿色消费类电器电子产品、绿色建材等消费。

5）健全绿色低碳标准体系。推动建立绿色低碳标准采信机制，推进重点标准技术水平评价和实施效果评估，畅通迭代优化渠道。推进绿色设计、产品碳足迹、绿色制造、新能源、新能源汽车等重点领域标准国际化工作。

6）贯通绿色供应链管理。推动绿色产业链与绿色供应链协同发展，鼓励汽车、家电、机械等生产企业构建数据支撑、网络共享、智能协作的绿色供应链管理体系，提升资源利用效率及供应链绿色化水平。

《"十四五"工业绿色发展规划》的发布，为汽车行业指明了发展方向。未来五年，是汽车行业落实制造强国战略的关键时期，是实现汽车绿色转型升级的攻坚阶段。汽车产业应高举绿色发展大旗，紧紧围绕资源、能源利用效率和清洁生产水平提升，以绿色化改造为重点，以绿色科技创新为支撑，以法规标准制度建设为保障，实施绿色制造工程，加快构建绿色制造体系，大力发展绿色制造产业，推动绿色产品、绿色工厂、绿色园区和绿色供应链全面发展，建立健全汽车绿色发展长效机制，提高绿色国际竞争力，开发一批高性能、高质量、轻量化、低碳环保的产品，走高效、清洁、低碳、循环的绿色发展道路。

2.3.2　行业经济环境分析

市场消费模式悄然转变，绿色汽车备受青睐。近年来，随着绿色汽车示范运营工作的开展、国家补贴税收优惠政策的实施、充电配套设施的建设完善，我国新能源汽车产业规模不断扩大，较为成熟的新能源汽车产品陆续上市。根据汽车零售数据统计，2022 年纯电动汽车销量为 536.5 万辆，同比增长81.6%。我国新能源汽车高速发展，在政策和市场的双重作用下，2022 年迎来爆发性增长，产销分别完成 705.8 万辆和 688.7 万辆，同比分别增长 96.9% 和93.4%，市场占有率达 25.6%，高于 2021 年 12.1 个百分点，新能源汽车将进一步发力，引领绿色消费。

节能汽车也越来越受到消费者关注，为拉动小排量节能汽车市场消费，我国政府在消费者购置环节做减法，针对节能汽车予以减征购置税的政策。2015年 9 月，财政部、国家税务总局发布《关于减征 1.6 升及以下排量乘用车车辆购置税的通知》，对购置 1.6 升及以下排量乘用车减按 5% 的税率征收车辆购置税。此外，我国政府还对部分节能车型实施车船税减征政策，虽然车辆应缴的车船税金额占整车购置成本比例很小，但对汽车绿色消费文化起到了良好的引导作用。与此同时，2022 年插电式混动汽车销量 151.8 万辆，同比增长 1.5 倍，消费者购车时越来越重视汽车的环保性能。

2.3.3　行业技术环境分析

汽车产品生态性能日益提高，绿色理念已成为汽车发展的新风尚。为了开发出高性能、高质量、轻量化、低碳环保产品，汽车企业在生态材料研发、产品概念阶段轻量化设计与制造、回收利用及废料处理的全生命周期过程中，充分提高资源利用率，减少对环境的污染。其中，材料作为产品的设计源头，目前，围绕生态材料开发，企业、高校以及科研院所针对高性能生态材料设计、改性以及制备开展了大量技术研究；在关键零部件的轻量化共性关键技术方面，多学科多系统的结构 - 材料 - 性能一体化多目标优化设计方法逐渐成熟，材料变量被充分考虑到概念设计阶段中，并且演化出了以电池车身一体化（Cell to Body，CTB）技术、电池底盘一体化（Cell to Chassis，CTC）技术为代表的一系列电动汽车新架构；在回收再利用方面，已经初步形成了针对多材料新能源汽车零部件的有效处理方案。

2.4　中国生态汽车评价规程

2.4.1　中国生态汽车评价规程项目简介

中国生态汽车认证是基于生态设计理念，对汽车产品全生命周期内的健康、节能、环保等生态性能进行的综合认证。中国生态汽车评价规程（China Eco-car Assessment Programme，C-ECAP）最先由中国汽车技术研究中心有限公司（以下简称为"中汽中心"）发起，于 2012 年开始联合行业机构、企业开展生态汽车评价体系研究，基于联合研究成果，中汽中心于 2015 年启动生态汽车认证，推动汽车行业践行国家绿色发展理念，引领汽车行业技术进步和绿色消费，降低企业绿色发展合规成本，提升企业绿色创新开发能力和全产业链绿色发展管理水平。中国生态汽车认证项目属于在国家认监委备案的自愿性产品认证项目，依据生态汽车评价规程，由企业自干提出申请，中汽中心独立开展车辆抽取、试验测试、技术参数评定等认证程序，并向社会发布认证结果。

2.4.2　中国生态汽车认证规程开发历程

自 2015 年开展以来，中国生态汽车认证规程已更新至第 3 版，分别为《中国生态汽车评价规程（2015 年版)》、《中国生态汽车评价规程（2019 年版)》、《中国生态汽车认证规程（2020 年版)》。其中基于《中国生态汽车评价规程（2015 年版)》发布 44 个车型，最优成绩为白金牌，共 19 个车型获得白金牌认证证书；基于《中国生态汽车评价规程（2019 年版)》发布 5 个车型，最优成绩为五星，该批次无车型获得五星认证证书。《中国生态汽车认证规程（2020 年版)》于 2020 年 6 月 15 日正式备案，指标体系由产品检验和技术参数评定两大部分组成，综合分数满分为 100 分。当综合评分≥90 分时，即通过中国生态汽车认证，并颁发白金牌奖杯及生态汽车认证证书。根据 2020 年中国生态汽车认证结果，2020 年度的生态汽车白金牌车型分别由东风本田思威 CR-V 2021 款锐混动 2.0L 两驱净驰版、奇瑞瑞虎 8 PLUS MHEV 和红旗 E-HS9 旗动七座版 2021 款 3 款车型获得。表 2-1 汇总了生态汽车认证结果。

表 2-1　生态汽车认证结果

序号	评价规程	发布批次	企业名称	车型简称	奖牌
1	2015 版	第一批	上汽大众	凌度	金牌
2	2015 版	第一批	上汽大众	明锐	金牌
3	2015 版	第一批	上汽通用	科鲁兹	银牌

（续）

序号	评价规程	发布批次	企业名称	车型简称	奖牌
4	2015 版	第一批	广汽本田	锋范	金牌
5	2015 版	第二批	一汽－大众	高尔夫	白金牌
6	2015 版	第二批	广汽乘用车	传祺 GS4	金牌
7	2015 版	第二批	观致汽车	观致 3 乘用车	金牌
8	2015 版	第二批	东风本田	哥瑞	银牌
9	2015 版	第三批	神龙汽车	308S 手动	白金牌
10	2015 版	第三批	神龙汽车	308S 自动	银牌
11	2015 版	第三批	神龙汽车	C4 世嘉	白金牌
12	2015 版	第三批	天津一汽丰田	卡罗拉双擎	白金牌
13	2015 版	第四批	北京现代	领动	金牌
14	2015 版	第四批	吉利汽车	帝豪	白金牌
15	2015 版	第四批	东风日产	轩逸	白金牌
16	2015 版	第四批	长城汽车	哈弗 H6	金牌
17	2015 版	第四批	上汽通用五菱	宝骏 310	金牌
18	2015 版	第五批	长安马自达	昂克赛拉	金牌
19	2015 版	第五批	奇瑞汽车	瑞虎 7	金牌
20	2015 版	第六批	广汽本田	雅阁混动	白金牌
21	2015 版	第六批	吉利汽车	帝豪 GL	白金牌
22	2015 版	第七批	北汽股份	绅宝 X25	白金牌
23	2015 版	第七批	长安汽车	逸动	白金牌
24	2015 版	第七批	长安福特	福克斯	金牌
25	2015 版	第七批	上汽通用	君越	白金牌
26	2015 版	第七批	广汽乘用车	传祺 GS3	金牌
27	2015 版	第八批	一汽－大众	高尔夫·嘉旅	白金牌
28	2015 版	第八批	吉利汽车	博瑞 GE	白金牌
29	2015 版	第一批	广汽丰田	广丰雷凌	抽车无认证
30	2015 版	第一批	东风悦达起亚	起亚 K5	抽车无认证
31	2015 版	第一批	华晨宝马	宝马 3	抽车无认证
32	2015 版	第一批	东风本田	本田 XR－V	抽车无认证
33	2015 版	第一批	四川一汽丰田	RAV4 荣放	抽车无认证
34	2015 版	第九批	广汽丰田	凯美瑞双擎	白金牌
35	2015 版	第九批	吉利汽车	缤瑞	白金牌
36	2015 版	第九批	长安汽车	CS55	金牌
37	2015 版	第九批	东风汽车	AX3	金牌

（续）

序号	评价规程	发布批次	企业名称	车型简称	奖牌
38	2015 版	第十批	东风日产	骐达	白金牌
39	2015 版	第十批	海马汽车	海马二代 S5	银牌
40	2015 版	第十批	华晨宝马	宝马 5 系	金牌
41	2015 版	第十批	北汽股份	北汽绅宝智道	银牌
42	2015 版	第十批	吉利汽车	吉利星越	白金牌
43	2015 版	第十批	吉利汽车	吉利嘉际	白金牌
44	2015 版	第十批	一汽 – 大众	奥迪 A4L	白金牌
45	2019 版	第二批	北京现代	领动	3 星
46	2019 版	第二批	大庆沃尔沃	沃尔沃 S90	3 星
47	2019 版	第二批	北京奔驰	奔驰 C 级	4 星
48	2019 版	第二批	天津一汽丰田	卡罗拉	3 星
49	2019 版	第二批	上汽大众	朗逸	4 星
50	2020 版	第一批	东风本田	思威 CR – V	白金牌
51	2020 版	第一批	奇瑞瑞虎	8 PLUS MHEV	白金牌
52	2020 版	第一批	红旗	E – HS9	白金牌

自中国生态汽车认证规程实施开展以来，得到国内外 30 余家主流乘用车企业的高度关注和认可。首先，有效推动了产业技术进步，在环保材料选择、噪声、振动与声振粗糙度（Noise、Vibration、Harshness，NVH）性能调校、先进节能技术应用、有害物质削减技术以及汽车低碳生产工艺等方面形成了一套成熟的生态汽车正向研发体系。其次，企业绿色发展意识逐步增强，逐步将生态汽车认证作为重要设计研发输入。

2.4.3　生态汽车指标介绍

依据汽车产业给人类生活带来的不同影响，我国生态汽车认证指标体系立足于全生命周期设定，主要包含三方面的涵义：一是"健康"，即提高车内空气质量，降低车内噪声与电磁辐射，减少有害物质使用，保证驾驶人及乘坐者的身体健康；二是"节能"，即降低综合油耗，提高可回收利用率和可再利用率，实现资源能源的可持续发展；三是"环保"，即减少尾气排放，实现环境污染的源头治理，保护消费者居住地的大气、水源和土壤。

我国生态汽车认证指标由产品检验和技术参数评定 2 个部分组成。其中，传统能源乘用车产品检验部分包含车内空气质量、车内噪声、有害物质、尾气排放、综合油耗 5 个项目，技术参数评定部分包含可再利用率和可回收利用率、汽车生命周期碳排放量 2 个项目，如图 2-1 所示，认证指标分值分配如图 2-2 所示。纯电动乘用车产品检验部分包含车内空气质量、车内噪声、有害物质、人体电磁防护、百公里电耗 5 个项目，技术参数认证部分包含可再利用率和可回收利用率、汽车生命周期碳排放量 2 个项目，如图 2-3 所示，认证指标分值分配如图 2-4 所示。

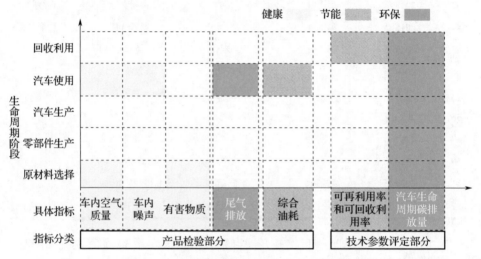

图 2-1 传统能源乘用车生态汽车认证指标

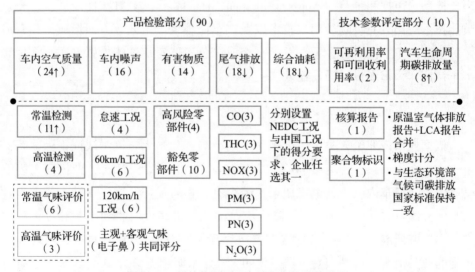

图 2-2 传统能源乘用车认证指标分值分配

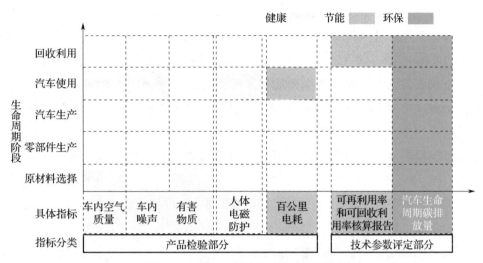

图2-3　纯电动乘用车生态汽车认证指标

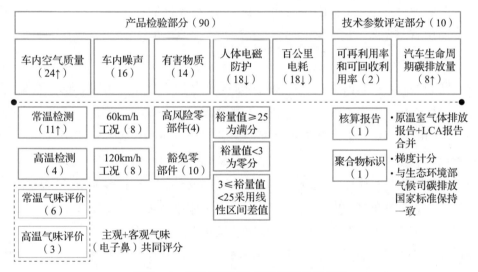

图2-4　纯电动乘用车认证指标分值分配

1. 车内空气质量

车内环境质量与人的身体健康息息相关，车内空气中含有苯、甲苯、二甲苯、乙苯、苯乙烯、甲醛、乙醛和丙烯醛等有害物质。其中，甲醛、苯被国际癌症研究组织认定为一类致癌物，可通过呼吸系统、皮肤等进入人体，导致头晕、恶心、浑身乏力等症状，严重的话还可能导致婴儿畸形和多种癌症。

我国生态汽车认证指标中车内空气质量占比较高，分别考察常温与高温下苯、甲苯、二甲苯、乙苯、苯乙烯、甲醛、乙醛和丙烯醛 8 类有害物质的浓度，同时结合主客观气味评价考察常温与高温下的气味舒适性。

车内空气质量试验均在国家轿车质量监督检验中心汽车整车挥发性有机化合物（Volatile Organic Compounds，VOC）检测环境测试舱完成。环境舱作为标准《车内挥发性有机物和醛酮类物质采样测定方法》（HJ/T 400—2007）中规定测量机动车乘员舱内 VOC 的场地，为分析采样工作提供了精准的环境条件。参考《乘用车内空气质量评价指南》（GB/T 27630—2011）中各污染物的限值，确定常温检测认证基准值。以基准值为零分基准，基准值 ×0.1 为满分基准。高温 VOC 参考相关标准的停车模式进行试验，在高温检测中，甲醛基准值设定为常温检测基准值的 3.5 倍，其余 7 项污染物的基准值设定为各自常温检测基准值的 2 倍。

气味评价将分别测量常温气味及高温气味，并结合气味主客观评价结果计算得分系数使得结果更接近于真实值，其中气味主观评价依据《汽车车内空气的气味评价规范》（T/CMIF 13）执行，客观评价依据《车内空气　气味的评价　感官与光离子化检测仪耦合分析法》（T/CAS 406—2020）执行。

2. 车内噪声

随着人们对汽车的不断了解和认识，乘坐舒适性逐渐成为客户选择车型的重要指标，而车内噪声的大小对乘坐舒适性起着至关重要的作用。相关研究表明，车内噪声不仅影响司乘人员之间的语言交流，还会导致人体听力损伤、神经系统、消化系统等功能紊乱的健康负面影响。车内噪声主要来源于发动机噪声、气流噪声、车体振动噪声、悬挂系统噪声及其他零部件噪声五个方面。车内噪声主要与汽车自身的品质有关，优质的车体材料可以减少从发动机传来的噪声，高品质的内饰材料可以较好地吸收噪声。因此，汽车企业应建立起车内噪声控制系统，发展降低车内噪声的新技术，提高整体生产标准，采用优质材质，降低车内噪声。

中国生态汽车认证规程中主要考察三个场景下的噪声：一是怠速运行，以检测发动机噪声；二是 60km/h 匀速行驶，以检测胎噪；三是 120km/h 匀速行驶，以检测风噪为主。全面地评价一款车型在车内噪声方面的表现，而且这些场景符合消费者日常用车习惯。车内噪声项目在天津内燃机研究所静海试验场进行，该试验场占地面积约 60 万 m²，包括性能、噪声、可靠性、防抱死制动系统（Antilock Brake System，ABS）和汽车轮胎湿地附着性能等多种试验道路和场地设施，也是国内开展汽车产品《道路机动车辆生产企业级产品准入许可》检验的测试场地之一。以《声学汽车车内噪声测量方法》（GB/T 18697—2002）为车内噪声检验标准，测试前燃油车需磨合 3000km，纯电动乘用车磨合为 1000km，以驾驶人右耳旁车内噪声测量值作为测量结果。

3. 有害物质

汽车产业作为我国国民经济的支柱产业，每年都要消耗大量的金属材料，以及塑料、橡胶和玻璃等非金属材料。同时，大量的有害物质，如铅、汞、镉、六价铬、多溴联苯、多溴联苯醚等被广泛地应用于各种车用材料中，在报废汽车回收时容易造成二次污染。在传统经济模式下，汽车已成为资源、能源的重要消耗者和环境污染的重要制造者，亟需政府加强汽车产品有害物质管控。由于重金属污染环境及危害人体健康的事件时有发生，加强对有害物质的管控已成为各国关注的焦点。

中国生态汽车认证规程中有害物质指标以《汽车禁用物质要求》（GB/T 30512—2014）的标准要求为依据标准，分别确定有害物质高风险零部件清单和有害物质豁免零部件清单。根据企业提交资料中材料数据表单号码标识（Identity Document，ID）信息，基于中国汽车材料数据系统（China Automotive Material Data System，CAMDS）中的材料数据信息，对认证车型有害物质情况进行评定。对《有害物质高风险零部件清单》中所有零部件材料的有害物质情况进行检查，统计其中完全不含有害物质的材料节点数量，计算其占材料节点总数的比例，得分系数 = 高风险零部件不含有害物质材料节点总数/高风险零部件材料节点总数。对《有害物质豁免零部件清单》中所有豁免零部件材料的有害物质提前达标情况进行检查，统计其中提前达标零部件数量，计算其占符合豁免项范围要求的零部件总数的比例，得分系数 = 豁免零部件提前达标数/符合要求的豁免零部件总数。

此外，在不拆解车辆，且不对零部件进行破坏性试验的原则下，通过相关专业检验设备对样车中不含有害物质高风险零部件材料进行抽样检验；在豁免零部件得分部件中，随机抽取 1～3 个部件进行报废车辆指令（End-of-Life Vehicles，ELV）拆解及检测，两者的检测结果与表单一致方可得分。

4. 综合油耗

近年来，我国经济持续快速发展，对石油资源的需求不断增长，能源供需矛盾日益突出，对进口石油的依赖度不断提高。中国石油经济技术研究院发布的《2019 年国内外油气行业发展报告》称，2019 年，中国原油净进口量首次突破 5 亿 t 大关,成品油净出口量首次突破 5000 万 t,原油对外依存度双破 70%。同时,汽车油耗直接决定了消费者用车成本,全球知名市场研究公司 AC 尼尔森,曾对中国车主的养车费用进行过调查。结果显示,中国车主所有和汽车相关消费项目中,油费占比 46%,是所有用车费用中占比最高的项目,由此可见,油耗对于我们国内车主为重要指标。

在中国生态汽车认证中,综合油耗指标分为新欧洲驾驶周期(New European Driving Cycle,NEDC)工况与中国工况下的综合油耗,实车检测中可选择其中一种工况进行检测,依据检测结果计算综合油耗得分系数。NEDC 工况油耗与我国国家标准要求保持一致,以《乘用车燃料消耗量限值》(GB 19578—2021)中的限值要求为零分基准,以《乘用车燃料消耗量认证方法及指标》(GB 27999—2019)中的目标值要求的 1.1 倍为满分基准。中国工况油耗是结合中国道路实际特点,并系统考虑夏天空调开启、车辆实际载重等因素得出的综合油耗(2 基础油耗/3 + 开启空调条件下车辆油耗/3),与我国消费者用车实际更为接近。

NEDC 工况下对传统燃油乘用车与非外接充电混合动力乘用车,分别按照《轻型汽车燃料消耗量试验方法》(GB/T 19233—2020)、《轻型混合动力电动汽车能量消耗量试验方法》(GB/T 19753—2021)执行试验程序。中国工况下试验循环按照《中国汽车行驶工况 第 1 部分:轻型汽车》(GB/T 38146.1—2019)执行。其中对传统燃油乘用车按照《轻型汽车污染物排放限值及测量方法(中国第六阶段)》(GB 18352.6—2016)执行试验程序,非插电混合动力乘用车按照《轻型混合动力电动汽车能量消耗量试验方法》(GB/T 19753—2021)执行试验程序。中国工况下测试基础工况燃油料耗量时环境温度设置为(23 ± 2)℃,测试开启空调条件下车辆燃料消耗量时环境温度设置为(30 ± 2)℃。对于自动控制式空调,设定为"自动"模式,温度设定为不超过 25℃,空气循环开关置于内循环(在"自动"模式下无法切换内/外循环的除外)及吹面模式位置。

5. 尾气排放

汽车尾气污染是由汽车排放的废气造成的环境污染。主要污染物为一氧化碳、碳氢化合物、氮氧化物、二氧化硫、含铅化合物、苯并芘及固体颗粒物,能引起光化学烟雾等,是雾霾的主要来源之一,雾霾颗粒物中气味尾气占比 20% 以上。我国汽车尾气排放标准越来越高,已发布的"国家第六阶段机动车污染物排放标准"堪称史上最严格标准，轻型车在一氧化碳、总烃、非甲烷总烃、氮氧化物、颗粒物排放限值上加严了 30%~50% 左右，该标准于 2021 年 1 月 1 日全面实施。

中国生态汽车认证规程中设置了较为严格的尾气排放得分要求，以《轻型汽车污染物排放限值及测量方法（中国第六阶段)》（GB 18352.6—2016）中的I型试验排放限值（6b）要求为零分基准，以限值×0.5 为满分基准。对传统燃油乘用车与非外接充电混合动力乘用车，分别按照《轻型汽车污染物排放限值及测量方法（中国第六阶段)》（GB 18352.6—2016）、《轻型混合动力电动汽车污染物排放控制要求及测量方法》（GB 19755—2016）执行试验程序。

6. 百公里电耗

纯电动汽车以电能作为主要驱动能源，电耗同样决定了用车的经济性。国家市场监督管理总局、国家标准化管理委员会发布了《电动汽车能量消耗率限值》（GB/T 36980—2018），该标准规定了电动汽车能量消耗率限值，通过对不同整备质量电动汽车的能耗设定限制，分两个阶段对电动汽车进行限定。

7. 人体电磁防护

据调查，73% 的人认为电动车有电磁辐射，有约 37% 的人认为这种辐射甚至会影响人体健康。为此，2018 年 12 月我国发布《车辆电磁场相对于人体曝露的测量方法》（GB/T 37130—2018），规定了电动汽车测试方法、测试位置点等，标准中规定了六种测试状态，基本涵盖了车辆运行的所有状态，包括静止、匀速、加速、减速、交流充电、直流充电。

在中国生态汽车认证规程中，在电动汽车中引入人体电磁防护指标，根据《车辆电磁场相对于人体曝露的测量方法》（GB/T 37130—2018）进行试验，测量车辆在匀速行驶、加速和减速工况下磁场辐射值，依据《电磁环境控制限值》（GB 8702—2014）中的公众参考限值要求计算最小裕量，并以该裕量值作为评分依据，即最终裕量值高于公众参考限值要求越高得分越高。

测量时所有能由驾驶员或乘客手动打开，且持续工作时间超过 60s 的车载电器都应处于典型负载状态，推荐状态应至少包括：车辆前照灯设为远光状态、仪表灯为最大亮度、前刮水电动机以最大速度工作、空调工作、收音机打开且设为中等音量。所有可以调节的座椅都应在前后可动范围内调至中央位置，上下可动范围内调至最低位置。所有可调节角度的椅背，调至 15°±5° 的后倾角度。在测试过程中，车辆电量应在 20%~80% 之间。车辆的行驶状态包括匀速状态、加速状态和减速状态，其中，匀速状态时车辆速度为40km/h，加速状态时车辆以大于或等于$2.5m/s^2$的加速度从静止开始加速到90km/h或达到最高速度为止，减速状态时车辆以大于或等于$2.5m/s^2$的减速度从90km/h或最高速度开始减速直到停车为止。车辆处于匀速状态时，使用可覆盖$10Hz \sim 400kHz$频段的磁场暴露分析仪，分别对车内各个座椅的头部、胸部、生殖、脚底板及中控位置进行测试，记录各位置的最小裕量值，进一步找出裕量最小的位置，再对此位置进行加速工况和减速工况等恶劣工况的测试，以获得恶劣工况下的车内磁场辐射测试结果。最终，取该位置在匀速状态、加速状态和减速状态测得的最小裕量值的最小值作为评分依据。

8. 可再利用率与可回收利用率

汽车行业是典型的资源密集型行业。我国作为汽车制造大国，尚未摆脱传统的粗放型发展模式，生产汽车每年消耗上千万吨钢铁、上百万吨塑料，以及大量橡胶、玻璃、纺织品、有色金属和各种化工产品等。此外，铅、汞、镉、六价铬、多溴联苯等有害物质被广泛应用在汽车钢材、玻璃、制动片、电子器件、镀层等部件或材料中。提高报废汽车的回收利用率，可以降低成本，有效缓解汽车行业面临的资源环境压力，是我国汽车工业可持续发展的必由之路。

中国生态汽车认证规程主要考察可再利用率和可回收利用率（即两率）核算、聚合物标识。两率基于CAMDS中的材料数据信息，按照《道路车辆　可再利用率和可回收利用率　要求及计算方法》（GB/T 19515—2023）的要求进行可再利用率和可回收利用率核算，要求可再利用率≥85%、可回收利用率≥95%。

9. 汽车生命周期碳排放量

2016年11月，人类应对气候变化的努力中具有历史性意义的《巴黎协定》正式生效，引领全球进入绿色低碳发展的新阶段。我国彰显负责任大国的担当和智慧，采取切实行动应对气候变化，积极参与国际气候治理，并向国际社会承诺"二氧化碳排放2030年左右达到峰值并争取尽早达峰"。

作为我国温室气体排放增长最快的三个领域之一，汽车行业的碳减排对能否顺利实现达峰目标至关重要。为了履行中国温室气体减排承诺、有效管理汽车行业的碳排放，我国正积极开展基于汽车全生命周期的碳排放核算标准和政策的研究。

为此，中国生态汽车认证规程引入汽车生命周期碳排放量指标，基于联合国政府间气候变化专门委员会（Intergovernmental Panel on Climate Change，IPCC）2013 全球变暖潜能（Global Warming Potential，GWP）值 100a 计算方法，使用中国汽车生命周期评价模型 2019（China Automotive Life Cycle Assessment Model‐2019，CALCM‐2019）对汽车生命周期碳排放量进行核算，涵盖原材料获取阶段碳排放、整车制造碳排放、使用阶段碳排放，并分别就传统能源乘用车和纯电动乘用车制定了不同得分要求。

2.5　小结

本章阐述了世界绿色工业设计现状及对汽车产品的要求，目前车企正在努力开发推广一批高性能、高质量、轻量化、低碳环保产品，走高效、清洁、低碳、循环的绿色发展道路。在中国生态汽车评价规程中，材料作为汽车设计的载体，影响着汽车设计、制造、使用、回收整个生命周期的碳排放，同时对车内空气质量、噪声吸收、人体健康、碰撞安全、轻量化集成、续驶里程等诸多方面具有重要影响，这无疑对低碳生态汽车的用材提出了更高要求。

第 3 章
汽车用材的发展趋势

3.1 引言

在汽车低碳化和轻量化的产业需求下，新材料如铝、镁合金和复合材料开始应用于汽车零部件的设计开发，多材料混合车身结构成为未来的发展趋势。同时，利用可再生生物质制造的生物基材料在低碳汽车发展和用户体验提升方面展示了巨大潜力，对推动车用材料的可持续发展起着重要作用。根据《中国制造 2025》的规划，生物基材料和纳米材料等被一同纳入新材料前沿研究领域。

3.2 高强度钢与超高强度钢

在工业革命之后，随着冶金技术和制造工艺的进步，钢材因其高强度、良好的韧性和加工性而被广泛应用。早期汽车结构借鉴了马车的设计，由底盘和车厢组成，主要采用低碳钢材；车架设计则利用由锻造工艺制成的厚钢板，而较薄的钢板制成车身结构。然而，这种非承载式车身结构存在质量大、质心高等缺点，限制了其在乘用车上的应用推广。为此，工程师们开发出集成底盘和车身的承载式车身，不再需要车架结构。承载式车身结构主要采用冲压制造工艺，通过将平整的钢板放入预制模具中进行挤压成型，这需要材料具有良好的塑性变形能力。然而，强度较高的材料通常塑性较差，而强度较低的材料无法满足使用需求，因此当时的汽车钢材较厚，通常在 2mm 以上。

在可持续发展理念的推动下，汽车工业开始意识到节能环保的重要性，汽车轻量化成为重要的发展方向。面对激烈的竞争压力，钢铁企业和科研机构开始研究钢材的多晶相复合改性，使钢材兼具高比强度及易于加工的特性。近年来，新型多相钢和复杂相钢的开发取得了显著进展。相变诱发塑性钢、孪晶诱发塑性钢和马氏体时效钢等已投入工业生产，使钢材可以用于实现高机械载荷的轻量化结构设计，并且钢板的普遍厚度已减薄到约 1.2mm。

目前，在汽车制造中，钢材的使用量占原材料的 60%～70%，全球每年用于汽车的钢材超过 1.5 亿 t，而高强度钢和超高强度钢的比例在逐年增加。根据传统划分法，如图 3-1 所示，按照屈服强度将钢材分级，屈服强度低于210MPa 的钢材称为普通低碳钢，210～550MPa 的钢材称为高强度钢，超过550MPa 的钢材统称为超高强度钢。欧洲车身会议将汽车用钢分为低强度钢（Low Strength Steel，LSS）、高强度钢（High Strength Steel，HSS）、先进高强度钢（Advanced High Strength Steel，AHSS）和超高强度钢（Ultra High Strength Steel，UHSS），划分法如图 3-2 所示。图 3-1、图 3-2 中的各种钢：IF 钢（Interstitial-Free Steel，无间隙原子钢）；MILD 钢（MILD Steel，软钢）；IS（Isotropic Steel，各向同性钢）；HSIF 钢（High Strength Interstitial-Free Steel，高

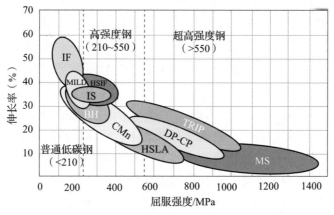

图 3-1　传统划分法

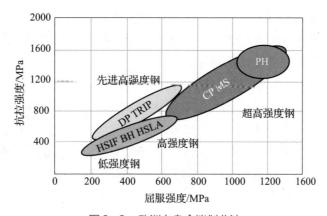

图 3-2　欧洲车身会议划分法

强度无间隙原子钢）；BH 钢（Bake Hardening Steel, 烘烤硬化钢）；CMn 钢（Carbon Manganese Steel, 碳锰钢）；HSLA 钢（High Strength Low Alloy Steel, 高强度低合金钢）；DP 钢（Dual Phase Steels, 双相钢）；CP 钢（Complex Phase Steels, 复相钢）；TRIP 钢（Transformation Induced Plasticity Steels, 相变诱导塑性钢）；MS（Martensitic Steels, 马氏体钢）；QP 钢（Quenching and Partitioning Steels, 淬火延性钢）；TWIP 钢（Twinning Induced Plasticity Steels, 孪晶诱发塑性钢）；PH 钢/B 钢（Press Hardening/Boron Steels, 硼钢）。

其中，双相钢、复相钢、相变诱导塑性钢、马氏体钢、淬火延性钢、孪生诱发塑性钢、硼钢是广泛应用于汽车制造的钢材种类，具体如下：

1）双相钢由马氏体、奥氏体或贝氏体与铁素体基体两相组织构成，一般通过低碳钢或低合金高强度钢经临界区热处理或控制轧制制得。典型的双相钢屈服强度为 310MPa，拉伸强度为 655MPa，适用于制造冷冲、深拉成形的复杂结构部件，如滑轨、防撞杆、防撞杆加强结构件等。

2）复相钢由细小的铁素体组织和体积分数较大的坚硬相构成，具有高的成形性、能量吸收和残余变形能力。抗拉强度值通常高于 800MPa，与同级别抗拉强度的双相钢相比，其屈服强度明显要高很多，在底盘悬挂件、B 柱、保险杠和座椅滑轨等方面应用广泛。

3）相变诱导塑性钢是一种超高强度钢，通过逐步进行的马氏体相变过程实现塑性升高。具有多相组织，包括软相铁素体、硬相贝氏体和亚稳定的残留奥氏体，且在变形中可逐步转化成马氏体。优异的塑性特征使得相变诱导塑性钢适用于生产结构复杂的零件，如 B 柱加强板和前纵梁等。

4）马氏体钢的显微组织几乎全部为马氏体，主要通过高温奥氏体组织快速淬火得到，其具有较高的抗拉强度，最高可达 1600MPa，但在加工过程中，需要回火处理以提高塑性，是商业化高强度钢板中强度级别最高的钢种。由于只能采用滚压或者冲压形成较为简单的零件，通常用于生产制造保险杠、门槛加强板和车门防撞杆等零件，从而降低制造成本。

5）淬火延性钢首先将钢材加热到奥氏体化区（或两相区）的等温保温温度，然后迅速冷却到马氏体相变开始温度和结束温度之间的淬火温度并保温，以形成适量的马氏体。随后，将钢材升温到高于马氏体相变开始温度的配分温度，恒温保持，以确保残留的奥氏体逐渐富含碳并完成相变。淬火延性钢以马氏体为基体相，利用残留奥氏体的相变塑性效应实现高的加工硬化能力，比同级别超高强度钢拥有更高的塑性和成形性能，适用于形状复杂的汽车安全件和结构件，如 A 柱、B 柱加强件等。

6）孪生诱发塑性钢的特性是抗拉强度和延伸率的乘积在 50GPa·% 以上，是高强韧性相变诱导塑性钢的两倍。与相变诱导塑性钢不同，孪生诱发塑性钢的高强韧性源于形变过程中孪晶的形成。由于其出色的成形性和极高的强度，孪生诱发塑性钢非常适用于对材料在拉伸和胀形方面要求极高的零件。

7）硼钢以硼为主要合金元素，也称硼处理钢，广泛应用于结构钢、弹簧钢、低合金高强度钢、冷变形钢、耐磨钢、耐热钢、原子能用钢等。硼钢是硬度非常高的合金钢材，是一般钢材的 4～5 倍，抗拉强度可以达到 1500MPa 甚至 2000MPa。这种材料可以有效提高碰撞性能与车身轻量化设计效果。同时，由于其良好的成形性以及较高的尺寸精度，常被应用生产制造车身安全件，如前保险杠、后保险杠、A 柱、B 柱等结构件。

高强度钢与超高强度钢的特点是强度高、刚度大、抗凹性与抗撞性强、价格低且加工制造工艺成熟。这些钢材种类在国内外的汽车制造中都有重要的应用。例如，美国的"新一代汽车合作伙伴"（Partnership for a New Generation of Vehicles，PNGV）项目中开发出的钢制车身结构质量可以达到 218kg。一些汽车制造商也采用高强度钢和超高强度钢，如英菲尼迪 Q50 使用"SHF⊖ 980MPa 钢"（指抗拉强度为 980MPa 的超高可成形性钢）制造车身部件，本田 Insight 使用 780MPa、980MPa 和 1500MPa 等级的超高强度钢。在国内，河钢集团有限公司、唐山钢铁集团有限公司成功应用抗拉强度为 2GPa 的热冲压成形超高强度钢于车身安全件结构。宝钢钢铁股份有限公司于 2021 年全球首发具有知识产权的超轻型、纯电动钢制白车身，其中不同部位使用了不同强度等级的钢材。这些钢材为汽车制造提供了高强度、轻量化和安全性能的解决方案。

3.3　铝合金

目前，铝合金是仅次于钢材的第二大金属材料，具有优异的延展性、耐蚀性和较小的密度。在航空航天领域，铝合金是主要的用材之一，部分航空级铝合金的抗拉强度可以与钢材相媲美。在汽车行业，铝合金的应用量逐渐增加，部分车身零部件逐渐采用铝合金代替钢材。目前，汽车平均使用铝量已从过去的 35kg/辆增长至 160kg/辆。预计到 2025 年，汽车平均使用铝量将提升至 250kg/辆。其中，汽车车身不同部位的铝材普及率较高，机盖约占 85%，车门约占 46%，尾门约占 33%，车顶约占 30%，翼子板约占 27%。

⊖　SHF 为"超高可成型性（Super High Formability）"的缩写。——作者注

铝合金可根据加工工艺分为变形铝合金和铸造铝合金。变形铝合金通过塑性变形加工铝坯料制造零部件，常见的加工工艺包括轧制、挤压、拉深和锻造。大多数铝制零部件属于变形铝合金，如轧制板、箔和挤压件。铸造铝合金通过熔炼配料后，采用砂模、铁模、熔模和压铸法等方法直接铸造成各种零部件毛坯。铸造铝合金的熔点较低，非常适合铸造加工，但一般情况下强度不会非常高，铝与硅会形成低熔点共晶相，所以最重要的铸造铝合金体系是 Al-Si，其中高水平的硅含量有助于提供良好的铸造特性。

影响铝合金性能的主要元素包括 Si、Fe、Cu、Mn、Mg 和 Zn。根据合金元素对铝板的影响，铝合金可分为 1×××（铝含量不小于 99.00% 的纯铝）、2×××（Al-Cu）、3×××（Al-Mn）、4×××（Al-Si）、5×××（Al-Mg）、6×××（Al-Mg-Si）和 7×××（Al-Zn）。在汽车应用中，主要集中在 5 系和 6 系铝合金。Mg 元素可以提高合金的焊接性、耐蚀性、加工硬化、强度和成形性。6 系铝合金中的 Si 元素可以提高合金的耐磨性和流动性，并与 Mg 元素形成 Mg_2Si 强化相。5 系铝合金具有良好的成形性，在生产板材成形件和结构件方面得到广泛应用。6 系铝合金不易形成流线，适用于具有装饰性的车身外部零件制造，尤其适用于复杂件的制造，如铝合金机盖和铝合金仪表板横梁。

在汽车轻量化应用中，铝合金压铸件起着重要作用。它们主要用于铸造发动机气缸体、离合器壳体、后桥壳、转向器壳体、变速器、配气机构、机油泵、水泵、摇臂盖、车轮、发动机框架、制动钳、油缸和制动盘等非发动机构件。随着一体化压铸技术的发展，压铸部件的复杂程度和体积都有所提高，如高真空压铸技术制造的铝合金减振塔，相对于传统钢制、结构，冲压件的有效替换，可实现每车减重 10.9kg。一体化压铸技术可以将用于冲压、焊接的多道工序减少到 2 道工序，零部件数量和配套工作人员数量也可以大幅度减少，一体化压铸底板部件与传统工艺部件对比如图 3-3 所示。

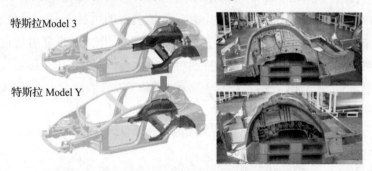

图3-3　一体化压铸底板部件与传统工艺部件对比

铝合金的可回收性较好，可以通过再生铸造合金工艺制造多种铝合金。在汽车应用中，越来越多的安全件开始使用铝铸件制造，关于回收降解技术的部分将在第 9 章进行详细介绍。此外，易氧化性使得铝合金具有较高的耐蚀性和耐候性，且较高的热导率，使其还适用于发动机和散热器的制造。然而，在铝合金焊接过程中容易导致零件变形，需要通过调整焊接顺序、焊接尺寸、焊丝和焊接参数控制来控制变形量。

铝合金分为可热处理强化铝合金和非热处理强化铝合金，其中 6 系铝合金属于可热处理强化铝合金。为使铝合金达到所需的强度水平，通常需要对其进行热处理，包括固溶退火、淬火、自然时效或人工时效等处理。根据德国相关工业标准，可采用"T×"表示可热处理铝合金的状态，常用的状态名称见表 3-1。

表 3-1　可热处理铝合金常用的状态名称

名称	含义
T3	固溶热处理后经冷加工，然后进行自然时效
T4	固溶处理加自然时效
T5	高温成型加人工时效和热时效硬化
T6	固溶处理加人工时效
T7	固溶热处理后进行人工时效，改善应力裂纹和层状腐蚀性能
T8	固溶热处理后经冷加工，然后进行人工时效

铝材在车辆轻量化方面的巨大潜力使得异种材料连接问题的重要性更加突出。目前，主流的铝材连接方式包括热连接、机械连接、粘合连接和搅拌摩擦焊等。有时根据连接强度需求，会采用多种连接方式的组合，如在铝合金减振塔的开发中，与周围的钢制零件采用了铆接+胶接的组合方案。

总体而言，针对高强度和抗疲劳的铝合金仍在不断研发中，其在车辆轻量化材料方面具有巨大的市场潜力。然而，需要根据材料的属性优势合理匹配轻量化结构。尽管钢制零件的质量可能是铝合金的 3 倍，但由于不同材料的特性和工艺要求的限制，通常只能减小 35%～45% 的质量。因此，只有遵循"合适的材料用在合适的位置"的设计原则，才能充分发挥材料的潜力。此外，铝合金的推广仍面临较高的成本，但随着低碳汽车的发展和人们环保意识的提高，节能和回收利用的压力不断增大。铝材具有高回收利用率的优势（在汽车制造中约为 95%），这种生态循环的优势将促使铝合金在汽车工业中得到更广泛的应用。

3.4 镁合金

镁合金是备受瞩目的材料，被誉为21世纪最有潜力的材料之一，受到了航空工业、军事工业和汽车制造工业的青睐。特别是在汽车工业领域，镁合金被认为是生产轻量、高效、环保的新一代产品的理想材料。许多世界知名汽车公司已经将镁合金零部件的开发列为重要发展方向，利用其制造的汽车产品被视为技术领先的标志。

根据2020年中国汽车工程学会发布的《节能与新能源汽车技术路线图2.0》，到2025年、2030年和2035年，纯电动乘用车的轻量化系数将分别降低15%、25%和35%。为实现这一目标，增加镁合金的使用量和降低碳纤维材料成本已成为解决方案之一。我国已经开发了100多种镁合金汽车零部件，如图3-4所示。重庆博奥镁铝金属制造有限公司等多家镁合金汽车零部件制造商已经建立了完整的技术体系，成为宝马、保时捷、沃尔沃、通用、福特等世界著名汽车制造商的供应商，供应全球90%以上的镁合金汽车零部件。

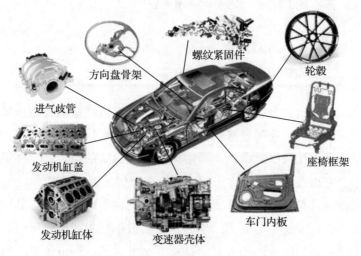

图3-4 镁合金汽车零部件

镁及镁合金具有一系列独特的优点，包括低密度、高比强度和比刚度、良好的阻尼减振性能以及出色的电磁屏蔽性等。此外，它们易于机械加工和回收利用。然而，由于高生产成本和加工工艺的不成熟，使镁合金的广泛应用受到限制。现主要集中用于壳体和支架类零件上，以压铸镁合金支架为例，其质量仅为相同功能的钢制支架的40%至50%，汽车轻量化效果明显。镁合金出色的阻尼减振性，使其制造的车身罩盖部件能够有效降低噪声。然而，需要特别注意的是，在与其他材料连接时应对镁合金进行防腐处理，以避免电化学腐蚀反应，镁合金电化学腐蚀现象如图 3-5 所示。

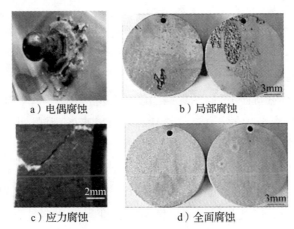

a）电偶腐蚀　　　　b）局部腐蚀

c）应力腐蚀　　　　d）全面腐蚀

图 3-5　镁合金电化学腐蚀现象

根据成形工艺的不同，镁合金材料可以分为两大类：铸造镁合金和变形镁合金。铸造镁合金是一种以镁为基体，通过加入合金化元素，适用于铸造方法生产零部件的材料。铸造镁合金的结晶温度间隔较大，体积和线性收缩较大，组织中的共晶体量、比热容、凝固潜热、密度以及液体压头较小，流动性较低，且在铸造过程中可能存在较大的拉裂和缩孔倾向，相对于铸造铝合金，这些问题更为显著。而变形镁合金则通过塑性变形的方式生产各种尺寸的板材、棒材、管材、型材和锻件等。通过精确控制材料的组织和应用热处理工艺，可以获得更高的强度、更好的延展性以及更出色的力学性能，从而满足更多种类的结构部件需求。

在各种镁合金成形工艺中，铸造是一种主要的方法，包括砂型铸造、永久型铸造、熔模铸造、消失模铸造、压铸等。例如，克莱斯勒公司的大捷龙等汽车型号已经成功实现了大规模生产、应用铸造成型的镁合金尾门。此外，镁合金板材的热胀成形工艺也在通用汽车的某款三厢车后盖上得到了大规模应用。

目前，超过 90% 的镁合金制品是通过压铸成型的。镁合金具有低液态黏度和出色的流动性，因此非常适合用于填充复杂的铸造腔体。使用镁合金可以轻松制造壁厚为 1.0~2.0mm 的压铸零件，甚至可以实现最小壁厚为 0.6mm。与铝合金相比，镁合金的压铸件具有更小的铸造斜度，为 1.5°，而铝合金通常为 2°~3°，且尺寸精度较前者也可提高 50%。另外，由于镁合金的熔点和结晶潜热较低，模具的冲蚀问题较小，不容易黏附，因此模具的寿命可比铝合金件长 2 ~ 4 倍。此外，镁合金压铸件的生产周期较铝合金件短，因此生产率可提高 25%。镁合金的加工性能也优于铝合金，切削速度可提高 50%，加工能耗比铝合金低 50%。

压铸镁合金根据其成分可分为四个系列：AZ（镁 - 铝 - 锌）系列，如 AZ91；AM（镁 - 铝 - 锰）系列，如 AM60 和 AM50；AS（镁 - 铝 - 硅）系列，如 AS41 和 AS21；AE（镁 - 铝 - 稀土元素）系列，如 AEA2。AZ 系列合金中的 AZ91 具有良好的铸造性和最高的屈服强度，广泛应用于汽车座椅、变速器外壳等部件。AM 系列合金中的 AM50 和 AM60 具有较高的延展性和韧性，适用于要求抗冲击载荷和高安全性的应用场合，如车轮和车门。

不同于液态成型的铸造镁合金，变形镁合金通过挤压、轧制和锻造等固态成形方法在 300 ~ 500℃温度范围内进行加工。由于变形加工可以消除铸造组织的缺陷并细化晶粒，因此相较于铸造镁合金，变形镁合金具有更高的强度、更好的延展性以及更卓越的力学性能，同时生产成本更低。

变形镁合金在车身部件上有广泛的应用潜力，主要用于车身组件的外板，如车门、行李舱、发动机舱盖等，以及车门窗框架、座椅框架、底盘框架和车身框架等。常用的合金系列包括 AZ 系列和 Mg-Zn-Zr 系列。AZ 系列变形合金通常具有中等强度和较高的塑性，其中铝在镁合金中的含量为 0% ~ 8%，典型的合金包括 AZ31、AZ61 和 AZ81，常用于汽车轮毂等应用。Mg-Zn-Zr 系列合金通常属于高强度材料，变形能力不及镁 - 铝系列合金，通常通过挤压工艺制备，典型合金包括 ZK60。高强度变形镁合金中还包括镁 - 锰系列，其最主要的优点是耐蚀性和焊接性良好，但铸造性较差，有较大的收缩率和热裂倾向，因此应用较少。目前，镁合金的塑性成形过程主要包括锻造和挤压，少量采用轧制成形，通常需要进行热加工。因此，变形温度、变形速率和应力状态都是重要的考虑因素。

3.5　车用塑料

非金属材料在汽车制造中起到多重重要作用，包括减小车身质量、增加车身强度和刚度、减少燃油消耗和排放。在这些非金属材料中，塑料和纤维增强复合材料扮演着关键的角色。塑料通常比金属轻，密度为 0.8 ~ 1.4g/cm^3。此外，制造塑料零件相对较低成本，采用注塑工艺可以生产复杂的部件。

塑料因其综合性能和价格优势在汽车工业中备受欢迎。近年来，塑料在汽车制造中的使用量不断增加，甚至出现了以塑料取代钢铁的趋势。改性塑料是化工新材料的重要组成部分，也是国家战略性新兴产业和《中国制造2025》的关键领域之一。据相关数据统计，2021年我国改性塑料产量达到2193万t，同比增长6.2%，市场规模达到3602亿元，同比增长22.7%。改性塑料通常代表了高科技、高性能和高档次，广泛用于航空、汽车制造、家电等领域，其中在汽车领域的使用比例超过19%，仅次于使用量最多的家电行业。

对于在汽车制造中的应用而言，德国在单车改性塑料的使用量上处于领先地位。在德国，每辆乘用车的平均改性塑料使用量达到340到410kg，使用率超过25%。相比之下，我国的乘用车单车改性塑料使用率仅为13%，平均使用量约为160kg，仍低于美国的250~310kg。

改性塑料的种类繁多，其中包括聚丙烯（Polypropylene，PP）、聚氨酯（Polyurethane，PU）、聚酰胺（Polyamide，PA）、聚氯乙烯（Polyvinyl Chloride，PVC）、丙烯腈－丁二烯－苯乙烯塑料（Acrylonitrile Butadiene Styrene plastic，ABS塑料）、聚碳酸酯（Polycarbonate，PC）等，PP、PA和ABS塑料在汽车制造中的改性应用最广泛，包括汽车的内饰和外饰部件、结构件以及功能件。内饰部件包括中控台、仪表板和装饰板，而外饰部件包括进气格栅、保险杠以及其他装饰件。结构件则涵盖前端框架和立柱骨架等部分，功能件则包括车灯、进气歧管和燃油箱等，这些都是在汽车制造中使用改性塑料较多的零部件。

1）标准塑料PP被认为是最轻的塑料之一，密度仅为 $0.89 \sim 0.91 \mathrm{g/cm^3}$。它不仅轻盈，而且具有出色的综合性能和价格优势，所以是理想的汽车轻量化材料。PP适用于共聚、交联、填充等多种改性，品种丰富，是车用塑料中用量最大、使用频次最高、发展最快的品种。在中型乘用车中，PP类材料的使用频率高达30%，占整车塑料用量的50%以上。改性的PP材料可用于制造超过60种汽车零部件，如图3-6所示，总用量超过车用PP总量的60%。

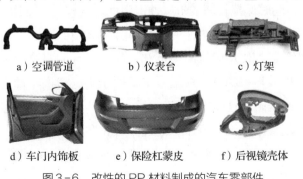

a）空调管道　　　　b）仪表台　　　　c）灯架

d）车门内饰板　　　e）保险杠蒙皮　　　f）后视镜壳体

图3-6　改性的PP材料制成的汽车零部件

车用 PP 改性主要有四类：

①增强增韧 PP，主要用于体积大、用料多、耐冲击性能好的汽车部件，如保险杠、仪表板等大件。

②与长玻璃纤维复合的长玻璃纤维增强 PP（Long Glass Fiber Reinforced Polypropylene，LGFPP），用于前端模块、仪表板骨架等，可大幅减重。

③发泡改性 PP，可用于汽车尾门、顶篷等部件，可减小 10%～20% 的质量。

④耐刮擦 PP，用于车内饰如操控台、仪表板。例如：新款斯柯达 Scala 使用了低密度、低气味 PP，达到显著减重效果；加德士生产的 PP/20% LGF 材料使现代索纳塔等车型零件更轻、更坚韧；沙特推出的汽车内饰 PP 材料表面高品质，减碳可达 15% 以上。

随着车用 PP 性能及环保要求的不断提高，"三高一低"成为 PP 改性的主流。"三高"即高流动、高模量及高抗冲，"一低"则是 PP 总挥发性有机化合物（Total Volatile Organic Compounds，TVOC）要低，特别是对于有可能处于温度较高且空间密闭的内饰件更为严格。

2）工程塑料 PA 凭借其良好的力学性能、耐热性、耐磨性、耐化学药品性，且有一定的阻燃性及易于加工成形等优势，广泛应用于汽车、电器、特种设备等领域。根据结构中二元胺和二元酸或氨基酸含有碳原子数的不同，可以制备多种类型的 PA，如 PA6、PA66、PA11、PA12 等。其中 PA6 和 PA66 是汽车领域主要使用的 PA 类型，占据全球一半以上的市场份额。车用 PA 的典型改性及应用包括：

①玻璃纤维增强 PA66（Polycaprolactam，Glass Giber Reinforced，PA66/GF）：通过向 PA66 中添加 20%～40% 的玻璃纤维，可以显著提高其弯曲强度（可达 310MPa），同时保持较高的缺口冲击强度。这种材料常用于制造发动机舱盖、进气管、散热器等需要耐热性的零部件。

②阻燃改性：通过使用卤系阻燃剂和三氧化二锑的复合阻燃体系，可以将 PA6 的阻燃等级提升至 UL94V-0 级，使其适用于电动汽车动力电池壳体、支架、盖板等需要高度阻燃性能的应用。

③聚合物共混合添加无机粒子：通过聚合物共混或添加蒙脱土、二氧化硅等无机粒子，可以增强 PA11 和 PA12 的性能，降低吸水率，提高耐油性，并增强强度和韧性，适用于汽车油液管路等应用。

具体创新案例如下：

①塞拉尼斯的 PA66/GF 产品 Zytel NVH70G35HSLA2，在凯迪拉克 LYRIQ SUV 的底盘中应用，减轻了结构支承架和弹性衬套的质量，提供更好的振动过滤，同时降低成本。

②朗盛开发的 BKV30FN04 阻燃 PA6/GF，适用于电动汽车动力电池模块外壳，能够耐受高电压并有效阻止高压电流。

③阿科玛生产的 Rilsan PA11 和 Rilsa-mid PA12 系列长链 PA，具有卓越的柔韧性、力学强度和耐化学药品性能，一直是全球汽车燃料管路、制动管路的首选材料。

随着车用 PA 在替代金属制件方面的应用的不断扩展，高流动性、高耐热性和无卤阻燃性成为行业研究的焦点，这些特性可以提高生产率、降低成本，同时提高汽车部件的外观质量。高流动性不仅可以提高生产 PA 制件的效率，还能降低加工成本，同时还有助于提升汽车部件的外观质量。与此同时，高耐热 PA 不仅适用于高温工作环境，要求它们在严苛条件下（如 1000h，210℃）的拉伸强度和冲击强度保持率不低于 75%。虽然卤系阻燃剂具有较高的阻燃效率并且对材料的力学性能影响较小，但它们在燃烧时会产生大量浓烟和有害气体，会对环境和安全性造成一定的威胁。相比之下，磷系、氮系、无机金属以及纳米无卤阻燃聚酰胺更具环保性和安全性，因为它们在阻燃过程中不会释放出大量有害物质。

3）ABS 塑料具备丙烯腈（Acrylonitrile，A）、丁二烯（Butadiene，B）、苯乙烯（Styrene，S）三种成分的综合性能。A 赋予 ABS 塑料耐化学腐蚀、耐热性以及一定的表面硬度；B 使其具备高弹性和韧性；S 则赋予 ABS 塑料热塑性塑料的加工成型特性，并改善了电性能。因此，ABS 塑料是一种综合性能出色、易获取的、价格实惠的材料，其特点包括强韧、质硬和刚性等，因而在机械、汽车、电子电器等领域有广泛应用。截至 2021 年，全球 ABS 塑料的产能超过了1200 万 t，国内 ABS 塑料的消费量达到了 580 万 t。其中，汽车、摩托车和电动车的消费量占总消费量的 14% 左右。

在汽车领域，ABS 塑料的典型合金改性和应用包括：

①ABS/PC 合金，具有出色的流动性、低温冲击性和高热变形温度，常用于制造仪表板骨架、装饰条和散热格栅等零部件。

②ABS/PA 合金，具有低密度、良好的韧性、易成形性以及耐高温性，适用于制造空调出风口、仪表板和外部饰件等。

③ABS/PVC 合金，不仅具有耐低温、耐冲击、易成形的特性，还具备较好的阻燃性和耐蚀性，广泛用于汽车仪表板和门窗密封条等。

④ABS/聚对苯二甲酸丁二酯（Polybutylene Terephthalate，PBT）合金，具有尺寸稳定性、耐化学药品性、耐冲击性和优异的流动性，对制造汽车仪表板、保险杠和座椅等大型塑料零件具有重要意义。

一些实际应用案例包括：雪佛兰科迈罗 ZL1‑1LE 乘用车采用 Pulse2000EZ ABS/PC 合金复合材料代替金属制造功能性扰流板支柱，不仅满足零部件的强度和刚度要求，而且在外观上时尚，具有良好的空气动力学性能，且质量减小 86%；上海日之升新技术发展有限公司开发了 BN0608 汽车内饰 ABS/PA6 复合材料，该材料不需要喷涂即可实现低光泽效果，能有效降低视觉疲劳，表面具有细微的磨砂感，耐刮擦性能出色，可应用于中央控制面板和空调出风口等零部件；东丽公司生产的 VX10‑X01 注塑级 ABS/PBT 合金，具有良好的外观和均衡的物理特性，以及出色的模塑性能，在汽车仪表板、挡泥板和把手等部件中得到应用。

随着 ABS 塑料制件在汽车领域广泛应用的不断推进，特别是汽车内饰全塑化的趋势，抗菌、防静电和低噪声的车用 ABS 塑料正在成为行业的新热点。

3.6 纤维增强复合材料

随着科学技术的不断进步，非金属材料在汽车制造领域中的应用越来越多，由于其具有轻质、高强度、耐腐蚀和易于加工等优点，逐步取代了传统的金属材料。这种趋势包括使用玻璃纤维增强复合材料（Glass Fiber Reinforced Polymer，GFRP）、碳纤维增强复合材料（Carbon Fiber Reinforced Polymer，CFRP）、纤维增强金属复合材料（Fiber Reinforced Metal Matrix Composites，FRMMC）以及金属‑塑料层叠复合材料。

1. GFRP

GFRP 是一种复合材料，以玻璃纤维用作增强材料。在汽车制造中，玻纤增强塑料如玻纤增强 PP、玻纤增强 PA66 或 PA6 以及少量 PBT 和聚苯醚（Polyphenylene Oxide，PPO）材料得到广泛应用。随着汽车、航空等产业对玻璃纤维的需求量不断增加，我国玻璃纤维的产销量都在迅速提高，2002—2021 年我国玻璃纤维产销变化趋势如图 3‑7 所示。

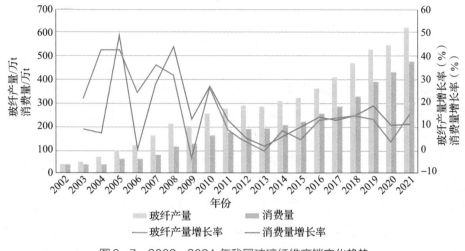

图3-7　2002—2021年我国玻璃纤维产销变化趋势

在汽车制造中，增强PP主要用于制造发动机冷却风扇叶片和正时带上下罩盖等零部件。然而，一些产品存在外观质量不佳和翘曲等问题，因此非关键零件逐渐被滑石粉填充PP替代。增强PA材料已应用于轿车、厢式车和货车中，通常制造小型功能性零部件，如锁体防护罩、保险楔块、嵌装螺母、加速踏板和换档上下护架 – 防护罩等。玻璃纤维增强型热塑性塑料（Glass Mat Reinforced Thermoplastics，GMT）是一种在国际上备受关注的复合材料，它以热塑性树脂为基体，以玻璃纤维毡作为增强骨架。这种材料具有创新性、节能和轻质特点。通常可以生产出半成品片材，然后直接加工成所需形状的产品。玻璃纤维可以是短切玻璃纤维或连续的玻璃纤维毡。

片状模塑材料（Sheet Molding Compound，SMC）是一种重要且应用广泛的模压复合材料半成品。与钢制汽车零部件相比，SMC具有生产周期短、易于汽车改型、投资回报高、质量小、耐用性好和隔热性好等优点。然而，SMC无法回收，对环境会造成污染。尽管性能、价格具备竞争力，但与相应的钢制零部件相比，一次性投资通常较高。例如，福特金牛座和水星黑貂乘用车前围里的下散热器托架，原本由22个钢制零部件组成，采用SMC后只需2个，减小了质量，同时降低了成本约14%。此外，还有一些新型GFRP材料，如玻璃纤维增强热塑性材料、树脂传递模塑材料（Resin Transfer Moulding，RTM）和手糊纤维增强复合材料（Fiber Reinforced Polymer，FRP）。

许多汽车制造商在生产汽车车身时已经采用玻璃纤维增强材料替代传统金属，但玻璃纤维在高温下容易凝固，给废旧汽车回收带来难题。法国国家科学研究中心正在研究一种以聚氨酯等为原料的合成材料，相比金属和玻璃纤维，这种材料更便宜、更轻、更强韧，且可以生物降解。

2. CFRP

CFRP 是一种高性能复合材料，其密度小于铝和玻璃纤维，且具有非常高的强度和刚度。尽管它在航空航天和体育用品等领域得到广泛应用，但由于成本较高，在汽车制造领域中的应用仍然有限。

2013 年发布的宝马 i3 电动汽车在设计和多材料综合应用方面，堪称典范。这款车采用了 Life 和 Drive 两个模块，其中 Life 模块采用了非全承载式结构，并选用了超过 49% 的 CFRP，显著提升了乘员舱内的人员安全性；Drive 模块则采用模块化设计的铝电池舱空间框架结构，有效地保护了电池组。而 CFRP 的高成本，使得后续车型逐渐在使用上回归了理性。相反，玄武岩纤维增强复合材料的性能虽然低于 CFRP，但优于 GFRP，而且成本远低于 CFRP，目前正逐渐成为汽车轻量化的新宠。

3. FRMMC

CFRP 和 GFRP 具有出色的力学性能，但由于其基底是塑料，与金属相比在耐热性上存在差距。因此，研究表明热强度较高的 FRMMC 具有潜在的汽车应用可能性。这种材料采用各种增强纤维，如碳元素、碳化硅、硼和氧化铝，与各种金属基底结合，制造出具有不同特性的 FRMMC。对将 FRMMC 应用于活塞、连杆和其他滑动零件已经进行了研究，但由于成本问题以及还未达到成批生产的条件，所以还未得到充分开发。然而，美国已将铝基复合材料应用于制动轮，在大幅减小质量的同时，具备良好的导热性，最高使用温度已达到原先使用的铸铁水平。

4. 金属-塑料层叠复合材料

金属-塑料层叠复合材料是一个研究热点，它将高强度钢板、铝和塑料等材料结合在一起，形成夹层结构材料。这种复合材料具有出色的隔热和隔音性能，因为它将薄钢板或铝板粘合在塑料芯的两侧。相比普通钢板，在相同的刚度下，层叠钢板的质量减小了30%到70%。然而层叠材料的成本较高，通常是钢板的 1～3 倍，而且还面临着一些不得不解决的问题，例如，在用于车身覆盖件时，如何进行粘结和拼合，以及金属钢板的锈蚀可能降低其刚度。然而，随着层叠材料研究和开发的不断进步，使其实用化具有更大可能性。

未来的汽车趋向于环保和绿色化，因此复合材料的环保意识不可避免地被提及。复合材料可以提高材料性能、延长使用寿命、增强功能性，这些都对环境有利。然而，必须认真对待并解决复合材料再生问题，以确保复合材料朝着与环境协调一致的方向发展。

复合材料零件的再生利用是具有挑战性的，会对环境产生不利影响。例如，众多聚合物基复合材料易燃，燃烧时会释放有毒气体，造成污染；在成形过程中，挥发性成分和溶剂可能会扩散到空气中，进一步加剧污染问题。复合材料本身由多种组分构成，属于多相材料，难以粉碎、磨细、熔融或降解。因此，复合材料首先需要分解成单一材料的零件，但这一过程成本高昂，并且难以使其恢复原有性能。尽管专家学者已经开发出相对成熟的针对碳纤维复合材料的回收技术，如热解法（高温热解法、微波热解法、流化床热解法）、化学法（溶剂分解法）及机械法，其中，已有企业开始运营工艺难度相对较低的高温热解法，碳纤维复合材料高温热解法回收工艺如图 3-8 所示，但其回收产出的碳纤维仍存在力学性能降低和能耗高的问题。

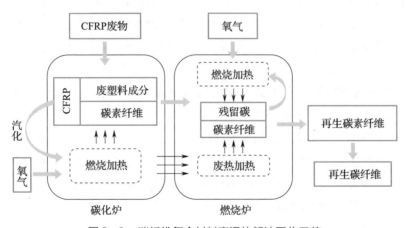

图 3-8　碳纤维复合材料高温热解法回收工艺

因此，实现复合材料的再生利用需要考虑零件容易拆卸的条件，尽可能使用单一材料构成的材料，即使是复合材料也应尽量减少复合性。基于上述考虑，热塑性聚烯烃弹性体、聚丙烯发泡材料及 GMT 增强板材的应用量还会大幅度增加，相反热固性树脂的用量将受到限制。再生性和降解性方面的研究已经取得部分进展。在当今社会，环境和能源问题已经成为国家生存和发展的关键因素。随着人们环保意识的提高以及环保法规的制定，绿色低碳汽车已经成为未来汽车发展的必然趋势，而复合材料作为未来汽车材料发展的主流，必将在其中扮演非常重要的角色。

3.7 生物基复合材料

生物基塑料拥有多种优势，包括可降解性、环保生产、广泛的原材料来源、低气味和低 VOC 含量等，因此在汽车行业有着巨大的应用潜力。复合材料通常由塑料、聚合物和纤维混合而成，以增强其强度。将塑料、聚合物与来自可再生资源的纤维混合时，便得到了生物基复合材料。最常用于增强塑料、聚合物的天然纤维是纤维素、大豆和亚麻等。

聚乳酸（Polylactic Acid，PLA）是一种来源于天然资源的生物基聚合物，具有耐热性、抗冲击性、抗紫外线性、高光泽度、出色的着色性和尺寸稳定性，是许多传统聚酯（如 PC、PBT 等）、ABS 塑料和 PA6 的理想替代品。福特公司使用 PLA 纤维制作 Model – U 的帆布车顶和地毯垫。丰田汽车公司的 Raum 车型采用了洋麻纤维/PLA 复合材料制作备胎盖板，以及 PP/PLA 改性材料制作汽车门板和侧饰板等。国内也有关于 PLA 在汽车行业的应用研究，例如，绿程生物材料技术有限公司推出了高强度高韧性的 PLA 复合材料，并在汽车进气格栅、三角窗框等零部件中得到应用；锦湖日丽公司成功研发了 PC/PLA，它具有出色的力学性能且可降解回收，被用于汽车内饰件；奇瑞汽车公司则采用填充矿粉（如滑石粉和碳酸钙）以及增加增韧剂的方法对 PLA 进行改性，提高了其耐热性和抗冲击性，以用于汽车零部件的制造。

在汽车应用中，多数 PA 通常使用来自化石资源的原料。然而，随着时间的推移，一些生物基 PA 已经商业化，并包括完全生物基的 PA11、PA1010，以及部分生物基的 PA610、PA410、PA1012、PA10T 和 PA56 等。例如，Rilsan® PA11 是第一种用于汽车行业的生物 PA，它以蓖麻油为原料，用于制造软管、燃料管线、摩擦部件、快速连接器和气动制动器部件。目前，更多的生物基 PA 产品仍在研发中，包括完全生物基的 PA6、PA46、PA4 等，以及部分生物基的 PA66 和 PA69 等。

此外，美国福特汽车公司已成功开发了基于大豆油的 PU 泡沫，用于汽车坐垫和座椅靠背。马来西亚则利用当地资源，开发出一系列棕榈油多元醇，广泛应用于 PU 硬泡领域。日本丰田汽车公司成功开发了蓖麻油基的 PU 泡沫塑料坐垫。大众汽车公司目前专注于研究下一代皮革替代品，以减少对动物产品的依赖。他们正在探索使用咖啡豆银皮、纤维素等天然植物材料制造环保皮革。例如，大众途锐 R 插电式混合动力车的真皮座椅使用了以橄榄叶提取物进行可持续鞣制的普利亚皮革。

当前，合成橡胶和天然橡胶都面临着资源短缺的困境。合成橡胶的制备依赖于化石资源，而能源、资源和环境方面都面临巨大的挑战。现代合成橡胶工业以大量不可再生的能源和资源消耗为代价，正面临着严峻的考验。在合成橡胶领域，欧美发达国家正在关注将传统橡胶合成单体转向生物基化的方法。例如，美国固特异公司正在利用糖源来开发生物基异戊二烯，从而合成生物基异戊橡胶，最终用于制造生物基异戊橡胶轮胎。同时，阿朗新科公司也在利用甘蔗渣开发生物基乙烯，与石油基丙烯进行共聚合，以合成生物基三元乙丙橡胶，其中的生物基原料比例可以达到70%。这些努力旨在减少对有限化石资源的依赖，推动橡胶工业朝着更可持续的方向发展。

3.8　小结

纵观汽车应用材料的发展历程，从单一的钢材逐渐演化至高强度钢、铝镁合金、复合材料的多材料共用局面，彰显着汽车低碳环保的意识正在逐渐加强，材料正向轻量化、低碳化、生态化的方向发展。在中国生态汽车评价规程的促进下，不难看出生物基复合材料是实现低碳汽车发展的明智选择，它来源于广泛的可再生物质资源、可循环利用，是一种无污染的清洁材料，实现轻量化节能减排的同时，更具有贯串汽车全生命周期的低碳生态特征，在接下来的章节中将对这种生态材料的种类及改性方法展开更加详细的介绍。

参考文献

[1] 程萍, 程凤. 动力电池系统轻量化技术综述[J]. 电源技术, 2019, 43(1)：171 – 173.

[2] 范青. 工程机械设计中轻量化技术的应用[J]. 南方农机, 2020, 51(20)：103 – 104.

[3] HULKA K, 时晓光. 现代多相钢在汽车行业中的应用[J]. 鞍钢技术, 2005(5)：58 – 62.

[4] 韩国良. 车用 MS1180 高强钢熔化极气体保护焊工艺研究[D]. 北京：北京工业大学, 2013.

[5] 刘美娜. CPW800 汽车用钢不同焊材焊接性能研究[J]. 汽车制造业, 2019(13)：28 – 29.

[6] 黎兴刚, 燕青芝, 葛昌纯. 低活化铁素体/马氏体钢的研究进展[J]. 钢铁研究学报, 2009, 21(6)：6 – 12.

[7] 韦玉明. 汽车车身材料的现状及其发展趋势[J]. 中国机械, 2014(22)：28 – 29.

[8] 李学涛. 镀锌热冲压钢成形过程中裂纹扩展机理及控制工艺研究[D]. 北京：钢铁研究总院, 2018.

[9] 申文竹, 李春福, 宋开红, 等. 孪生诱发塑性钢的研究现状及展望[J]. 金属热处理, 2012, 37(4)：6 – 10.

[10] 本溪钢铁公司第一炼钢厂. 硼钢[M]. 北京：冶金工业出版社, 1977.

[11] 王杰, 赵金长. 浅析新材料与新工艺在汽车轻量化中的应用[J]. 青年与社会: 下, 2015(6): 237.

[12] 程仁寨, 肖栋, 王兴瑞. 一种提高7075铝合金挤压材性能的工艺方法: 201611008250 [P]. 2017–02–15.

[13] 赵金升, 苑雪雷, 谷龙. 浅谈铝合金冲压工艺[J]. 模具制造, 2015, 15(11): 10–12.

[14] 杜晓坤, 张志彬, 梁秀兵. 腐蚀介质下AZ91镁合金滑动摩擦磨损失效行为分析[J]. 装甲兵工程学院学报, 2018, 32(3): 99–105.

[15] 滕世政. 镁、锌合金连续挤压工艺和工装开发[D]. 长沙: 湖南大学, 2012.

[16] 程仁菊. 含锶中间合金对AZ31镁合金铸态组织的影响[D]. 重庆: 重庆大学, 2006.

[17] 樊振中, 陈军洲, 陆政, 等. 镁合金的研究现状与发展趋势[J]. 铸造, 2020, 69(10): 1016–1029.

[18] 陆萍. SIMA法AZ91D镁合金半固态坯料的制备[D]. 长春: 吉林大学, 2005.

[19] 赵文元, 夏兰廷. 镁合金成形技术现状及展望[J]. 铸造设备研究, 2005, (2): 47–51.

[20] 许胜麒, 张洪申. 基于Comsol的退役乘用车塑料高压静电分离[J]. 工程塑料应用, 2021, 49(11): 72–77.

[21] 张建耀, 刘春阳. 汽车用聚丙烯树脂的开发及国内应用现状[J]. 中国塑料, 2018, 32(2): 19–26.

[22] 瞿金清, 曾伟锋, 刘瑞源. 改性的端羧基超支化聚酰胺树脂及其制备方法与应用: CN201310040068.8[P]. 2023–01–31.

[23] 李全. 新型轿车发动机罩轻量化设计研究与应用[D]. 长沙: 湖南大学, 2015.

[24] 王军, 刘万辉, 尹冬松. 复合材料学[M]. 哈尔滨: 哈尔滨工程大学出版社, 2010.

[25] 郭晓云, 程晓阳, 巴文辉. 玻璃纤维和碳纤维加固钢筋混凝土框架柱伪静力试验研究 [J]. 建筑结构, 2019, 49(S2): 728–733.

[26] 朱俊. 车用复合材料新技术[J]. 上海塑料, 2009(2): 13–18.

[27] 肖生祥, 樊丁. 环氧树脂与玻璃纤维复合材料的应用研究[J]. 山西建筑, 2007(1): 170–171.

[28] 贺光玉, 向宇. 先进复合材料在汽车工业中的应用[J]. 汽车零部件, 2013(5): 86–92.

[29] 郑学森, 潘徽辉. 玻璃钢/复合材料在汽车工业中的应用[J]. 新材料产业, 2008(3): 25–32.

[30] 张飞, 周玉惠, 张恒, 等. β–环糊精对长支链化聚乳酸复合材料发泡质量及力学性能的影响[J]. 材料导报, 2020, 34(16): 16155–16160.

[31] 周英辉, 陈胜杰, 雷亮, 等. 几种改性生物基塑料在汽车上的应用[J]. 现代塑料加工应用, 2018, 30(4): 56–59.

[32] 何晓夏, 杨海潮, 王童, 等. 车用绿色生物材料现状及未来发展趋势[J]. 汽车文摘, 2021(10): 31–35.

[33] 韩玲. 聚氨酯材料在汽车工业中的应用及发展方向[J]. 化工设计通讯, 2020, 46(6): 70–71.

[34] 《橡塑技术与装备》杂志社. 2018年度中国橡胶机械行业十大新闻[J]. 橡塑技术与装备, 2019, 45(3): 62–64.

[35] 中国聚合物网. 生物基橡胶离我们还远吗?[J]. 橡塑技术与装备, 2019, 45(3): 64–65.

第4章
生态材料

4.1 引言

从人类进入现代史以来，石油及石化产品一直在社会发展中扮演着重要角色。然而，人类忽略了石油资源是不可再生资源，过度开发不仅导致了石油资源的枯竭，同时还造成了不可忽视的环境污染问题。直至能源危机和环境污染已经是亟待解决的生存问题时，人们才意识到在世界范围内寻求绿色环保的石油资源替代品的重要性。上一章提及生物基复合材料具备替换石油基材料的潜力，以减少白色污染（塑料等）、石油副产品对环境的伤害，推动环境的改善和保护，加速低碳汽车的发展。本章将对以生物基复合材料为代表的一系列生态材料展开介绍，这些材料源于自然界中的动、植物和微生物资源，是实现资源可持续性利用的新兴前沿材料。

4.2 生态材料的时代背景

由于过度开发，石油资源正逐渐枯竭，导致能源危机。同时，石油产品无法在自然环境中分解，会引发严重的垃圾堆积问题，垃圾焚烧会释放大量温室气体，加剧温室效应，填埋处理又对土壤环境造成破坏。21世纪以来，面对能源危机和全球气候变暖，人们开始广泛研究和利用生物基复合材料，同时也更注重与环境的互动。因此，人们越来越迫切地寻找石油资源替代品，实现可持续性发展。

生物基复合材料兴起于欧美国家，使用动、植物和微生物这些自然生长的资源作为原料，而这些资源是可再生资源。这些生态材料能够降低温室气体排放量、减少能源消耗。与传统的石油产品相比，生态材料更易分解，可回收利用，减少垃圾堆积和环境污染，因此生物基复合材料的产业化研究与推广也逐渐在全球范围内进行。此外，使用生态材料可以促进绿色经济的发展，并推动实现可持续发展的目标。目前，各国的研究机构和企业都在加大对生态材料的研究和开发力度。例如，利用植物纤维制造的生物塑料、木质纤维板等已经投入使用，并取得了良好的效果。虽然生态材料的应用还存在一些技术挑战和成本问题，但随着科学技术的不断进步和环境意识的提高，这些问题将逐渐得到解决。

4.3 生物基化学品

生物基化学品是利用可再生的生物质为原料生产的化学品，包括大宗化学品和精细化学品等产品。常见的已成功实现商业化的生物基化学品有乳酸（Lactic Acid，LA）、1，3－丙二醇（1，3-Propanediol，1，3-PDO）、乙醇、琥珀酸（又称为丁二酸）等，这些生物基化学品已经占据了市场的主导地位。另外还有丙烯酸（Acrylic Acid，AA）、对二甲苯（Para-Xylene，PX）等化学品还处于研究的早期阶段，目前还无法商业化。其中用来制备可生物降解的聚合物及其他环境友好的试剂的乳酸，以及作为聚合物单体合成性能优异的高分子材料，产品附加值高的1，3－丙二醇已经实现了商业化，接下来主要对这两种生物基化学品展开讨论。

4.3.1 乳酸

乳酸是一种化学有机酸，一般以左旋乳酸（Levo-Lactic Acid，L-LA）和右旋乳酸（Dextro-Lactic Acid，D-LA）这两种立体异构体存在。因其具有羟基、羧基而且具有光学活性，所以被广泛应用于各类化工以及食品行业，是一种重要的工业原料。随着新型生态材料的普及推广，L-LA、D-LA在新材料的应用方面有了很大的发展，如以LA为原料来制造聚乳酸（Poly-Lactic Acid，PLA）基生物降解塑料。国内生产的乳酸多以L-LA为主，L-LA合成得到的左旋聚乳酸（Poly-Levo-Lactic Acid，PLLA）一般不耐热，需改性，而由D-LA合成得到的右旋聚乳酸（Poly-Dextro-Lactic Acid，PDLA）可以具备耐热性能。同时LA还会用来制备可生物降解的聚合物以及其他环境友好的试剂，已被用于食品、医药、汽车和其他领域。

1. 制备工艺

LA可以通过化学法、微生物酶法、微生物发酵法进行生产。目前，绝大多数企业采用微生物发酵法，即利用细菌将糖进行厌氧发酵以产生乳酸。

（1）化学法　传统的化学合成方法包括乙醛氢氰酸法、丙酸氯化水解法和丙烯 – N_2O_4 法等，这些方法得到的乳酸都是消旋体乳酸。化学拆分法通过选择合适的手性试剂将乳酸的一对对映体变成两个非对映体，再进行拆分。化学拆分法的缺点是拆分剂成本高、分离困难，并且存在较大的毒性和环境污染问题。

（2）微生物酶法　利用脂肪酶催化酯类化合物的分解、合成和酯交换等特性，使混旋的乳酸酯与脂肪酶反应，脂肪酶可以选择性水解 L – 乳酸酯键而不水解 D – 乳酸酯键，然后通过化学水解方法水解 D – 乳酸酯键得到 D – LA。同时，某些微生物也具有能水解 D – 乳酰胺的水解酶，如源于节杆菌属、假单胞菌属、芽孢杆菌属和棒状杆菌属等微生物可以通过固定化细胞的方法，在极性溶剂中选择性水解 D – 乳酰胺得到 D – LA。

（3）微生物发酵法　微生物发酵法是目前制备乳酸最主要的方法之一。近年来，LA 的生产方式正逐步从传统的发酵工艺转向更环保、绿色的固体催化剂方向。这包括基于碱性介质和非碱性介质下的固体催化剂，如铜基催化剂、贵金属基催化剂、镍基和钴基催化剂、杂多酸催化剂和双金属催化剂等。利用固体催化剂促使甘油选择性氧化为 LA 是当前研究的热点之一，具有广阔的应用前景。图 4 – 1 所示为碱性介质下甘油脱氢转化为乳酸的反应途径。

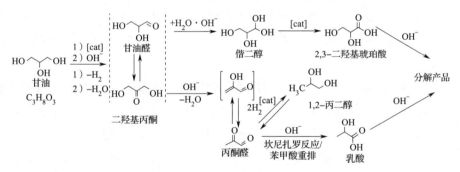

图 4 – 1　碱性介质下甘油脱氢转化为乳酸的反应途径

2. 乳酸制备聚乳酸

PDLA 的合成步骤包括：首先，D – LA 在高温、低真空下缩聚形成低相对分子质量的 PDLA；然后，在高温、高真空下解聚生成环状的 D – 丙交酯，D – 丙交酯是 PDLA 的基本单位；最后，D – 丙交酯开环聚合得到高相对分子质量的 PDLA。PLLA 的合成是同样的步骤，其中 L – 丙交酯是 PLLA 的基本单位。在 PLA 的合成过程中，D – 丙交酯和 L – 丙交酯的组成含量直接决定最终合成的 PLA 产品的性能和应用。通过控制 D – 丙交酯、L – 丙交酯的比例及其沿聚合物主链立体顺序的分布，可以获得具有不同性能的 PLA 材料，立体顺序分布将直接影响最终得到的 PLA 产品的热阻隔、机械强度、光学和降解性能。

4.3.2　1，3-丙二醇

1，3-丙二醇的纯品是一种无色、无臭，具有咸味和吸湿性的黏稠液体，它是聚对苯二甲酸三亚甲基酯（Polytrimethylene - Tereph - Thalate，PTT）材料的单体以及众多精细化学品的中间体。与水混溶，可混溶于乙醇、乙醚，主要作为溶剂用于有机合成。

1，3-丙二醇是一种重要的大宗化工产品，广泛应用于医药、纺织等行业中。同时，1，3-丙二醇可作为合成聚酯多元醇、醇酸树脂、羧基环氧树脂、不饱和聚酯等聚酯材料的单体。其中，PTT 是以 1，3-丙二醇为单体的最具应用价值的一种新型聚酯纤维。它具有尼龙的柔软性、腈纶的蓬松性、涤纶的抗污性以及良好的着色性、抗紫外、抗静电、生物安全性及可降解性等一系列优点，在制作地毯、服装、食品包装、汽车内饰件等产品的市场应用前景巨大。

目前用化学法和生物法来生产 1，3-丙二醇，但是由于化学法生产技术的成本很高、化学产品还不易降解，以至于造成的环境污染等问题而逐渐停止使用。目前主要的生产技术是美国杜邦公司开发的生物发酵法。目前国内 1，3-丙二醇的生产原料主要有生物基甘油、生物基葡萄糖、环氧乙烷等，生产方面的主要工作是要进一步降低成本，建立低能耗、低排放、高收率的下游提取工艺。

由于章节篇幅有限，所以下面仅简单介绍以产能过剩以及价格低廉的甘油为生产原料的生产技术。微生物催化甘油生产 1，3-丙二醇，不仅能实现降低 1，3-丙二醇生产成本的目的，还能解决因为生物柴油产能过剩造成的环境压力，解决世界范围内甘油产量过剩的问题，实现充分利用现有资源的目的，在真正意义上实现低碳环保的绿色工业。

为了降低 1，3-丙二醇的生产成本，有学者利用大肠杆菌代谢工程和工艺优化，结合发酵工艺优化和两段 pH 控制补料分批发酵，实现了 3-羟基丙酸（3 - Hydroxypropionic Acid，3 - HP）和 1，3-丙二醇的联合生产。该种方法减少了副产物、灭活代谢阻遏物、降低了中枢代谢酶的活性，明显提高了甘油的产品转化利用效率。还有学者开发了相对简单的 $Pt/WO_x(900)/Ta_2O_5$ 催化剂，研究了不同焙烧温度下 WO_x 状态变化，以及 $WO_x - Ta_2O_5$ 种类对 Pt 分散性和锚定性的影响，甘油在该催化剂条件下氢解生成 1，3-丙二醇如图 4-2 所示。协调的 Pt－WO$_x$活性位点对 1，3－丙二醇的生产具有良好的催化效率，该催化剂制备容易，具有更好的工业应用前景。

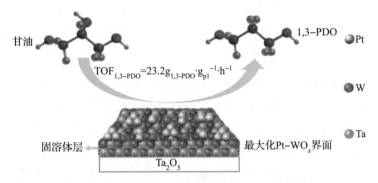

图 4－2 甘油在 Pt/WO$_x$（900）/Ta$_2$O$_5$ 催化剂催化条件下氢解生成 1，3－丙二醇

4.4 生物基塑料

生物塑料是一种应用较为广泛的生物基材料，是生物基塑料和生物可降解塑料的总称。在降解性能方面可以分为可生物降解生物塑料和不可生物降解生物塑料两类。可生物降解生物塑料是指可以在自然环境下逐渐分解并被微生物降解的塑料，最终转化为水、二氧化碳和生物质等物质，不可生物降解生物基塑料则不会被微生物降解，但其制造过程中使用了生物基原料。本节主要介绍可生物降解石油基塑料和可生物降解生物基塑料，以及不可生物降解生物基塑料这三种。

目前从我国的技术研究和产业化进展来看，主要集中在生物降解塑料领域，这是因为生物降解塑料具有显著的环境友好性和可持续发展性。据预测，到 2025 年，中国的生物降解塑料需求量有望达到 260 万 t，市场规模有望超过 500 亿元。

4.4.1 可生物降解石油基塑料

可生物降解石油基塑料主要包含：二元酸二元醇共聚酯［如聚丁二酸丁二醇酯（Poly Butylene Succinate，PBS）、聚丁二酸－己二酸丁二酯（Poly Butylene Succinate-co-Butylene Adipate，PBSA）、聚对苯二甲酸－己二酸丁二酯（Poly Butylene Adipate-co-Terephthalate，PBAT）］、聚己内酯（Polycaprolactone，PCL）、二氧化碳共聚物（Poly Propylene Carbonate，PPC）、聚乙醇酸（Polyglycolic

Acid，PGA）和聚乙烯醇（Polyvinyl Alcohol，PVA）等，其中脂肪族 PBS 和 PCL 虽然具有可完全生物降解性且降解物无毒无害，但是由于 PBS 和 PCL 的熔点低、热稳定性差和力学性能低等缺点，所以 PBAT 的综合性能要比 PBS 和 PCL 更好。

1. 二元酸二元醇共聚酯

二元酸二元醇共聚酯系列是由二元酸和二元醇共聚而成的可生物降解塑料，它具有良好的可拉伸性和机械强度，可应用于包装薄膜、纺织品和注塑制品等领域。PBS、PBSA 和 PBAT 等通常采用直接酯化法、酯交换反应法和扩链法这三种方法合成。

PBS 是由丁二酸和丁二醇通过缩合、聚合而得到的脂肪族聚酯，其原材料丁二酸和丁二醇的来源广泛，既可以通过石化原料生产，也可以利用自然界可再生农作物（葡萄糖、果糖、乳糖、纤维素等）以及奶业副产物等通过生物发酵方法制得。PBS 表现出良好的成型加工性能和出色的生物降解性，在干燥环境下稳定。在泥土、海水及堆肥中，PBS 能够完全降解，且降解后的产物无毒，在国际上被广泛认可为一种可完全生物降解的聚合物。与其他降解塑料如 PCL、聚羟基丁酸酯（Polyhydroxy Butyrate，PHB）相比，PBS 的价格相对较低，具备良好的性价比和广泛的应用前景。此外，PBS 具备良好的热稳定性，其热变形温度和使用温度可达 100℃ 以上。通过共聚、共混以及与纳米材料复合等方法进行改性，能够显著提升 PBS 的综合性能，进而拓宽其应用领域，甚至有可能替代聚对苯二甲酸乙二醇酯和聚丙烯。

PBAT 是由 PBA 和 PBT 的共聚合物所构成。这种共聚合物融合了脂肪族聚酯和芳香族聚酯的优点，同时继承了 PBA 和 PBT 的独特特性。它具备卓越的延展性、断裂伸长率、耐热性和抗冲击性能，同时也表现出杰出的生物降解性能和良好的生物相容性。因此，PBAT 是当前生物降解塑料研究领域备受关注且市场应用广泛的材料之一。与此同时，PBAT 不仅拥有与 PBT 相当的优异力学性能和热稳定性，还具备高柔韧性和透明性。另外，PBAT 还能够被微生物分解或被堆肥降解，其降解产物可完全生物降解，也不会带来环境危害。

2. 聚己内酯（PCL）

形状记忆聚己内酯（PCL）是具有线型脂肪族结构的半结晶性聚合物，具有良好的生物相容性和生物降解性。PCL 交联后可表现出形状记忆特性，属于热致型形状记忆聚合物材料。PCL 试样加热到熔点以上呈现出高弹态，能够进行任意塑形，且应力存在时骤冷（冻结应力），试样即可成功赋形。重新将赋形试样加热到熔点以上后，材料再次处于高弹态，试样向原来的形状恢复。利用该特点，PCL 在医疗定位、骨科康复等领域得到广泛应用。

4.4.2 可生物降解生物基塑料

可生物降解塑料主要包括聚乳酸（PLA）、聚羟基烷酸酯（Polyhydroxy Alkanoates，PHA）和可塑性淀粉材料（Plastarch Material，PSM），PLA、PSM 和 PHA 现阶段产能共占可降解塑料行业总产能的约 90%。

1. 聚乳酸（PLA）

PLA 原材料的天然资源丰富，是最常见的可生物降解塑料之一，可由玉米等农产品发酵产生的乳酸直接缩聚和环乳酸的开环聚合制备，是人类历史上研究和应用最广泛的生物降解脂肪族聚酯。因 PLA 原材料来源广泛（可再生植物资源）且廉价、生物相容性好，与其他可生物降解塑料相比，还具有良好的机械加工性能，可用作石油基聚合物的替代品，因此受到了十分广泛的关注，但是由于 PLA 固有的硬而脆的属性，使其应用受到了限制，因此 PLA 的增塑、增韧改性成为研究热点。PLA 在生物医疗领域、一次性用品中被广泛应用，在汽车内外饰（如车用脚垫、备用轮胎箱盖、车门、轮圈、车座、天棚材料等）也有很大的应用前景。

2. 聚羟基烷酸酯（PHA）

PHA 是一种可降解的聚合物，由可再生资源，（如糖、二氧化碳和阳光）和转基因植物共同制备而成。PHA 聚合物的共聚物，如聚 - β - 羟基丁酸和聚 - β - 羟基丁酸 - 合 - 戊酸盐（Poly Hydroxybutyrate - co - Hydroxyvalerate，PHBV），已成功应用于多种纤维复合材料的基体聚合物设计，包括黄麻、亚麻、人造纤维素、竹、木纤维和纤维素等。我国在 PHA 方面的研究处于世界先进水平。PHA 是线性可降解聚酯，其物理性质主要受单体组成的影响。一种出 3 - 羟基丁酸丁酯（3 - Hydroxybutyrate，3 - HB）单体组成的均聚物称为 P（3 - HB），其力学性能和加工性能相对较差。然而，通过引入其他类型的单体到 PHA 中，可以显著改善其性能并引入一些新特性。因此，科研人员和工业界对寻找非 3 - HB 单体的应用潜力表现出浓厚兴趣。PHA 兼具良好的生物相容性能、生物可降解性和塑料的热加工性能，已经成为生物材料领域最为活跃的研究热点。

3. 可塑性淀粉材料（PSM）

PSM 是一种可生物降解的热塑性塑料，采用酯化、交联、接枝共聚等高分子化学加工工艺制备而成。它主要以淀粉为原料，并通过改性和塑化处理玉米淀粉和其他可再生资源，从而形成一种结合刚性、韧性和弹性于一体的新型环保材料。PSM 具备可再生性和可降解性的特点，在制备过程中，可添加一些可再生资源型生物高分子，如淀粉、纤维素、木质素，以及无机纳米颗粒如纳米结晶纤维素（Nanocrysatlline Cellulose，NCC）、纳米二氧化硅（纳米 SiO_2）、碳纳米管和纳米蒙脱土等。这些添加剂的使用不仅能够显著降低淀粉基生物降解塑料的制备成本，而且能够提升复合材料的性能，使其在生产和应用过程中具备一定的优势。由于复合材料的降解性能取决于各组分的降解能力，所以由可生物降解组分制备的 PSM 被认为是完全可生物降解的。

4.4.3 不可生物降解生物基塑料

不可生物降解生物基塑料包括聚酰胺（PA）、聚对苯二甲酸丙二醇酯（PTT）和生物基聚氨酯（PU）等多个品种。这些塑料由可再生资源合成，与传统的石油基塑料相比，在环保性方面具有优势。

1. 聚酰胺（PA）

PA 是一种高分子化合物，俗称为尼龙。它是由大分子主链中的酰胺基团重复单元构成的。聚酰胺具有许多优点，包括高强度、耐热性、耐磨性、抗振性、耐油性以及良好的耐弱酸和弱碱性能等。因此，它在许多行业得到广泛应用，如汽车工业、电子电气工业、交通运输业、机械制造业、薄膜和日常用品等。生物基聚酰胺是一类环保型尼龙材料。它主要包括完全生物基聚酰胺，如 PA11 和 PA1010，以及部分生物基聚酰胺，如 PA610、PA1012 和 PA410。完全生物基聚酰胺 PA11 广泛应用于汽车工业、电子电器制造、耐压管道、运动器材、医疗器械、食品包装以及水处理等多个领域。生物基聚酰胺的原料主要为生物质材料，包括糖类和油类产品。根据生物质的来源，生产尼龙的方法主要可分为油类路线和多糖路线。化工企业通常采用油类路线合成生物基聚酰胺。生物基聚酰胺，包括 PA1010、PA1012、PA610、PA410 和 PA10T，是通过将二元酸和二元胺进行缩聚而得到的，这些二元酸和二元胺的起始原料通常完全或部分来自蓖麻油。

尽管 PA 在环保方面具有优势，但目前市场中的主要尼龙材料消费仍以石油基 PA6 和 PA66 为主，已经商品化的生物基聚酰胺的市场份额相对较低。然而，随着化石油资源的衰竭和对低碳经济产品的需求增加，市场对生物基 PA 的关注度将会逐渐提高，且由于生物基 PA 的强度和抗冲击性能良好，被广泛应用于汽车工业、仪器壳体以及其他需要有抗冲击性和高强度要求的产品。

2. 聚对苯二甲酸丙二醇酯（PTT）

PTT 是一种聚酯，主要由对苯二甲酸和 1, 3 - 丙二醇缩聚而成。1, 3 - 丙二醇可通过生物法中的氧化途径或还原途径制备。目前 PTT 多用作纤维，PTT 纤维具有聚酰胺的柔软性、腈纶的蓬松性、涤纶的抗污性，加上本身固有的弹性以及能常温染色等特点，因此，可应用于制作生物医疗用品（无纺布等）、建筑安全网、汽车内饰件、家具坐垫等。

3. 生物基聚氨酯（PU）

PU 是一类合成高分子材料，通过有机异氰酸酯化合物与各种含有活泼氢的化合物（如醇类、胺类等）反应制得。生物基聚氨酯通常是指将传统石油基 PU 中的含活泼氢的化合物替代为可再生物质，或者通过非异氰酸酯法从可再生生物质合成的一类生物基高分子材料，包括油脂基聚氨酯、多糖基聚氨酯、氨基酸基聚氨酯等。

4.5 生物基可降解塑料的合成与降解

为了实现降低合成成本以及减少环境污染，在真正意义上的实现低碳环保绿色的工业化，生物基可降解材料的合成与降解是研究的热点。本节将简要介绍关于 PLA、PHA、PBS 和 PBAT 这四种生物基可降解塑料的合成与降解的研究进展。生物基可降解塑料的降解过程如图 4 – 3 所示。

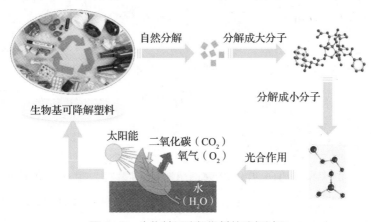

图 4 - 3 生物基可降解塑料的降解过程

4.5.1 PLA 的合成与降解

1. 合成方法

PLA 可以通过缩聚、开环聚合等不同的聚合工艺制备，也可以通过共沸脱水、酶解聚合等直接方法制备。尽管有多种方法来合成 PLA，但由于 PLA 的合成需要严格控制条件（温度、压力和 pH）、催化剂的使用和较长的聚合时间，所以目前，开环聚合等是最常用的生产工艺。

2. 降解方法

PLA 的可降解性是其作为绿色材料的优势，也是影响其应用的关键因素，对于准确应用 PLA 来说，深入研究其降解机理至关重要。PLA 主要通过水解降解来实现可降解性。当 PLA 暴露在潮湿环境中几个月后，就会自然降解。这一降解过程可以分为两个主要阶段：第一阶段，PLA 分子中的酯基经过随机非酶链断裂，导致相对分子质量的降低；第二阶段，相对分子质量继续降低，直到乳酸和低相对分子质量低聚物被微生物自然代谢，最终产生二氧化碳和水。PLA 在非自然条件下的降解速率主要取决于聚合物与水和催化剂的反应活性。许多因素会影响这一反应速率，通过对影响 PLA 降解的因素进行深入研究，可以更好地理解和控制 PLA 的降解行为，从而更准确地应用该材料。图 4 - 4 所示为 PLA 的合成与降解过程。

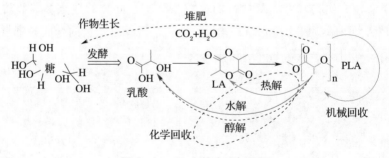

图 4-4　PLA 的合成与降解

4.5.2 PHA 的合成与降解

根据单体的类型，PHA 可以分为两大类：均聚物，由一种单体聚合而成；共聚物，由两种或更多种单体共聚而成。PHA 的性质由其结构决定，不同单体的类型、数量以及聚合方式会影响 PHA 的性能。短链 PHA，其单体含有较少碳原子，因此具有简单整齐的结构和高结晶度，但脆性较高，断裂伸长率较低。相反，中长链 PHA 由于含有更多碳原子，碳链较长，因此更柔软，容易交缠和折叠形成碳链网络，从而具有更好的韧性、弹性和加工性能。

1. 合成方法

PHA 的生物合成是一种通过人为地控制环境条件，在生物细胞（细菌或植物）内合成 PHA 的过程。随后，采用物理或化学方法将 PHA 从细胞中提取出来，获得 PHA 产品。根据合成过程中所使用的细胞类型的不同，可以将生物合成方法分为细菌合成和基因合成两种类型。在细菌合成法中，利用细菌的生长过程来获得 PHA，并可将其分为三个阶段：①前期：在此阶段，菌体处于生长阶段，需要为细菌提供充足的养分，以促进细菌的大量繁殖。②合成期：在此阶段，根据所需 PHA 的化学构成，人为地控制碳氮比。当提供过剩的碳源或缺乏氮源时，细菌进入 PHA 合成期。③分离提取期：在此阶段，需要将 PHA 从细菌胞内物质中提取出来。常用的提取方法包括水萃取法、溶剂萃取法、酶解法和机械破碎法等。

此外，化学合成法是一种根据所需 PHA 的化学构成，在特定催化剂的作用下，通过化学聚合一种或多种低分子有机化合物来合成 PHA 的方法，也是目前工业化生产中广泛采用的方法，可以实现大规模生产并降低成本。

2. 降解方法

PHA 是一种生物可降解的高分子材料，具有极高的环境友好性。在适当的土壤或特定环境条件下，PHA 会逐渐分解，这个过程由能够降解 PHA 的微生物主导，最终产物为水和二氧化碳。PHA 的降解速度受以下几个因素影响。①能够降解 PHA 的微生物：PHA 的有效降解依赖于具备降解能力的微生物的存在。不同微生物的活性和数量对降解速度和产物有不同影响。②氧气、湿度和矿物质养分：适宜的氧气供应、湿度和矿物质养分（如氮、磷、钾等）是 PHA 降解所需的关键条件。氧气提供氧化反应所需的能量，湿度维持适当的水分环境，而矿物质养分则作为微生物生长和代谢所需的营养物质。③温度和 pH：PHA 的降解速度和降解产物也受温度和 pH 的影响。一般而言，温度在 $20 \sim 60℃$ 范围内，pH 在 $5 \sim 8$ 之间对于 PHA 的降解是有利的。

4.5.3　PBS 的合成与降解

PBS 是一种具有优异加工性能和耐热性能的生物降解聚酯材料。其主要原料1，4-丁二醇可以通过生物发酵法再生，使其成为综合性能优越的可降解材料。然而，与其他可降解材料（如PLA）相比，在自然条件下，PBS的降解速度较快。在堆肥或土壤中，经过3~6个月微生物作用，PBS就可以完全降解。甚至在没有微生物的情况下，PBS也可以发生自催化的水解反应。在体内或体外的缓冲溶液中放置几周，PBS的力学性能明显下降。不当的储存条件也会导致PBS的力学性能大幅降低。为了确保PBS在更多领域得到广泛应用，适当调整降解速率是非常重要的。聚酯的降解主要是通过酯键的水解断裂实现的，无论是微生物作用下的生物降解还是在无菌环境中的水解过程。降解速率不仅与材料的亲水性、形状尺寸等因素有关，还与材料的分子结构和结晶性能相关，因为降解最初发生在非晶部分。

1. 合成方法

PBS的合成方法包括直接酯化法、酯交换法和环状碳酸酯法等三种合成方法。目前，可用于直接酯化法的主要包括溶液缩聚、熔融缩聚以及熔融溶液相结合。酯交换法是在催化剂、高温和高真空条件下，丁二酸二甲酯（或二乙酯）与丁二醇反应分解甲醇（或乙醇），生成PBS。环状碳酸酯法制备PBS是丁二酸及等当量的环状碳酸酯在催化剂作用下脱除二氧化碳生成丁二酸单丁二醇酯，之后在高温和高真空度下进一步脱水得到聚酯的合成方法。图4-5所示为嵌段PBS的合成路线图。

2. 降解方法

影响PBS的降解机理的因素有很多，如生物因素，包括催化剂、微生物的选择以及环境因素（温度和湿度）的影响。常用的降解方法有水解、微生物降解（微生物的活性和pH）、热降解等机制，因此PBS可以成为一种代替传统塑料的生物降解材料。图4-6所示为PBS降解反应的示意图。

4.5.4 PBAT 的合成与降解

PBAT是目前市场应用得最好的降解材料之一，是一种典型的芳香族-脂肪族共聚酯，既具有优良的综合性能，又有非常优良的生物可降解性。由于PBAT的广泛应用，所以越来越多的产业注意到PBAT，而继续改进PBAT合成和降解路线、持续优化PBAT合成和降解工艺仍任重道远。

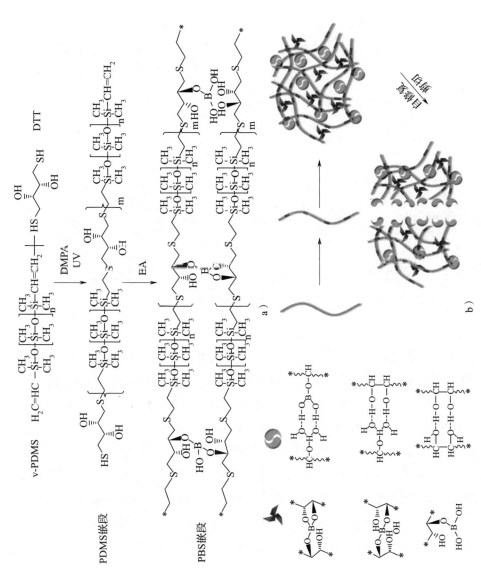

图4-5　嵌段PBS的合成路线

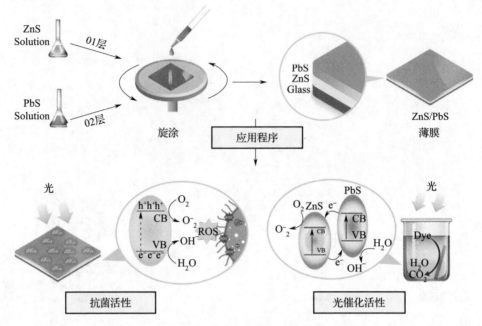

图4-6　PBS 降解反应示意图

1. PBAT 的合成方法

PBAT 的合成可分为缩聚法和酯交换法两大类。其中缩聚法是一种利用对苯二甲酸（Terephthalic Acid，PTA）或对苯二甲酸二甲酯（Dimethyl Terephthalate，DMT）、1, 4 – 丁二醇（1, 4 – Butane diol，BDO）和己二酸（AA）等原材料，在催化剂的作用下，通过酯化或酯交换、缩聚反应直接合成的方法。这种方法具有诸多优点，包括工艺流程简短、原材料利用率高、反应时间短、生产率高。然而，它也存在一些缺点，如反应体系较为复杂、相对分子质量分布较宽且难以控制、反应条件相对苛刻、反应介质酸性较强。此外，部分 BDO 会发生环化脱水反应，生成副产物四氢呋喃（Tetrahydrofuran，THF），对产品质量产生不利影响。图 4 – 7 所示为 PBAT 缩聚法合成路线。

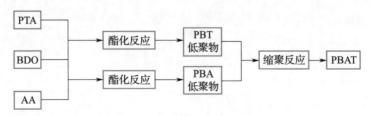

图4-7　PBAT 缩聚法合成路线

酯交换法是在催化剂的作用下，使用对苯二甲酸或对苯二甲酸二甲酯、1，4－丁二醇、己二酸、对苯二甲酸和 PBAT 等原材料进行酯化或酯交换反应生成 PBT 预聚体，然后通过熔融缩聚反应与 PBA 进行酯交换合成 PBAT。这种方法对工艺设备要求简单、反应体系中间物质较少、相对分子质量分布较窄、产品黏度易于调控、废弃物可以再利用。然而，不同批次产品可能存在差异，导致质量很不稳定。

虽然相对于国外厂商，国内 PBAT 的生产工艺技术起步较晚，但是如中国科学院理化技术研究所、清华大学等研究机构开发 PBAT 的技术水平并不落后，并且正在广泛推广。以 BDO、AA 和 PTA 为原料的缩聚法是目前最成熟、产能最大的生产工艺，涉及了 PBAT 生产、BDO 回收、THF 回收三部分，其中 PBAT 生产是最复杂的，又包含投料打浆、酯化反应、缩聚反应、熔体造粒等工艺步骤，其工艺流程如图 4-8 所示。

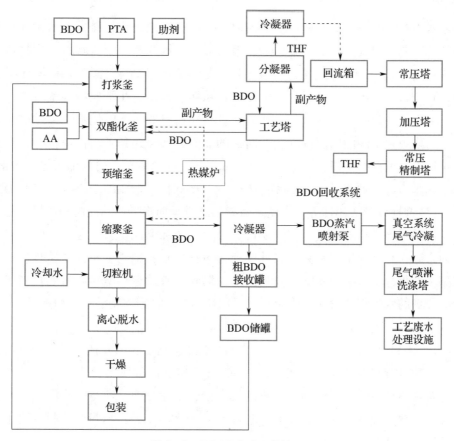

图 4-8　PBAT 生产工艺流程

2. PBAT 的降解方法

PBAT 是为了解决传统塑料造成的环境污染而开发的，它是一种极易生物降解的材料，PBAT 在分解时也不会向环境释放任何有毒气体，并且不会留下微塑料，因为它是一种完全可生物降解的聚合物。PBAT 在正常气候条件下 5 个月埋土就可以完全降解。当 PBAT 放入堆肥中时，它的分解速度明显快于塑料。PBAT 在理想的堆肥环境中分解大约需要 60～120 天，而塑料则需要 400 多年。当 PBAT 在垃圾填埋场环境中时，它需要更长的时间才能分解。PBAT 制成的产品在天然微生物和细菌的帮助下很容易分解，如 PBAT 在海水中，海水中有适应高盐环境的微生物存在，当温度在 25℃±3℃ 条件下，约 30～60 天就能完全降解。

4.6 木塑复合材料

木塑复合材料是一种近年来在国内外兴起的新型复合材料，由木质纤维和塑料基质混合制成。它采用聚乙烯、聚丙烯、聚氯乙烯等塑料材料，代替传统的树脂黏合剂，与木粉、稻壳、秸秆等废弃植物纤维混合（纤维含量超过 50%）制成一种新的木质材料，然后通过挤压、模压、注塑成型等塑料加工工艺，生产出各种板材和型材。木塑复合材料原材料低成本的优势、经过改性后优良的物理化学性能以及抗强化学腐蚀的能力，已经达到了制作地板、天花板等建筑领域板型结构以及汽车内饰产品如底板、座椅靠背、门内饰板等的需求。由于汽车内饰产品要求可塑性强、安全系数综合性要求高（抗压、抗冲击性等）、装饰性以及实用性等，木塑复合材料还需全面提升产品性能和质量。

木质纤维包括农林废弃物以及自然界生长的麻类植物，在自然界中具有广泛的来源，其储存量非常大。农林废弃物包括木粉、稻壳、农作物秸秆、甘蔗和椰子壳等，将这些废弃物回收利用作为填料，通过与热塑性塑料混合制备出性能优良的木塑复合材料，成为科学可持续解决农林废弃物的一种新途径。

以木粉、稻壳和秸秆作为填料制备的木塑复合材料如下：

1）木粉是从木材加工后剩下的边角废料中获得的，与其他自然纤维原料相比，木粉具有来源广泛（各类木材）、经济实惠和高容重等特点，使其成为木塑复合材料填料的理想选择。木粉的填充量、改性处理、种类以及粒径等因素都会对木塑复合材料的性能产生一定的影响。图 4-9 是以木粉为原料的再生各向同性木材制造流程及路线。

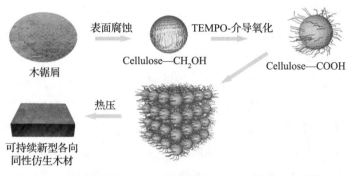

图4-9　以木粉为原料的再生各向同性木材制造流程及路线

2）稻壳作为可再生资源，其表面粗糙，具有较大的比表面积，可自然降解，是天然优质的吸附材料。作为一种新型环境友好材料，稻壳基绿色吸附材料具有极其宽广的应用领域。但由于未改性的稻壳吸附效率低，限制了稻壳作为吸附材料的广泛使用，因此对稻壳进行改性，提高其吸附效率，对稻壳的推广应用具有重要的意义，如采用氯乙酸为醚化剂、辛烯基琥珀酸酐为酯化剂对稻壳进行复合改性，经改性后的稻壳对既含有重金属离子又含油污的涂装废水等的处理具有应用价值。

3）秸秆作为农作物，其种植面积广大，因此秸秆纤维具有许多天然优势，包括低成本、轻质、高比强度，以及无毒、可降解等优点。将秸秆纤维填充到热塑性塑料中，通过挤出或热压成型技术，可以制造出符合市场需求的木塑装饰板材和其他产品。所制造的木塑复合材料具有与天然木材相似的优良加工性能，而且通过表面压花技术可以提高其外观美观性。此外，木塑复合材料还具有可回收性和生态友好性等优点。因此，木塑复合材料的发展既能够实现对木材的替代，同时也能够开辟一条高效、环保和经济的农作物秸秆回收利用之路。

除了农林废弃物纤维，天然植物纤维也已广泛用作木塑复合材料的填料，其主要成分包括纤维素、半纤维素、木质素和果胶等。纤维素是一种半结晶多糖，具有细长棒状的基本结构，以结晶微纤维的形式沿着纤维的长度排列。半纤维素是一种相对分子质量较低的多糖，常与纤维素一同存在于几乎所有植物细胞壁中，作为纤维素微原纤维之间的胶结基质。此外，半纤维素对水具有亲和性，容易在酸性或碱性环境中水解。木质素是一类复杂的碳氢聚合物，本质上属于芳香族化合物。果胶是一种结构性多糖，存在于植物的原代细胞壁中，其独特的化学结构赋予植物纤维强烈的极性和亲水性。

尽管植物纤维作为聚合物复合材料的增强材料具有多种优势，但植物纤维的极性与非极性的聚合物基体之间存在矛盾，一直以来都限制了木塑复合材料的进一步发展。植物纤维和聚合物基体之间的不良相容性会对木塑复合材料的性能产生负面影响，包括降低其耐湿性、耐火性、加工性和机械强度。因此，如何提高木质纤维和聚合物基体之间的界面相容性，一直是广大研究者面临的关键问题。目前，改善木质纤维和聚合物基体之间界面相容性的主要方法之一是通过物理方法对木质纤维表面进行处理，或者采用化学方法对其进行改性，以提高纤维的疏水性。此外，一些用于改善纤维和基体之间界面相容性的相容性剂和加工助剂的研究和开发也对木塑复合材料的发展发挥着重要作用。

为了得到更绿色环保的木塑复合材料，有学者用生物可降解塑料，如 PLA，PHA，PBS、PBAT、PCL 和生物基聚乙烯（Bio – Polyethylene，Bio – PE）等为基体，通过 3D 打印、熔融共混等制备工艺以及物理、化学改性工艺，和木质纤维、木粉和木素粉末等复合制备了多种可生物降解、综合性能优异的生物质木塑复合材料。生物质木塑复合材料拥有多项优点。首先，它具有出色的性能，如轻质、低吸水率、抗白蚁和耐潮湿等特点。其次，它的价格相对较低，并且具有良好的强度。生物质木塑复合材料的发展已经取得了显著的成就，并逐渐形成了完整的产业链。生物质木塑复合材料的生产过程需要选择适当的原料和采用合理的工艺方法，人类已经在原料及混料、成型工艺、温度控制、冷却和配方等方面有了巨大的革新，使得生产率提高、成本降低，并与原料来源和产品应用之间建立了更紧密的联系。

4.7 生态材料的发展前景

4.7.1 趋势评价

1. 生态材料的全球化发展趋势

在全球碳排放量不断刷新新高、全球气候变暖加速、化石资源逐渐枯竭以及严重的白色污染对生态系统和物种生存构成威胁的背景下，发展绿色经济已成为全球热点议题。绿色经济的核心是推动可持续发展和环境友好型产业的增长，而生物基材料作为一类新型材料，图 4 – 10 所示为可降解生物基复合材料的循环利用过程，以廉价可再生的生物质为原料，通过对环境伤害较小的生产过程制造而成，具有绿色、节能环保、原料可再生或可生物降解的特性，成为绿色经济发展的重要产业方向。各个国家都已将生物基材料纳入其国家发展战略之中。在我国，《中国制造 2025》将生物基复合材料等战略前沿材料纳入新材料领域的发展规划，成为国家大力发展的战略重点。美国能源部和农业部则设定目标，要求到 2030 年生物基材料及化学品替代率达到 25%。

图 4-10　可降解生物基复合材料的循环利用过程

2. 生态材料的技术瓶颈

可降解生物基材料具有天然性、环保性等优点，但在实际应用中较石油基材料普遍存在韧性、力学性能及热性能的制约。近些年来，学者们持续对可降解生物基材料通过物理及化学方法进行改性复合，但实现生物基复合材料产品的进一步应用及产业化，还需依托更深入的基础研究去不断强化产品性能。可降解塑料的价格普遍是传统塑料价格的两倍以上，即使在可降解塑料中，PBS 具有最佳的加工性能，适用于各种常规和特殊加工方法，如注塑、挤出和吸塑。然而，由于 PBS 的价格接近 PLA 的两倍，因此其产量相对较少。

3. 生态材料的技术趋势

通过纤维增强，可以使可降解生物基材料本身的化学结构发生变化，进一步增强生物基材料的化学结构设计，从而提高可降解生物基纤维增强复合材料的力学性能，基于现有的基础进一步提高生物基复合材料的性能，研究制备出新型产品，这是可降解生物基复合材料未来发展的一个重要方向。根据不同应用性能的要求，开发出具有不同组成和特定化学结构的生物基复合材料，从而拓宽生物基复合材料的应用范围。

以 PLA 为例对生物基材料的发展趋势进行进一步的评价。在众多已经开发的生物降解高分子材料中，PLA 被誉为最具发展潜力的品种之一。主要原因是 PLA 具有可完全生物降解性和以可再生资源为原料，产业化生产和应用也相对成熟。PLA 复合材料有着抗热温度高、抗冲击力、抗紫外线、光泽度高、着色性能优秀、尺寸稳定等优点。然而，PLA 因本身化学结构等原因存在着强度低、脆性大、冲击强度低、热变形温度低等缺陷。因此，其应用主要集中在刀叉勺、一次性餐具、膜袋、淋膜等一次性低端制品领域，大大限制了其在中高端领域的应用，如航空、汽车、船舶等工业领域。针对 PLA 材料自身的缺陷，以玻璃纤维增强的方式对其改性，形成玻纤（长玻纤或短玻纤）、PLA 复合材料是较好解决 PLA 缺陷的可行方案之一。若使用常规玻璃纤维改性，因其在自然界中不可降解、玻纤回收困难，必然会限制玻纤、聚乳酸复合材料的发展和应用。因此，开发一种可降解玻纤及其降解玻纤、聚乳酸复合技术，既能解决聚乳酸材料强度低、脆性大、耐热性差等缺陷，又可实现全生物降解。

4.7.2　车用生态材料的行业分析

在石油资源日益枯竭和全球提倡低碳环保的大背景下，生物基塑料在可持续发展资源的综合利用和生物可降解性能等方面与传统塑料相比，更具无可比拟的优势，生物基可降解复合材料在汽车领域的应用如图 4-11 所示。

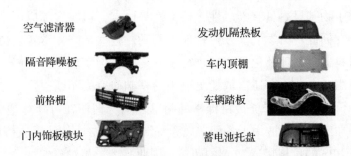

图 4-11　生物基可降解复合材料在汽车领域的应用

能源危机和环境污染是生物基复合材料发展的主要推动力。据统计，2012 年生物基材料只有 150 万 t，只占 2.8 亿 t 的塑料市场中的 0.5%；到 2016 年，3 亿 t 的塑料市场中已经有 2% 是生物基材料，其市场份额以每年 10% 的速率在增长；2019 年中国塑料制品产量高达 8184 万 t，约占全球塑料需求量的 1/4。与此同时，2019 年我国生物降解塑料消费量仅为 52 万 t，参考欧洲生物塑料协会的数据，我国生物可降解塑料消费量全球占比仅为 4.6%，显著低于全球平均水平。可见当下国内可降解塑料行业仍处于导入期。

2020 年 7 月 30 日，由中国汽车技术研究中心有限公司及中国汽车工程学会联合主办的"2020 中国汽车生态设计国际论坛暨车用材料国际论坛"秉持汽车产业绿色发展理念，号召来自国内外的专家学者、政府要员就国内外汽车产业绿色转型、绿色发展、行业协同等热点话题进行精彩阐述，致力于为汽车产业绿色发展提供广阔的平台，意在推动汽车产业智能化、绿色化升级，助力车用生态材料的创新发展。

4.8　小结

本章介绍了几种主流的生物基材料，并对其性能优缺点、降解与合成过程及发展前景进行了客观评述。不难看出，目前生物基材料受限于力学性能与成本的局限性，主要用于一些低端制品领域，但毋庸置疑的是生物基材料已然成为低碳生活的一种体现形式，并正在向汽车领域逐渐过渡，为汽车的低碳发展赋能。在生态材料全球化发展趋势下，成本问题必将会因为生态红利逐渐得到有效解决。那么，摆在我们面前的首要问题就是如何提高生物基材料的力学性能，使其达到汽车零部件的使用要求。

参考文献

[1] 王燕，余辉，朱宇宏，等. 生物基复合材料及其标准概况[J]. 中国标准化，2012(3)：57-60.

[2] SHAH A U R, PRABHAKAR M N, SONG J I. Current advances in the fire retardancy of natural fiber and bio-based composites-A review[J]. International journal of precision engineering and manufacturing-green technology, 2017, 4(2)：247-262.

[3] VAISANEN T, DAS O, TOMPPO L. A review on new bio-based constituents for natural fiber-polymer composites[J]. Journal of cleaner production, 2017, 149(15)：582-596.

[4] ARIDI N A M, SAPUAN S M, ZAINUDIN E S, et al. A review of rice husk bio-based composites[J]. Current organic synthesis, 2017, 14(2)：263-271.

[5] 王浩成. Smithers Pira：可持续性计划将影响功能性和阻隔性涂料市场的增长[J]. 今日印刷，2019(7)：48-50.

[6] 陈建光. 天然高分子复合材料结构性能研究[D]. 重庆：西南大学，2009.

[7] 肖竹钱，欧阳洪生，葛秋伟，等. 化学/酶复合催化法制备生物基化学品研究进展[J]. 应用化工，2015, 44(2)：349-354.

[8] 许婷婷，柏中中，何冰芳. D-乳酸制备研究进展[J]. 化工进展，2009, 28(6)：991-996.

[9] 郭晓晨. 3-羟基丙醛影响克雷伯氏菌代谢及基因工程菌的构建研究[D]. 天津：天津科技大学，2014.

[10] 杨云，殷冉，裴建军. 微生物发酵法制备 1，3-丙二醇的研究进展[J]. 化工时刊，2017, 31(12)：24-28.

[11] 金凯. 甘油氢解制 1，3－丙二醇的 Pt 基催化剂的制备及其性能［D］. 扬州：扬州大学，2017.

[12] 苏治平. 木质生物质基动态自适应性塑料替代材料的制备与性能研究［D］. 广州：华南理工大学，2020.

[13] 王立，李林林，郗丹，等. 可降解塑料产业现状及发展瓶颈浅析［J］. 绿色包装，2021（4）：30－33.

[14] 王萍，侯长建. "双碳"背景下 BDO 工艺路线的探讨［J］. 中氮肥，2022（4）：8－12.

[15] 陈韶辉，李涛. 生物降解塑料的产业现状及其发展前景［J］. 现代塑料加工应用，2020，32（2）：50－54.

[16] 周英辉，陈胜杰，雷亮，等. 几种改性生物基塑料在汽车上的应用［J］. 现代塑料加工应用，2018，30（4）：56－59.

[17] 王培，张彦青，赵薇. 形状记忆聚己内酯材料的研究进展［J］. 广东化工，2017，44（24）：68；67.

[18] 韩露. 面向生态车辆的聚乳酸复合材料性能与优化设计方法研究［D］. 长春：吉林大学，2020.

[19] 季栋，方正，欧阳平凯，等. 生物基聚酰胺研究进展［J］. 生物加工过程，2013，11（2）：73－80.

[20] 张蓉，兰文婷，邹倩，等. 淀粉及纤维素基可降解塑料研究进展［J］. 塑料工业，2017，45（12）：1－5.

[21] 赵彩霞，柏祥，邹国享，等. AA/PTA 单体比例对 PBAT 共聚酯性能的影响［J］. 化工学报，2017，68（1）：452－459.

[22] MCKEOWN P, JONES M D. The chemical recycling of PLA: a review［J］. 2020, 1(1): 1－22.

[23] AOUF D, HENNI A, SELLOUM D, et al. Facile preparation and characterization of nanostructured ZnS/PbS heterojunction thin films for enhanced microbial inhibition and photocatalytic degradation ［J］. Materials chemistry and physics, 2023, 295: 127059.

[24] TANG M, LI Z, WANG K, et al. Ultrafast self-healing and self-adhesive polysiloxane towards reconfigurable on-skin electronics［J］. Journal of materials chemistry A, 2022, 10 (4): 1750－1759.

[25] GUAN Q F, HAN Z M, YANG H B, et al. Regenerated isotropic wood［J］. 国家科学评论：英文版，2021(7): 137－145.

第 5 章
生态材料改性

5.1 引言

可降解生物基塑料既可以用生物原料生产，也可以来自石化或煤化工原料，第 4 章已经简单介绍了应用最广的几种可降解生物基塑料，鉴于所述生物基材料较石油基材料性能不足的问题，亟须对生物基材料进行改性研究。生态材料改性不仅能使生态材料的性能大幅度提高，还能赋予其新的功能，进一步扩宽生态材料的应用领域，提高了生态材料的工业应用价值。生物基塑料的改性方法多种多样，包括物理改性、化学改性和表面改性等，本章先对这三种改性方法的原理进行简要介绍，然后再介绍常用的可降解塑料（包括 PLA、PBS、PHAs）的改性方法，以及木塑复合材料的改性方法。

5.2 物理改性

物理改性是一种通过选择不同的共混组分、调整组分之间配比并利用溶液或熔融法制备符合特殊性能要求的共混物，从而改善共混物的力学性能的方法。在生物可降解塑料的物理改性中，主要是指将生物可降解塑料与其他物质进行物理混合，以改善其性能及提高组分之间的相容性，从而获得满足实际需求的新型材料。物理改性的方法具有成本低廉、操作简单易行和能够提高综合性能等优点，因此是高分子材料改性的主要方法之一。物理改性的方法通常可分为共混改性、填充改性两大类，并单独把具有增强效果的填充改性称为增强改性。

5.2.1 共混改性

共混改性是保留原聚合物优点的基础上，通过添加两种或两种以上聚合物，改变原有聚合物的聚集态结构，实现原聚合物的力学性能和加工性能的改善。

共混改性就是一种通过混合不同材料来制备新型高分子材料的方法，它既可以改善聚合物基体的性能，同时还可以降低成本。生物可降解塑料通常通过热力学或机械共混方法进行共混改性。在物理共混中，组分之间没有化学键连接，相互之间形成微小的高分子聚集体，构成三维连续网络并相互穿插在一起。生物可降解塑料的物理改性示意图如图5-1所示。

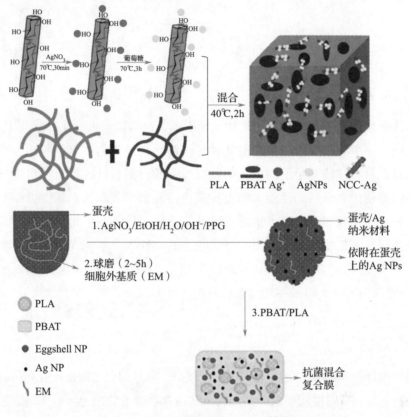

图5-1 生物可降解塑料的物理改性示意图

NCC—Nanocrystalline Cellulose，纳米结晶纤维素　PPG—Polypropylene Glycol，聚丙二醇

EM—Extracellular Matrix，细胞外基质　NP—Nanoparticles，纳米粒子

1. 共混改性的主要方法

共混改性的主要方法有溶液共混、熔融共混和乳液共混等，本节主要介绍溶液共混和熔融共混这两种共混改性方法。

溶液共混是只能应用于可溶解的高聚物的常用改性方法之一，在实际应用过程中，在综合考虑原料选择和性能需求以及成本和对环境的影响等问题后，将高聚物溶解到合适的溶剂中，然后根据性能要求，将所需的添加剂用适当的方法均匀分散到聚合物溶液中，利用蒸发或者其他有效方法去除溶剂后，将混合物熔融浇铸或模压成型或挤出成型。但是由于溶液共混法应用范围小，且需要耗费大量的有机溶剂，还需要考虑溶剂处理和溶剂回收等成本问题和对环境造成的压力问题，因此难以实现工业化生产。例如，为了增强石墨烯（Graphene Sheet，GS）与高分子材料的共溶性，改善其在高分子材料基体中的分散性，许多学者研究了 GS 与高分子材料的溶液共混设计方案，已经有很多种聚合物通过溶液共混的方式制备了基于功能化的 GS/高分子复合材料。但是研究表明 GS 经过表面处理后，GS/高分子复合材料的性能更好，如 GS 经过偶联剂 KH550 表面处理后与 PBT 溶液共混后制备的复合材料的结晶度最高，PBT/GS 复合材料的结晶度次之。不同表面处理后的材料微观形貌对比如图 5-2 所示。

a）PBT/GS复合材料　　b）PBT/GS-KH550复合材料　　　　c）PBT

图5-2　不同表面处理后的材料微观形貌对比

熔融共混又称熔体共混，是一种制备均匀聚合物共熔体的方法。熔融共混的优点是原料准备操作较简单，对原料的粒度大小和均一性要求没有那么严格。在熔融状态下，异种聚合物分子之间会被打散并通过对流激发相互作用，加之混炼设备产生的强剪切力，使得混合效果显著。对于导热填料粉末，可以直接添加到熔融态的高聚物中，并通过混炼设备的剪切力进行均匀混合，然后进行加工成型。熔融共混法的成本较低，适合进行大规模生产。图 5-3 所示为高性能可降解 PLA/PBAT/玄武岩纤维（Basalt Fiber，BF）复合材料的制备工艺。

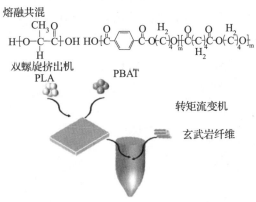

图5-3　高性能可降解 PLA/PBAT/BF 复合材料的制备工艺

2. 可降解生物塑料共混的应用

性能、价格、材料相容性等诸多因素都影响聚合物共混应用体系的选取。其中，性能因素主要是考虑两个方面，一是要得到什么性能的聚合物，二是共混的聚合物组成之间的性能是否能互补。例如，为了改善某聚合物的加工流动性，可以将其与另外一种加工流动性良好的聚合物共混，以达到改善该聚合物加工流动性的目的；再比如为了降低 PLA 的脆性，通常会将其与塑性好的聚合物共混，改善 PLA 的固有脆性，增加 PLA 的应用范围。为了降低生产成本，在不影响聚合物性能的前提下，可以择优选择价格低廉的品种共混，使整体成本降低。还需要考虑共混组分之间的生物相容性问题，共混体系的相容性越高，共混后得到的产品性能更好，如果共混体系的相容性得不到满足，则要采取相应措施改进相容性。同时，为了使不同组分的性能达到较好的互补，各组分的结晶性能也是需要考虑的重要因素。

5.2.2 填充改性

填充体系是指在聚合物基体中添加与基体在组成和结构上不同的固体添加物（填充剂或增强纤维）来制备的复合体系。随着材料科学的进展，越来越多具有改性作用或特殊功能的填充剂被开发出来并得到应用。在聚合物中添加填充剂，不仅是为了降低生产成本，更重要的是为了提高材料的性能，满足特殊条件下对材料的性能要求。而纤维增强复合材料因纤维具有"轻质高强"的特性而受到广泛研究。

1. 填充剂

填充剂是主要用于改进生物基塑料的各种性能以及降低成本的惰性添加物。生物基塑料常常使用那些对环境和人们身体无害的非金属矿物质为填充剂。这些无毒无害的非金属矿物质填料通常泛指由自然地质过程所形成的结晶态天然非金属化合物或单质，具有均匀且相对固定的化学成分和确定的晶体结构，通常为无机物，且稳定性良好，有时也包括矿物燃料，如煤。这些填充剂不降低生物基塑料的化学或者物理性能，相对密度也较小，原料来源广泛且廉价，因此可以大量填充聚合物。

2. 增强纤维

常见的增强纤维包括玻璃纤维、碳纤维、玄武岩纤维等，因其具有优良的性能而被广泛应用。

玻璃纤维因具有轻量、高强度、耐腐蚀、隔热、电绝缘性等多种优点而使其在多个工业和应用领域得到广泛应用，包括建筑、航空航天、汽车制造等领域。但是由于在实际应用过程中，玻璃纤维与基体塑料之间的界面结合情况对复合材料的力学性能影响很大，一般应用偶联剂处理。玻璃纤维增强的塑料具有一系列显著的优点，包括高比强度、良好的耐腐蚀性和隔热性能以及易于成型等。正因如此，这种类型的纤维增强复合材料得到了广泛的应用。

碳纤维是一种轻质高强度的纤维，具有高模量、耐高温性、高疲劳寿命和设计灵活等优点，使其成为众多领域的理想材料，包括航空航天、汽车制造、体育器材、建筑工程、电子和能源领域。其强度和模量取决于原料和制造方法的不同，它可以通过聚丙烯腈纤维、黏胶或沥青原丝经碳化制成。碳纤维的密度介于 $1.3 \sim 1.8 g/cm^3$ 之间，而相比之下，玻璃纤维的相对密度约为 $2.5 g/cm^3$，因此采用碳纤维增强的复合材料，其模量明显高于采用玻纤增强的复合材料。

玄武岩纤维是以天然玄武岩矿石为原料，经 1500℃ 左右高温熔融、均化后，拉制得到的连续无机纤维。与玻璃纤维相比，玄武岩纤维拉伸强度和弹性模量基本相当，但其高温热稳定性能具有明显优势。与碳纤维相比，其原料成本低廉且生产过程简单，性价比高，在许多应用领域已成为碳纤维的替代品。玄武岩纤维的生产工艺决定了其在制作过程中不产生对环境有害的物质且综合性能优异，如力学性能、耐高温、耐化学腐蚀、抗紫外光、隔声、吸声、耐摩擦、电绝缘性良好，被誉为 21 世纪新型无污染绿色高性能纤维材料，被广泛应用于军工、消防、汽车材料、环保、高温过滤及建筑材料等领域。我国已把玄武岩纤维列为重点发展的四大纤维之一。在可预期的未来，玄武岩纤维产业将在我国国民经济发展中发挥更重要的作用，因此大力提升玄武岩纤维研发水平，并推动产业升级是该领域从业人员的主要任务和职责，对纤维表面改性是应用前非常重要的一道工序，它决定着应用效果，而应用领域的多样性决定了表面改性的方法和试剂具有明显针对性，也呈多样化发展的趋势。

5.3　化学改性

化学改性是指在高分子化合物主链上发生化学反应，以改变其性能，从而使高分子化合物具有符合使用要求的性能或全新的功能。这种化学反应有的是在高分子化合物形成时进行的，有的则是在已形成的高分子化合物主链上进行的。化学改性包括共聚改性、互穿聚合物网络等，这些方法形成了一个庞大而复杂的改性体系。

5.3.1 共聚改性

共聚改性是将两种或更多种不同的高分子材料按照合理的配比进行物理和化学的聚合，从而弥补单一材料在应用上的缺陷，起到调控聚合物性能的作用，进而改善聚合物的性能，扩展了聚合物的应用范围。根据聚合物分子结构的不同，共聚改性可分为无规共聚、接枝共聚、交联共聚、嵌段共聚及扩链共聚。

无规共聚是指两种或更多不同类型的单体以无规的方式共聚合在一起，形成一个混合的聚合物结构。这些单体可以具有不同的化学性质、功能或性能。无规共聚改性在许多领域中都有广泛的应用，包括塑料工业、橡胶制品、涂料等。

接枝共聚是指大分子链上（主单体）通过化学键结合适当的支链或功能性侧基（具有活性基团的单体）的反应，所形成的产物称为接枝共聚物。接枝共聚物的性能决定于主链和支链的组成、结构、长度以及支链数。长支链的接枝物类似共混物，支链短而多的接枝物则类似无规共聚物。接枝共聚反应首先要形成活性接枝点，各种聚合的引发剂或催化剂都能为接枝共聚提供活性种，而后产生接枝点。活性点处于链的末端，聚合后将形成嵌段共聚物。活性点处于链段中间，聚合后将形成接枝共聚物。图 5-4 所示为无规共聚改性和接枝共聚改性示意图。

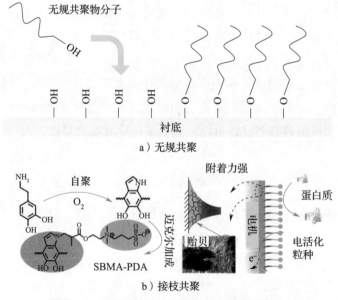

图 5-4　无规共聚改性和接枝共聚改性示意图

交联共聚结合了聚合和交联两种反应机理，是指在聚合物大分子链之间产生化学反应，从而形成化学键的过程，用于制备具有特殊性质的聚合物。聚合物交联后，其力学性能、热稳定性、耐磨性、耐溶剂性及抗蠕变性都有不同程度的提高。如果交联反应发生在不同聚合物，尤其是互不相容的聚合物之间，可大大提高两种聚合物的相容性，甚至使不相容组分变为相容组分。复旦大学叶明新、沈剑锋课题组从化学结构和微观形貌两方面进行设计，制备了一种具有化学交联结构、有序形貌和负泊松比的超弹性聚酰亚胺（Polyimide，PI）气凝胶。

嵌段共聚是接枝共聚的一个特例，其接枝点的位置特殊，位于聚合物主链的两端。嵌段共聚物指的是聚合物主链上至少具有两种单体聚合而成的以末端相连的长序列（链段）组合成的共聚物。嵌段共聚的链段序列结构主要有三种基本形式：①$A_m - B_n$，二嵌段聚合物；②$A_m - B_n - A_m$ 或 $A_m - B_n - C_n$，三嵌段聚合物；③ $-(A_m - B_n)_n -$，多嵌段聚合物。南开大学程方益和张望清教授团队，利用 BAB 型嵌段共聚物能在选择性溶剂中自组装形成物理交联结构的特性，设计了一种准固态的星型刷型嵌段聚合物电解质（Star Brush Block Copolymer Electrolytes，SBBCEs），其合成路线如图 5-5 所示。

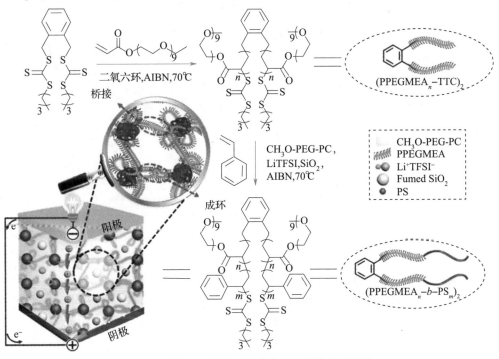

图 5-5　星型刷型嵌段聚合物电解质的合成路线

扩链共聚是通过使用扩链剂使聚合物主链增长的过程，通过热稳定性好的多官能团化合物使大分子发生偶联或支化反应，以提高聚合物的相对分子质量。扩链共聚通常用反应挤出技术完成，具有简便快速、安全等优点，能提高产品性能、改善材料品质，从而提高改性塑料产品的竞争力。图 5－6 所示为扩链共聚改性流程图。

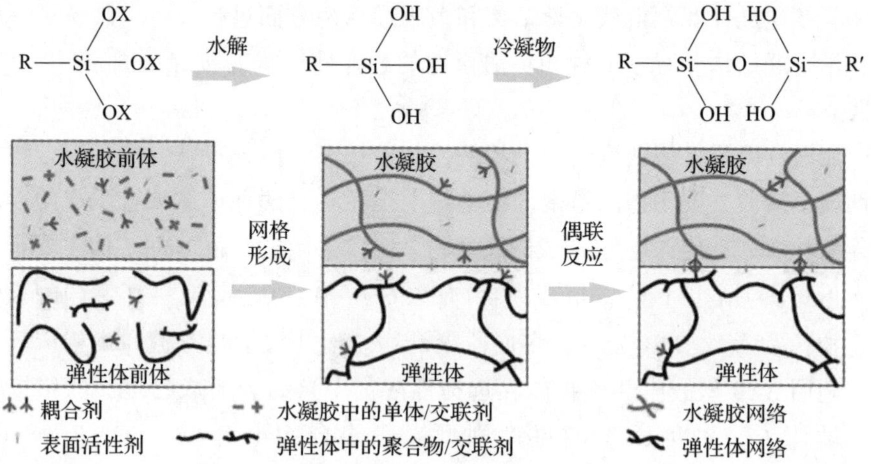

图5-6　扩链共聚改性流程图

5.3.2　互穿聚合物网络

互穿聚合物网络（Interpenetrating Polymer Network，IPN）是由两种或多种各自交联和相互穿透的聚合物网络组成的高分子共混物。IPN 具有广阔的发展前景，它可以根据需要，通过原料的选择、变化组分的配比和加工工艺，制取具有预期性能的高分子材料。图 5－7 所示为互穿聚合物网络示意图。

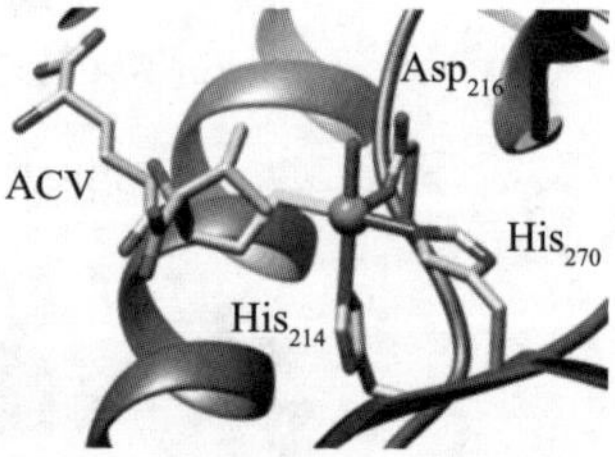

图5-7　互穿聚合物网络示意图

ACV—δ-(L-α-Aminoadipic Acid)-L-Cysteine-D-Valine，δ-(L-α-氨基己二酰)-L-半胱氨酸-D-缬氨酸

5.4　表面改性

材料本身的各种性能与自身的性质有密切关系，然而，复合材料的性能除了与自身性质相关外，有时材料表面性能的影响因素也占有相当大的比重，尤其是在使用固体材料时。聚合物材料存在大量的表面和界面问题。聚合物表面有弱边界层，其表面能低、化学惰性、表面污染等影响表面的黏附以及其他应用，因此常常需要对聚合物表面进行改性处理。

5.4.1　表面改性方法

1. 等离子体表面改性

等离子体表面改性技术是将等离子体技术应用于材料表面改性，使材料表面产生等离子体，以提高材料表面的纯度、润湿性、黏附性和生物相容性，从而改善材料表面化学性质。同时，还可以为了实现特定的应用需求制备出纳米结构，目前广泛应用于各种领域，是一项非常强大的实际应用技术。

等离子体高分子材料表面改性通常利用非聚合性气体（无机气体 Ar、H_2、O_2、N_2 等）或有机气体单体进行等离子体聚合。

图 5-8 所示是利用非聚合性气体的等离子体表面改性方法。通过表面反应有可能在聚合物表面引入特定的官能团，产生表面刻蚀，形成交联结构层或自由基。这种方法由于是直接将材料暴露于非聚合性气体中对聚合物材料表面进行处理，因此通常也把这种方法称为等离子体直接处理。

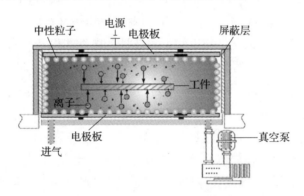

图 5-8　非聚合性气体的等离子体表面改性方法

利用有机气体单体进行等离子体表面改性，主要是在有机物蒸气中生成等离子体，所形成的气相自由基吸附到固体表面形成表面自由基，再与气相单体或等离子体中形成的单体衍生物在表面发生聚合反应，从而形成聚合物薄膜。

材料表面经等离子体改性处理后，在接触汽化了的单体后会进行接枝聚合，但是由于单体浓度低，与材料表面活性点接触机会少，接枝率相对较低。为了提高接枝率，可以让经等离子体表面改性处理后的材料，在真空状态下进入液态单体内进行接枝聚合，但是这个方法还同时会产生均聚物而影响效果。

但是如果材料表面经等离子体改性处理后，让其表面在与大气接触后形成过氧化物，然后再浸入溶液单体内，过氧化物会受热分解成活性自由基，在处理过程中进行接枝。

2. 表面化学改性

表面化学改性是一种通过在材料的表面引入新的活性官能团或改变表面化学性质的方法，以改善材料的性能、适用性，或使材料满足特定应用要求。这种改性方法通常涉及一系列化学反应，需要在表面引入新的满足所需条件的活性官能团，以达到在材料表面形成所需的化学结构或功能。当材料表面引入活性官能团以后，为了满足特定的要求以及实现性能更优，可以利用适宜的化学方法对官能团进行修饰。表面化学改性常用于增强材料的润湿性、改善生物相容性，因此在医疗器械、生物传感器、汽车内饰件等与生物体接触的领域得到广泛应用。

表面化学改性可以通过几种方式实现，包括功能基团引入、表面活性剂处理、氧化物处理和共聚合物涂层等。下面以碱洗含氟聚合物和碱处理这两种常见的方法为例进行简单分析。

（1）碱洗含氟聚合物　碱洗含氟聚合物，如氟化乙烯 – 丙烯共聚物（Fluorinated Ethylene Propylene，FEP）和聚四氟乙烯（Poly Tetra Fluoroethylene，PTFE）等，具有优良的化学稳定性、耐热性、电性能以及抗水汽的穿透性，在化学、电子工业和医用器件等领域应用广泛，但是它们的润湿性和黏合性差，使应用受到限制。为此，需要对它们进行改性处理。用化学改性法处理时，其方法为使用液氨中的钠 – 氨络合物或钠 – 萘络合物与THF（四氢呋喃）溶液处理含氟聚合物。具体步骤为：使钠 – 萘络合物（钠与萘的物质的量的比为1∶1）与THF溶液，在装有搅拌器及干燥管的三口瓶中反应2h直至溶液完全呈暗棕色；将含氟聚合物在此溶液中浸泡1~5min，密封，使聚合物表面变黑，取出聚合物并用丙酮清洗，除去过量的有机物，继而用蒸馏水洗净。经上述化学改性处理的聚合物表面的润湿性、黏合性都有显著提高。例如，上述处理后的特氟龙（Teflon）与环氧黏合剂粘接时拉伸强度可达7.7~14MPa，材料的本体结构无变化，材料的体电阻、面电阻和介质损耗等均无变化。需要指出的是该方法尚存在以下不足：①处理材料表面变黑，影响有色导线的着色；②面电阻在高湿下略有下降；③处理后的表面在阳光照射、加热的情况下，其黏接性能降低。

（2）碱处理　在20~80℃时，用碘 – 碘化钾溶液处理尼龙，处理后可制成可镀金属极的产品，处理的尼龙表面比较光滑。X射线衍射分析表明，处理后的表面结晶形态发生变化：由α晶型（N – H基平行于表面）转变为γ晶型（N – H基团垂直于表面），这种结晶变化只发生在40℃以下，若高于80℃，则α晶型继续存在，而金属镀层在α晶型的表面结合性很差。

3. 光接枝聚合改性

光接枝聚合改性是一种非常灵活而且过程高度可控的方法，它可以根据实际应用需求，在材料表面引入满足需求的新聚合物链或功能性基团，以改善材料的性能，且不需要另外添加催化剂或引发剂，减少材料中残留的有害物质，尤其是可以进行局部改性处理，实现过程的高度可控化和绿色化。因此，这种方法在聚合物表面改性方面十分重要，并有广阔应用前景。

5.4.2　偶联剂在表面改性中的应用

偶联剂在表面改性中起到提高材料表面的附着性的作用，是材料与不同改性物质（新聚合物链或功能性基团）之间的结合剂，增强了材料组分之间的界面相容性，提高了基体与改性基团的结合，提高表面改性后复合材料的性能。偶联剂还可以用来提高填料（如纤维、颗粒等）与基体材料的分散性，进而提高复合材料的力学性能。偶联剂还可以用来将原本不相容的功能性基团引入到材料表面，以满足特殊的实际应用要求。有许多研究者从事偶联剂反应机理的研究，证实偶联剂的两种基团分别与无机物和树脂生成了化学键。同时，玻璃纤维增强塑料的发展又促进了各种偶联剂的合成和生产。图 5 - 9 所示为偶联剂在表面改性中的应用示意图。

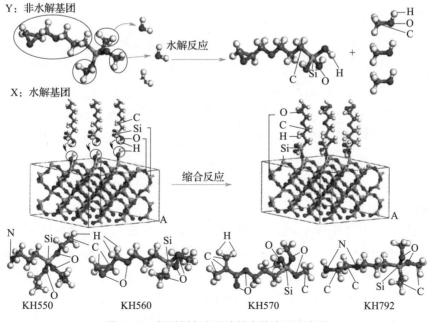

图 5 - 9　偶联剂在表面改性中的应用示意图

5.5 常用的可降解塑料的改性方法

5.5.1 PLA 的改性方法

PLA 良好的力学性能和可降解性，使其在工业领域具有巨大的应用潜力。但由于其本身存在许多缺陷，如脆性较大、流动性较差、亲水性差和降解速度慢等，这些缺陷的存在限制了 PLA 在工业上的应用。另外 PLA 的结晶度低，会直接影响材料的力学性能，同时 PLA 的耐热老化性能较低也是限制其应用的因素之一。为了解决 PLA 的韧性不足、热稳定性以及耐久性较差等性能缺陷，国内外的科研工作者开展了大量的研究，以达到改善 PLA 综合性能的目的，进而拓宽其应用领域。他们采用了各种不同的方法对 PLA 进行改性，改性方法大体上可划分为增强改性和增韧改性两种。为了推动 PLA 复合材料在汽车产品中的应用，福特的研发中心对其在高温高湿环境下的力学性能退化进行了研究。该研究通过将商用级别的 PLA 复合材料暴露在高温高湿条件下数周的时间来评估其耐久性。在温度为 50℃和相对湿度为 90% 条件下，PLA 的非晶态和结晶态样品均显示出明显的吸湿性和水解反应。该研究利用累积损伤模型来评估由吸湿和水解引起的整体降解与长期耐久性之间的关系，模拟了典型的汽车内饰环境。

常见的 PLA 改性材料如下。

1. 无机材料增强增韧 PLA

无机材料，如纤维（玻璃纤维、碳纤维、玄武岩纤维等）、无机颗粒（如硅酸盐颗粒等），通常具有优异的机械强度，作为增强材料不仅可以显著提升 PLA 的强度和韧性，还可以满足增强 PLA 的拉伸强度、抗弯曲强度和抗冲击强度等。这些改性后的 PLA 可以应用在需要更高强度的领域，如汽车和航空航天等。同时，相关研究发现，与高分子材料相比，无机材料对 PLA 的增韧效果更显著，并且在提高 PLA 韧性的同时还能提高其机械强度，这意味着经过无机材料改性后，PLA 更能抵抗断裂和撞击。使用无机材料改性过程中，需要注意无机材料的分散性。

羟基磷灰石（Hydroxyapatite，HA）是一种常见的用于增强增韧 PLA 的无机材料。用羟基磷灰石作为增强材料共混制备的 PLA – 羟基磷灰石复合材料，不仅韧性有所提升，而且因其良好的生物相容性可作为骨组织支架。经过不断的深入研究，学者们发现 HA 的尺寸对 PLA 复合材料的性能影响也较为显著，若采用亚微米级的 HA 为增强材料，由于其比表面积较低，所以在很大程度上避免了在 PLA 基体中的团聚现象。有学者通过添加聚磷酸钙纤维对 PLA/n–HA 复合材料进行纤维增强改性，结果发现当聚磷酸钙纤维与 PLA 的质量比为 1:1、n–HA 的质量分数为 4.8% 时，所制改性 PLA 复合材料的弯曲强度高达 251MPa，弯曲模量高达 19GPa。图 5–10 所示为 PLA 复合材料共混改性的示意图。

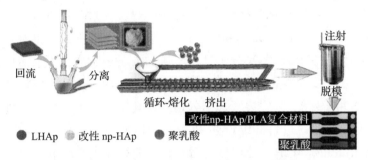

图 5–10　PLA 复合材料共混改性的示意图

除 HA 外，其他纳米无机粒子也能对 PLA 起到增强增韧的作用。接下来简单介绍其中的两种纳米无机粒子增强增韧 PLA 的例子：

1）通过利用羟基修饰的碳纳米管引发丙交酯聚合反应，在原位制备的复合材料中 PLA/碳纳米管复合材料相结合，从而提高了热稳定性和熔点。此外，在碱性条件下，这种复合材料还表现出极好的可降解性。

2）采用纳米氧化锌和碳纳米纤维作为增强剂，使改性 PLA 复合材料的制备过程可以实现高均一性，相对分子质量的分布指数仅约为 1.1 左右，拉伸强度得到明显提高，达到 36.64 MPa，相较于纯 PLA 增强了约 3.5 倍。

2. 高分子材料增强 PLA

高分子材料增强 PLA 是一种增强 PLA 的一种方法，虽然与无机材料相比，高分子材料的强度较低，但是可以通过选择与 PLA 相容性好的高分子材料作为增强材料，相容性良好的两种材料可以形成良好的界面结合力，进而提高复合材料的强度和耐久性，而且高分子材料增强 PLA 后所得到的复合材料的均一性强。以高分子材料增强的 PLA 的力学性能改善显著，也可以提高 PLA 的强度、刚度和耐热性，因此，改性后的 PLA 可以应用在需要更高强度的领域，如汽车和航空航天等。而用于增强 PLA 的高分子材料主要有天然高分子材料和合成高分子材料。

（1）天然高分子材料增强 PLA　利用天然纤维增强 PLA 的力学性能，如洋麻、亚麻、黄麻、蕉麻、竹纤维、木粉、淀粉等，天然纤维的纤维素嵌入木质素形成"纤维束"结构，是增强复合材料力学性能的主要手段。材料的强度可根据纤维轴的方向变化。天然纤维的增强效果，特别是对复合材料的弹性，是非常明显的。

有研究者用亚麻纤维增强 PLA，探究亚麻纤维和 PLA 的质量比对亚麻纤维增强 PLA 复合材料的冲击强度的影响。研究表明，当亚麻纤维质量比为 25% 时，亚麻纤维增强 PLA 复合材料的冲击强度最高，约为 70 kJ/m^2。与中亚麻/ PP 复合材料的冲击强度（32kJ/m^2）相比，亚麻纤维增强 PLA 复合材料的冲击强度更高。因此在研究天然高分子材料增强 PLA 的过程中，不仅需要根据实际应用需求考虑增强材料的选择，还需要考虑增强材料与基体材料的组分配比。另外，根据性能要求，还需要考虑引入适合的化学催化剂、增溶剂等提高复合材料的性能，例如通过竹纤维增强 PLA 后，以质量分数为 0.5% 的马来酸酐（Maleic Anhydride，MAH）处理材料后，其弯曲强度虽然降低，但弯曲模量大大提高。图 5-11 所示为天然纤维改性的示意图。

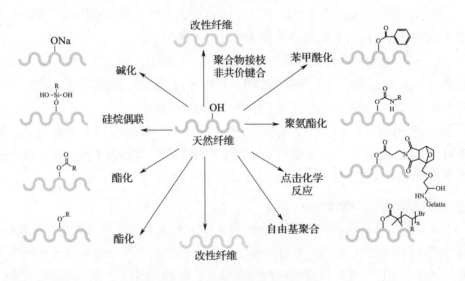

图 5-11　天然纤维改性的示意图

（2）合成高分子材料增强 PLA　除了天然高分子材料外，人工合成的各种高分子材料也可以作为 PLA 的增强增韧材料。而且，人工合成高分子材料的种类多样，增强增韧 PLA 复合材料的性能因添加的合成高分子材料性能不同而有所不同。例如，采用同样的试验手段，用同样的组分配比，分别用聚乙烯纤维增强 PLA 和聚丙烯腈纤维增强 PLA，通过力学性能试验，发现虽然聚乙烯纤维和聚丙烯腈纤维均能有效提高 PLA 的拉伸强度，但是 PLA/聚乙烯纤维复合材料的拉伸强度（高达 650MPa），是 PLA/聚丙烯腈纤维复合材料的拉伸强度

（265MPa）的约 2.45 倍。

3. 增塑剂增韧 PLA

常用于 PLA 改性过程的增塑剂有聚乙二醇及乳酸、甘油、柠檬酸酯、乳酸酯、丁酸甘油酯和柠檬酸甘油酯等。增塑剂的引入会使 PLA 的分子链被稀释，从而降低了高分子链间的相互作用力，其目的是在改善材料成型加工性能的同时，提高 PLA 断裂伸长率和冲击强度。有学者以乙二醇、聚乙二醇 400、甘油和甲酰胺等作为共混增塑剂，制备了性能优异的 PLA/玉米淀粉复合材料。结果表明，增塑剂对 PLA 和玉米淀粉的相容性有改善效果，效果改善程度依次为甘油 > 甲酰胺 > 乙二醇 > 聚乙二醇 400。随着甘油用量的增加，PLA/玉米淀粉复合材料的拉伸强度先升高后降低，当甘油的质量分数为 15% 时，拉伸强度最高，约为 27MPa；但材料的弯曲强度随甘油用量增加而持续降低，断裂伸长率持续升高，另外，复合材料的吸水率随着甘油用量增加而降低；当甘油的质量分数为 12% 时，复合材料的综合性能较为优异，拉伸强度约为 23MPa，弯曲强度约为 24MPa，吸水率约为 5%。

4. 无规共聚改性 PLA

无规共聚改性 PLA，是一种利用无规共聚改性特点，将特殊性能的无规共聚物段引入到 PLA 的分子链中，用来提高复合材料的韧性和冲击强度。在提高复合材料性能的同时还不会显著降低复合材料的生物降解性，又因为可以根据实际应用要求选择不同的无规共聚物，可控性高且灵活，所以无规共聚改性 PLA 是一种非常有潜力的能扩宽 PLA 应用领域的改性方法。例如，将纯 PLA 与聚乙二醇 400 按一定质量比进行共聚，合成复合材料，通过试验发现，当 PLA 和聚乙二醇 400 的质量比为 9∶1 时，共聚物的柔韧性得到了明显改善。还可以将 5 - 甲基 - 5 - 苄氧羰基三亚甲基碳酸酯（5-Methyl-5-Benzyloxycarbonyl Trimethylene Carbonate，MBC）与 PLA 按一定质量比开环共聚制备乳酸 - 功能化碳酸酯共聚物。研究结果表明：当 MBC 和 PLA 的质量比为 34∶66 时，其共聚物的综合力学性能比纯 PLA 更好。

5. 扩链共聚改性 PLA

扩链共聚改性 PLA，关键是要根据性能要求引入具有符合性能要求的扩链剂或交联剂，扩链剂或交联剂可以在 PLA 分子链之间形成新的可以提高 PLA 分子链连接性和结构稳定性的交联点或共聚物段。扩链共聚改性 PLA 能降低 PLA 的脆性、提高 PLA 的韧性，使 PLA 具有更高的抗冲击性、拉伸性能，还可以提高 PLA 的热稳定性。但是由于改性过程中需要引入扩链剂等化合物，不仅会增加生产成本，复杂的化学合成也需要在改性前做好充分的工程设计并选择合适的扩链剂类型和浓度，因此，需要耗费更多时间。例如，在将马来酸酐功能化的热塑性淀粉（Maleic Anhydride Functionalized Thermoplastic Starch，MTPS）和PLA 在引入环氧扩链剂的情况下，按一定质量比进行了熔融共混，制备了 PLA/MTPS/环氧扩链剂共混材料，试验表明，该共混材料的生物相容性好，这是由于 MTPS 和 PLA 上的羧基和羟基会与环氧扩链剂上的环氧基团发生反应，因此环氧扩链剂的引入增强了 MTPS 与 PLA 的相容性。另外，加入质量分数为 2%的环氧扩链剂可使共混物的断裂伸长率达到 280%。同时，共混材料的结晶度降低，这是由于环氧扩链剂增大了 PLA 的相对分子质量，起到了抑制共混物中分子链段运动的作用。再例如，将 PLA 和 3 – 羟基丁酸酯 – co – 3 – 羟基戊酸酯 [Poly(3-Hydroxybutyrate-co-3-Hydroxyvalerate)，PHBV] 在扩链剂 TMP（Trimethylol-propane，三羟甲基丙烷）– 6000 的作用下，按一定质量比进行了熔融共混，以制备共混材料。研究表明，当加入质量分类为 0.7% 的 TMP – 6000 时，PLA 与PHBV 的相容性最好，复合材料的拉伸强度达到最大值（58.6 MPa），这是由于TMP – 6000 的环氧基团与 PLA 和 PHBV 上的端羟基氢发生开环反应，实现反应性结合形成三维网状结构。

5.5.2　PBS 改性

PBS 具有良好的力学性能、热塑性，而且由于降解时产生的毒性较低，所以对环境十分友好。它是一种低碳环保的生物可降解合成聚合物，但是由于其结晶度较低（30%~45%）、溶解度较高以及热稳定性较低，所以应用范围受到很大的应用。对其进行必要的改性是当前的研究热点。

1. 无机填料对 PBS 的改性

无机填料的刚度和强度，在对 PBS 改性的过程中可以起到增强 PBS 的抗拉强度、弯曲强度和模量的作用，还可以提高 PBS 的热稳定性，同时改善其抗冲击性能，让其在使用过程中不易破裂或断裂。无机填料通常比较廉价，可以在保证改性 PBS 具有良好性能的前提下，降低改性成本。一些具有特殊性能的无机填料还可以提高 PBS 复合材料的阻燃性。需要注意的是，无机填料的类型、含量和分散度都是影响 PBS 改性的关键因素。

为了提高 PBS 的热稳定性，有学者采用原位聚合法将质量分数为 3% 的凹凸棒石黏土填充到 PBS 中，制备出的纳米复合材料的热稳定性、断裂伸长率提高，但拉伸强度、结晶温度、结晶率下降。还可以通过熔融共混制备 PBS/纳米碳酸钙复合材料，提高复合材料的热稳定性。此外，将空心玻璃微球填充到 PBS 中，制备复合材料，随着空心玻璃微球含量的增加，复合材料的结晶速率、拉伸弹性模量和热稳定性提高，但结晶结构没有变化，当空心玻璃微球质量分数从 5% 增至 20% 时，复合材料储能模量和复数黏度值增加，而密度单调减少。另外，还有学者将质量分数为 0.03%~0.5% 的氧化石墨烯填充到 PBS 中，制备了纳米复合材料，随氧化石墨烯含量的增加，复合材料的降解性能、拉伸强度、结晶温度、断裂伸长率均提高。

2. 成核剂对 PBS 的改性

为了提高 PBS 的结晶度，有学者研究了成核剂纳米碳酸钙及苯甲酸钠对 PBS 结晶行为及力学性能的影响。结果表明，加入成核剂后，PBS 的结晶度均增加，而纳米碳酸钙使材料的拉伸强度、断裂伸长率更高，玻璃化转变温度 T_g 更低。通过熔融共混方法以超支化聚酰胺酯作成核剂对 PBS 进行成核改性，随超支化聚酰胺酯含量的增加，复合材料的冲击强度、储能模量、弹性略有增加，而 T_g 略有降低。

3. 天然高分子材料对 PBS 的改性

天然高分子材料通常具有生物降解性，因此改性后的 PBS 在一定的环境中更容易分解，从而减少了对环境造成的不良影响；特殊性能的天然高分子材料可以改善 PBS 的力学性能和加工性能，使其性能满足特定应用领域，如包装、建筑材料和汽车部件制造；同时，还可以降低生产成本。但是天然高分子材料的性能和改性方法是影响改性 PBS 的因素，需要根据实际应用需求选择适合的天然高分子材料，同时还需要考虑天然高分子材料与 PBS 的相容性、在改性 PBS 过程中的分散性还有界面相互作用，以及天然高分子材料的耐久性。

淀粉、纤维素、天然胶和蛋白质是几种常用于 PBS 改性的天然高分子材料。其中淀粉与 PBS 共混可有效降低成本并提高 PBS 的可加工性、降解速率和降解产物的环境友好性，但是研究表明淀粉含量会影响 PBS 的改性效果，当淀粉质量为 PBS 质量的 25% 时，材料的综合性能较好。将纤维素纳米颗粒或纤维素纤维与 PBS 混合并进行适当的加工处理，可以改善 PBS 的力学性能、热稳定性和降解性能。天然胶可以增加 PBS 的韧性和弹性模量，并提高其耐磨性和耐疲劳性。将蛋白质与 PBS 进行混合，并通过加热或交联处理，可以提高 PBS 的力学性能和热稳定性。

4. 纤维增强 PBS

纤维增强 PBS 是根据应用需求，将符合性能要求的纤维添加到 PBS 基体中，用来提高 PBS 强度、韧性和其他应用性能要求。纤维的加入可以提高 PBS 的抗张强度，使其能够承受更大的拉力；同时还能提高 PBS 的韧性，使得 PBS 更能抵抗冲击和挤压力，降低了断裂的风险；还能改善 PBS 的疲劳性能，提高 PBS 的使用寿命。因此，纤维增强 PBS 的性能满足包括汽车制造、航空航天、体育用品制造、建筑材料等领域的性能要求。在进行纤维增强 PBS 时，在纤维类型、含量等方面需要进行详细的工程设计，此外，还需要特别注意 PBS 和纤维之间的界面相容性。例如，将黏胶基碳纤维与 PBS 通过熔融共混制备的纤维增强 PBS 基复合材料具有高的结晶速率，且热稳定性良好，降解性能和加工性能也很好。

5.5.3 PHAs 改性

PHAs 是一种具有良好的生物相容性和可生物降解性质的生物可降解聚合物。然而，由于其原材料来源和合成方法的限制，PHAs 的应用范围受到一些局限，因此对 PHAs 进行改性具有重要的意义。

1. 物理改性

PHAs 物理改性最常用的方法是共混改性。PHAs 与纤维素类化合物的共混物得到了越来越多的关注。通过熔融手段，将 PLA 与聚（3 – 羟基丁酸酯 – co – 4 – 羟基丁酸酯）[Poly（3-Hydroxybutyrate-co-4-Hydroxybutyrate），P（3HB-co-4HB）]进行共混，结果表明，P（3HBco-4HB）可均匀地分散在 PLA 中，T_g 随着 P（3HB-co-4HB）含量的增加而提高；将 3 – 羟基 4 – 羟基脂肪酸共聚酯[Poly（3-Hydroxybutyrate-co-4-Hydroxybutyrate），P3/4HB]与聚丁二酸丁二酯（PBS）以任意比熔融共混，并对改性后的共混物结晶行为和非等温结晶动力学进行研究。结果发现，PBS 与 P3/4HB 具有良好的相容性，共混物中 PBS 的结晶动力学参数几乎没有变化，P3/4HB 也没有产生异相成核作用。由于 PBS 的结晶速率快，有利于缩短共混材料的成型周期，同时 P3/4HB 可以明显改善 PBS 的韧性，两者的加工性能都得到进一步提高。

2. 化学改性

采用嵌段共聚物的化学改性的方法，可以改善 PHAs 的热稳定性。通过使用辛酸亚锡作为催化剂，将 PHB 与 PCL 进行酯交换反应，合成嵌段共聚物，通过对嵌段共聚物的结构和性能进行表征，发现 PHB-PCL 共聚物自身的晶体结构并未发生变化，但 PHB-co-PCL 的结晶行为随酯交换量增加而产生较大变化，其在空气中的热稳定性因 PCL 链段的引入略有提升，从而扩展了 PHAs 的应用领域，提高了其在高温环境下的稳定性。

3. 生物改性

在 PHAs 的改性手段中，生物改性是十分重要的方法，可从源头对材料的结构进行改进。PHAs 的生物改性通过微生物发酵，在不同碳源、不同发酵条件下，在 PHAs 分子链段引入其他功能的羟基脂肪酸链节单元。在生物改性制得的 PHAs 中，研究比较广泛、改性比较成功的是 PHB 及 PHBV 等。

5.6　木塑复合材料的改性方法

生物质木塑复合材料的生产工艺较为成熟，在生产工艺方面的研究主要是在原有基础上进行加工技术改进创新、对产品性能的改进。其中，植物纤维与 PLA 混合制备的 PLA 基木塑复合材料既可以改善 PLA 材料的缺点，又可以融合两者的优势，实现优势互补，还具有可完全生物降解、环保、价格低廉等优良特性，是一种可以应用于 3D 打印的十分有优势的材料。然而，由于植物纤维是极性材料，而 PLA 是非极性的，极性差异使 PLA 和植物纤维之间没有很好的相容性。为提高两者的相容性，需要先对 PLA 和植物纤维进行改性处理，以及添加界面反应剂。PLA 的改性方法已在 5.5.1 节中简单介绍过了，这里就不再赘述，仅介绍植物纤维的改性方法和添加界面反应剂改善界面相容性这两个方面。

5.6.1　植物纤维改性

植物纤维改性的目的是使之在 PLA 基体中具有一个良好的分散性，需要对植物纤维进行表面改性处理，可分为物理改性、化学改性和生物改性。

1. 物理改性

植物纤维的物理改性是指使用物理方法对植物纤维进行预处理，以改变植物纤维的结构和性质，来提高复合材料制备过程中的 PLA 和植物纤维的界面相容性。常用的植物纤维物理改性方法如下。

1）用机械方法，如挤压、碾压等，将纤维颗粒变细，以增加纤维与 PLA 基体的界面接触面积，这种方法可以促进植物纤维与 PLA 更好的结合。

2）通过加热等热处理手段改变植物纤维的结构、形态，进而改善植物纤维与 PLA 之间的结合度。

3）为了能提高植物纤维的活性、增强其表面能，采用放电处理，还可以在一定程度上增加其反应性活性的醛基数量，效果十分显著。

4）超声波改性植物纤维处理方法会在液体中产生一种具有无数微小气泡的反应环境，这种环境更加有利于相关化学反应的进行。超声波改性处理的时间越长，形成有序结构的纤维浓度也就越大，但当超声波时间过长时，可能会产生相反的作用。

2. 化学改性

植物纤维的化学改性主要是指通过化学处理的方式改善植物纤维的表面结构和性质，提升表面粗糙度，在增加植物纤维与 PLA 基体的接触面积的同时，改变纤维的结构，提高植物纤维与 PLA 的界面结合度。几种化学改性方法如下：

1）碱溶液表面改性预处理：碱溶液处理主要是为了溶解植物纤维中的半纤维素和木质素等组分，提取出与 PLA 结合度高的纤维素，进而使植物纤维在PLA 基体中具有更好的分散性。

2）酯化接枝处理：通过在植物纤维上进行酯化接枝处理，引入官能团，如乙酰基等，以改变植物纤维的极性，以提高植物纤维与 PLA 基体的结合能力。

3）表面接枝改性：在催化剂作用下，植物纤维表面的羟基与聚合物单体接枝，接枝后，纤维的侧链易与聚乳酸分子链发生相互缠结作用，从而改善材料的界面相容性。例如，利用漆酶辅助将没食子酸辛酯（Octyl Gallate，OG）接枝到热磨机械浆（Thermal Mechanical Pulp，TMP）纤维的表面，然后与 PLA 基体制备适合 3D 打印的 PLA 基木塑复合材料。通过接触角及力学性能测试发现，复合材料具有良好的疏水性和力学性能。在过氧化苯甲酰存在下，采用熔融挤出法将丙烯酸甲酯单体接枝到木纤维上，然后将增强体（WF-g-MA）与聚乳酸复合制备聚乳酸/木粉复合材料，与未处理体系（PLA/WF）相比，接枝处理后，复合材料表现出较好的界面相容性，力学性能得到了改善，吸水率也明显降低。

3. 生物改性

植物纤维的生物改性运用生物培养法将细菌纤维素接枝在植物纤维的表面层，改变纤维表面的极性，从而提高其与聚乳酸的界面相容性。该方法相对于传统的化学改性方法更加环保。例如，将培养好的木醋杆菌置于经过碱处理的木质纤维表面及表面的缝隙处，实现对木质纤维的改性，改性后的木质纤维与聚乳酸混合，采用挤出混炼的方法制备木粉/聚乳酸复合材料。结果表明，经过木醋杆菌改性的木质纤维与 PLA 的界面结合力明显提高，与未处理的材料相比，复合材料的拉伸强度、弯曲强度、冲击强度分别增加了 27.05%、24.11%、39.13%。

5.6.2　界面反应剂

为了改善植物纤维与聚乳酸基体之间的界面相容性，通常会添加偶联剂和相容剂等辅助反应试剂。该类试剂一般含有极性基团和非极性基团，极性基团可以与纤维结合，非极性基团可以与聚合物结合，从而改善植物纤维与塑料基体之间的界面相容性，增强复合材料的性能。

偶联剂分子中往往含有两种有着不同化学性质的化学官能团，一端能够与植物纤维表面的羟基分子发生反应，而另一端能够与 PLA 分子进行化学反应，从而将两种极性差别较大的材料偶联在一起。这种化学反应能够使得植物纤维与 PLA 之间的结合力增加，使复合材料的力学性能得到提升。同时，偶联剂的加入使复合材料的熔体流动速率有所降低，并且改善了复合材料的相容性。而相容剂的加入能够在很大程度上使植物纤维在 PLA 内的分散更加均匀，通过一定的化学反应，使植物纤维与 PLA 两者之间相容性得到提升。

5.7　小结

本章对主流的改性方法及原理进行了介绍，并以可降解塑料与木塑复合材料为案例展示了多种改性方法的应用情况与改性效果。总结来说，通过改性技术，生态材料的综合性能得到了很大的提升，使其基本上可以满足汽车内外饰件的性能需求，但对于一些车身结构件和底盘件的要求来讲还是有些距离的，因此改性技术仍有很长的路要走。此外，关于制造工艺以及结构设计方面的研究也同样重要，材料 – 工艺 – 结构的协同设计才能使生态材料的性能得到充分地发挥。

参考文献

[1] SALEEM A, MEDINA L, SKRIFVARS M, et al. Hybrid polymer composites of bio-based bast fibers with glass, carbon and basalt fibers for automotive applications-a review[J]. Molecules, 2020, 25(21): 4933.

[2] 孙浩程, 崔玉磊, 王宣迪, 等. 生物基可降解塑料物理改性研究进展[J]. 现代塑料加工应用, 2021, 33(1): 56 – 59.

[3] 史可, 张晶, 苏婷婷, 等. 生物可降解塑料的改性研究进展[J]. 化工新型材料, 2019, 47(4): 29 – 33.

[4] 高兆营, 江南, 刘慧芳, 等. 生物降解塑料聚丁二酸丁二酯的改性研究进展[J]. 工程塑料应用, 2015, 43(5): 136 – 140.

[5] 周海鸥, 史铁钧, 王华林, 等. 聚乳酸改性的研究进展[J]. 四川化工与腐蚀控制, 2003(6): 39 – 42.

[6] 李春华. 双螺杆挤出法制备碳纤维增强聚碳酸酯复合材料的研究[D]. 青岛：青岛大学, 2010.

[7] 陈晓丽. 聚烯烃反应挤出接枝 MAH 和 GMA 的研究[D]. 青岛：青岛科技大学, 2006.

[8] GUAN T Y, QIAN S J, GUO Y K, et al. Star brush block copolymer electrolytes with high ambient-temperature ionic conductivity for quasi-solid-state lithium batteries[J]. ACS materials letters, 2019, 1(6): 606－612.

[9] 王成江, 范正阳, 赵宁, 等. 硅烷偶联剂修饰下 SiO_2－甲基乙烯基硅橡胶分子界面的粘结性[J]. 复合材料学报, 2020, 37(12): 3079－3090.

[10] 梁婷, 范振忠, 刘庆旺, 等. 超疏水/超双疏表面自修复方式的研究进展[J]. 化工进展, 2019, 39(7): 3185－3193.

[11] CHENG Y, ZHANG X, QIN Y X, et al. Super-elasticity at 4 K of covalently crosslinked polyimide aerogels with negative Poisson's ratio[J]. Nature communications, 2021, 12(1): 4092.

[12] 胡鑫康, 陈琦, 陈宬, 等. PDCPD/SBS 互穿聚合物网络制备表征及性能研究[J]. 化工新型材料, 2020, 48(11): 89－93.

[13] 王晓丽. 聚甲基丙烯酸甲酯材料表面改性及其抗静电性能的研究[D]. 西安：陕西师范大学, 2006.

[14] 王友娣. 辉光放电电解等离子体技术在高分子材料领域中的应用[D]. 兰州：西北师范大学, 2009.

[15] 葛正浩, 乔宇杰, 岳奇. 聚乳酸改性研究进展[J]. 工程塑料应用, 2020, 48(4): 144－149.

[16] 李云龙. 青霉素补料分批发酵过程菌体代谢特性及工艺优化研究[D]. 上海：华东理工大学, 2018.

[17] 潘贤林. 常压等离子体处理对 PBO 纤维表面性能影响研究[D]. 上海：东华大学, 2010.

[18] 王乾. 介质阻挡放电等离子体处理对 PBO 纤维表面及其复合材料界面性能的影响[D]. 大连：大连理工大学, 2013.

[19] LI P C, LU Z H. Interface engineering in organic electronics: energy-level alignment and charge transport[J]. Small science, 2020, 1(1): 2000015.

[20] 孙晨露, 刘喜军. 聚乳酸增韧改性研究进展[J]. 化工时刊, 2017, 31(12): 40－42; 54.

[21] 王惠娟, 杨丽娟. 聚乳酸复合材料的研究进展[J]. 合成树脂及塑料, 2017, 34(6): 88－92.

[22] 刘慧芳, 江南, 毛海龙, 等. 聚羟基烷酸酯高分子材料改性研究进展[J]. 工程塑料应用, 2014, 42(6): 131－134.

[23] 王冬至, 朱莽, 刘美霞, 等. 生物质木塑复合材料的研究进展[J]. 科技与创新, 2019(22): 29－30; 34.

[24] 刘凌霄. PLA 基 3D 打印木塑复合材料的制备及性能研究[D]. 济南：齐鲁工业大学, 2019.

[25] FILGUEIRA D, HOLMEN S, MELBØ, et al. Enzymatic-assisted modification of thermomechanical pulp fibers to improve the interfacial adhesion with Poly(lactic acid) for 3D printing[J]. ACS sustainable chemistry & engineering, 2017, 5(10): 9338－9346.

第 6 章
低碳轻量化设计

6.1 引言

在国家双碳政策的驱动下，汽车行业面临着严峻的挑战，除了对清洁能源的高度重视，汽车的低碳轻量化设计也受到了前所未有的关注。大众汽车的研究报告表明：当汽车质量每减少100kg时，每百公里油耗将降低0.3~0.5L，每公里 CO_2 排放量将降低8~11g。

如图 6-1 所示，根据西门子公司发布的不同技术措施的节能潜力对比数据，轻量化是汽车节能减排最有效的技术路径。继生态材料的分类与改性之后，本章将对低碳轻量化设计方法展开介绍，梳理出材料到产品之间的一些关键技术的发展趋势，为低碳汽车的设计开发提供有效解决方案。

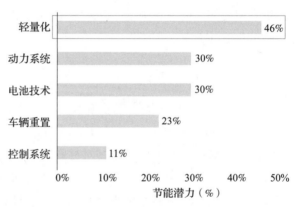

图 6-1　西门子公司发布的不同技术措施的节能潜力对比

6.2 轻量化结构设计

6.2.1 有限元法

轻量化设计的基本前提是构件要满足使用要求，也就是要考虑不同的失效形式。在传统的轻量化设计中，很大一部分时间均用于轻量化单元及其结构的设计。作为目前应用最广泛的结构设计方法，有限元法是一种关于连续体的离散化数值计算方法，用于近似求解力学模型，其基本思想是将连续结构划分为具有自由度的节点相互连接的单元。通过简单的函数近似表示单元内的位移变化规律，并建立平衡方程式，结合边界条件求解代数方程组，最终得到结构的数值解。

有限元法物理概念清晰、易于理解和掌握、适用性强等优点，使其广泛应用于各种复杂的工况和边界条件的分析。在工程实践中，有限元法的应用可分为静态分析、模态和稳定性分析，以及瞬时动态分析求解问题。静态分析用于求解不随时间变化的系统平衡问题，如应力分析、电学、稳态热传导等问题。模态和稳定性分析可以确定系统的特征值或临界值，如线弹性系统的固有特性分析。瞬时动态分析用于求解随时间变化的传播问题，如计算流体动力学分析等。

在进行有限元分析时，通用有限元程序是不可或缺的工具。通用程序具有通用性，常见的有限元单元和分析模块都包含在内，功能涵盖静力分析、固有特性及动态响应分析等，可适用于连续体分析、流体和热传导分析，以及线性分析、非线性分析、弹塑性分析和复合材料分析等。常用的通用有限元软件包括 HyperMesh、Nastran、Ls-Dyna 等，这些软件具有强大的前后处理功能，广泛应用于工业界和学术界。采用有限元方法结合优化算法来实现多目标优化，通过集成相关部件模态和刚度，并基于近似模型的全局优化策略，可以得到合理的轻量化设计方案。

6.2.2 结构优化设计

传统结构设计一般是在原有设计经验的基础上，利用计算机辅助工程（Computer Aided Engineering，CAE）的方法，为提升机械产品的性能、工作效率，延长机械产品的工作寿命，对材料的承载状态、工艺特性等进行仿真，从而进一步优化产品的尺寸、形状、拓扑结构和动态性能等。一般分为概念设计阶段和详细设计阶段，产品研发初期为概念设计，研发后期则为详细设计。传统优化方法有拓扑优化、尺寸优化、形状优化及形貌优化等。

1. 拓扑优化

拓扑优化的实质是在固定的优化设计空间内，找到满足性能要求的最佳材料分布路径。结合众多设计要求，即可得到重量最轻、性能最佳的设计方案。拓扑优化适用于连续型结构（如平面、板壳）和离散型结构（如刚架、网架），能够减少结构开发和验证时间，提高生产率，并降低生产成本。设计区域根据结构的功能和工艺要求进行划定，单元的相对密度定义为设计变量，约束条件是设计区域的体积分数。优化设计结果可以用优化目标随迭代次数的变化曲线和结构材料相对密度分布色谱云图等来描述。

对结构进行拓扑优化设计时常会遇到网格依赖性、棋盘格以及灰度单元过多等问题，网格依赖性是指构型中的最小尺寸依赖于有限元网格；棋盘格现象是指优化构型中实体和空洞交替出现而呈现出如棋盘格的现象；灰度单元过多则会导致优化构型中实体与空洞交界处模糊不清，影响材料识别。为了得到清晰的优化构型，目前最常用的解决方法是预先采取过滤技术（灵敏度过滤或密度过滤），由于灵敏度过滤或密度过滤会导致实体与空洞交接处灰度单元增加，所以还需通过 Heaviside 投影才能得到清晰的优化构型，简支梁拓扑优化分析模型如图 6-2 所示。

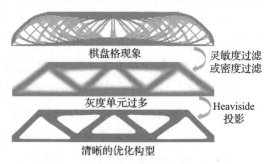

图6-2　简支梁拓扑优化分析模型

2. 尺寸优化

尺寸优化是最早应用于汽车轻量化的结构优化方式之一，可以对结构的各种参数进行优化，如板件厚度、梁杆横截面积等。对于大型复杂工程问题，使用灵敏度分析方法进行尺寸优化是最高效的方式。通过研究分析结构的状态或输出变化对系统参数或周围条件的敏感程度，并结合灵敏度分析，筛选出对结构性能影响较大的设计变量进行优化，可以提高优化效率，避免大规模结构参数优化带来的负面影响。

3. 形状优化

形状优化是对结构的边界或形状进行优化设计的技术，属于详细设计阶段的技术。它通过单元节点的移动或单元变形到新的位置，来改变结构的形状，从而提高结构振动、强度或刚度等性能。与尺寸优化技术只改变结构参数不同，形状优化技术直接进行原始形状设计，需要手动定义单元节点的挠动，再分析确定实际单元变形的最佳位置，改变结构的形状。因此，对于复杂的工程问题，需要工程师具有丰富的经验，才能进行完美的形状优化。

4. 形貌优化

形貌优化用于提高各种冲压板件的性能，大量的节点波动向量组成了形貌优化的设计空间，并基于设计约束，按照一定的模式进行组合，生成优化后的最佳形貌。与尺寸优化相比，由于后者涉及非线性变化的刚度矩阵和设计变量之间的关系，导致工程计算量和灵敏度分析的难度增加，计算时间进一步被延长。然而，形貌优化具有许多优点，包括避免应力集中、提高结构刚度和延长结构使用寿命等。

6.2.3　基于 SFE-CONCEPT 软件的车身全参数化建模方法

上述方法均是传统的轻量化设计方法，只有建立详细而准确的计算机辅助设计（Computer Aided Design，CAD）几何模型后才能得到可信度高的分析模型。然而，在概念设计阶段，很多整车厂商对于 CAD 模型等信息严重缺乏，无法进行精确的性能仿真分析。SFE-CONCEPT 软件平台提供了一个全新的解决方案。该软件采用隐式全参数化方法，可以简单地描述车辆结构的几何拓扑形式，缩短了建模时间。同时，该软件能够自动生成带焊点等连接信息的有限元求解文件，并进行性能评估。通过将工程师的设计想法转化为设计变量并进行优化分析，可以较为方便地转化为装配或制造的 CAD 模型，是近几年新兴的轻量化设计方法。

SFE-CONCEPT 软件的主要特点包括：仿真驱动设计（图 6-3 所示为 SFE-CONCEPT 软件的输入输出关系）、隐式全参数化拓扑描述、有限元模型随几何模型变化自动更新、系统级结构优化后台自动循环处理（图 6-4 所示为基于 SFE-CONCEPT 参数化模型的结构优化设计流程）、模块化架构数据库智能连接（图 6-5 所示为 SFE-CONCEPT 软件模块化零部件分类功能）、无缝衔接 CAD 系统等。

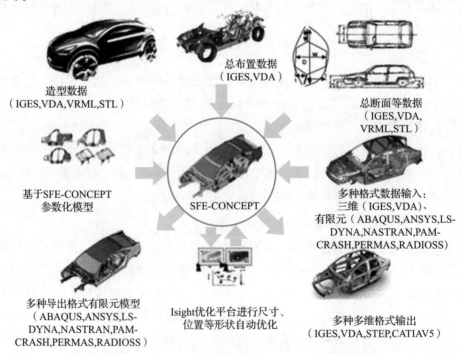

图6-3　SFE-CONCEPT 软件的输入输出关系

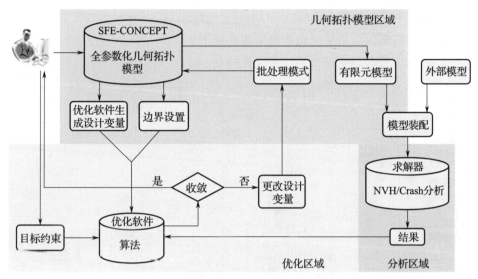

图 6-4 基于 SFE－CONCEPT 参数化模型的结构优化设计流程

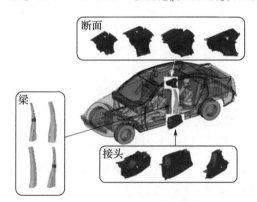

图 6-5 SFE－CONCEPT 软件模块化零部件分类功能

以白车身为例，其一般的建模流程如下。

1）模型参数选取根据设计空间和需要优化的区域来确定参数化模型，使车身尺寸能够被全参数化驱动。按照规范进行车身参数化建模，以实现未来所有区域的优化。

2）SFE－CONCEPT 软件白车身参数化建模基本流程（见图 6-6）如下：

①准备外部整车网格参考模型，作为 SFE－CONCEPT 参数化建模的参考。虽然 SFE－CONCEPT 参数化建模理论上不需要导入任何参考模型，但可根据实际情况选择参考模型以进行建模。

②若模型左右对称，则先进行左侧模型分区域总成的参数化建模。

③完成区域和总成之间的内部以及模块间的建模装配。

④ 将左侧模型镜像到右侧。

⑤ 将左右侧模型组装成白车身参数化模型。

⑥ 对白车身参数化模型进行装配和检查。

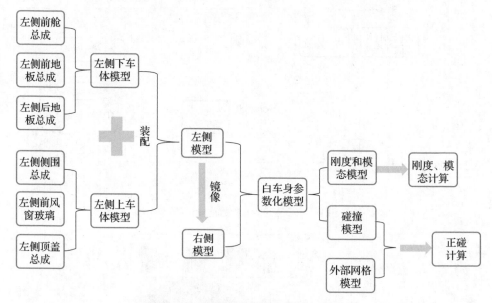

图6-6　白车身参数化建模基本流程

3）基本的模块建模方法包括：

① 在外部网格模型中查看模块内部和与外部总成之间的连接关系，白车身有限元网格模型如图6-7所示，以便有针对性地进行建模，减少后续修改。

② 提取模块的外部参考网格模型，并导入 SFE - CONCEPT 软件中进行建模。

③ 对各模块进行参数化建模，根据实际分析需求进行部分特征简化。

4）对于模块之间的装配顺序，可以根据装配的需要进行适当调整。以左侧前舱模块为例，装配顺序可以按照以下方式进行：

图6-7　白车身有限元网格模型

① 吸能盒模块装配到防撞梁模块、前大梁模块和散热器模块。

② 散热器模块装配到上纵梁模块和前大梁模块。

③ 上纵梁模块装配到侧围 A 柱和防火墙模块。

④ 前轮罩模块装配到上纵梁模块、前大梁模块和防火墙模块。

⑤ 前大梁模块装配到防火墙模块和前地板模块。

⑥ 防火墙模块装配到前大梁模块、前地板模块和侧围总成。

⑦ 流水槽模块装配到防火墙模块、Shotgun 模块和侧围总成。

5）将装配完成的左侧前舱总成进行更新，得到整个模型后进行网格划分，检查网格是否有畸变、穿透，以及焊点个数和位置是否符合要求。在确认无误后，可以进行其他总成的参数化建模。

6）同理，按照工程经验，将左侧侧围各模块及左侧前、后地板模块，装配成整个左侧侧围总成及左侧前、后地板总成，并生成参数化模型，装配完成的左侧前、后地板总成及左侧侧围总成参数化模型如图 6-8 所示。

a）左侧前地板总成　　　　　b）左侧后地板总成　　　　　c）左侧侧围总成

图 6-8　装配完成的左侧前、后地板总成以及左侧侧围总成参数化模型

7）对于局部细节特征的参数化建模，可以根据经验和企业内部的模型简化标准进行过滤。例如：可以省略直径小于 20mm 的孔；进行正碰和偏置碰分析优化时，保留前纵梁上的倒角特征。总之，根据性能要求进行适当的简化。

8）车身装配时，需要将已建立的白车身各总成参数化模型进行集成。装配的顺序包括：前舱参数化总成、侧围参数化总成、前地板参数化总成、后地板参数化总成、顶盖参数化总成以及前风窗玻璃参数化总成。按照前舱总成、前地板总成和后地板总成、顶盖总成、下车体总成、玻璃总成的顺序进行装配。每当完成一层装配时，就要检查有限元参数，确保网格等参数设置正确。

9）设置模型工况，包括扭转刚度、弯曲刚度和碰撞工况，对称形成整个模型，并及时修正模型中的错误。

10）提交有限元求解器计算。

11）后台批处理实现，将配置 SFE - CONCEPT 软件的文件进行批处理，后续即可通过 Isight 优化软件集成批处理命令实现自动优化设计。

6.2.4　多学科优化设计

多学科优化设计是一种综合考虑多个学科性能要求的优化方法，它将复杂的工程系统设计优化问题分解为多个子系统，利用这些子系统之间的相互影响来设计可处理的子系统并进行优化，最终实现对各子系统的有效协调。多学科优化设计问题的数学描述包括多个目标函数、设计空间、设计变量和约束函数。基于代理模型的多学科优化设计流程如图 6-9 所示。

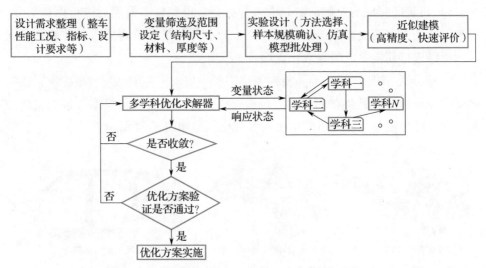

图6-9　基于代理模型的多学科优化设计流程

在工程实际优化问题中，其数学描述为

$$
\begin{cases}
\boldsymbol{X} = \left[x_1, x_2, \cdots, x_n \right]^{\mathrm{T}}, x \in \Omega \\
F(X) = \left[f_1(X), f_2(X), \cdots, f_m(X) \right] \\
x_i^L \leqslant x_i \leqslant x_i^U, \ i = 1, 2, \cdots, n \\
H_j(X) = 0, j = 1, 2, \cdots, p \\
G_k(X) \leqslant 0, k = 1, 2, \cdots, l
\end{cases}
$$

式中，$f_1(X)$，$\cdots$，$f_m(X)$ 为优化设计的目标函数；m 为目标函数的个数；Ω 为设计空间；X 为设计变量集，n 为设计变量个数；x_i^L 和 x_i^U 为第 i 个设计变量的上下限；$H_j(X)$ 为等式约束函数，p 为等式约束函数的个数；$G_k(X)$ 为不等式约束函数，l 为不等式约束函数个数。

多学科优化设计问题是求解一个或多个存在于设计空间 Ω 且满足约束条件的设计变量集 X_S，从而使目标函数各分量取得最小值。考虑到各优化目标间的冲突，使最终结果达到最优，学者们提出了帕雷托解集的概念，根据优化问题的实际情况从帕雷托解集中挑选一个最优的折中方案。

1. 多目标优化算法

目前，工程领域的优化算法主要分为局部优化算法和全局优化算法。局部优化算法对于连续且单峰问题可以快速有效地移动，但在多峰问题中可能陷入局部最优解，常见的算法包括梯度下降算法、牛顿法和线性规划法等。全局优化算法用于解决复杂的多峰和非凸问题，而结合了仿生学的新型算法恰好能做到这一点。然而，在工程优化领域，常常结合多种优化算法来提高优化的精度和效率。例如，可以先使用遗传算法（见图 6-10）进行优化筛选，再利用模拟退火算法（见图 6-11）提高局部寻优能力。同时，还可以采用分层优化的思想，将优化问题划分为不同层次进行处理。在实际工程优化过程中，工程师需要依靠力学知识和工程经验来判断优化结果类型以及如何确定优化参数并提高优化计算效率，并在需要时进行适当的人为干预。

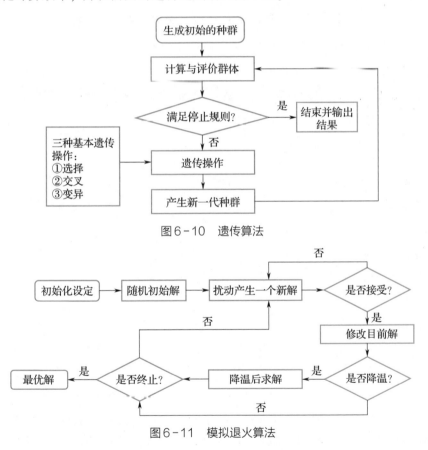

图 6-10　遗传算法

图 6-11　模拟退火算法

2. 试验设计方法

除了优化算法外，在多学科优化设计方法中，有两个非常重要的环节，即试验设计与近似模型构建。当前在车辆开发工程上常用的试验设计方法有正交试验设计法、拉丁超立方试验设计方法和均匀设计试验方法。

（1）正交试验设计法　作为研究多因素多水平的设计方法，正交试验设计法通过选择一定数量的样本点，利用在试验矩阵中保持因素水平出现次数相等的特性，使这些离散的样本点能够尽可能地勾勒出真实响应的关键特征。正交试验设计法具备高效、快速的特点，可以从全面试验中挑选出具有代表性的点进行试验。

正交表是通过正交试验选择的水平组合排列成的表格，表达式为 $L_n(m^k)$，表示有 n 行的表格里，每一行有 k 个因素，每个变量的取值范围个数（水平）都是 m，其中 n 可以通过公式 $n = k \times (m-1) + 1$ 计算得到。正交表具有分布均匀和整齐的性质，一般分为标准型正交表 $\left[如 L_4(2^3) \right]$ 和非标准型正交表 $\left[如 L_{12}(2^{11}) \right]$ 等；水平数不相等时，为混合型正交表 $\left[如 L_8(4^1 4^2) \right]$。$L_{16}(4^5)$ 通用正交表见表 6-1。

表 6-1　$L_{16}(4^5)$ 通用正交表

编号	变量 1	变量 2	变量 3	变量 4	变量 5
1	1	1	1	1	1
2	1	2	2	2	2
3	1	3	3	3	3
4	1	4	4	4	4
5	2	1	2	3	4
6	2	2	1	4	3
7	2	3	4	1	2
8	2	4	3	2	1
9	3	1	3	4	2
10	3	2	4	3	1
11	3	3	1	2	4
12	3	4	2	1	3
13	4	1	4	2	3
14	4	2	3	1	4
15	4	3	2	4	1
16	4	4	1	3	2

（2）拉丁超立方试验设计方法　拉丁超立方试验设计方法是一种被广泛应用的试验设计方法，该方法的模型具有灵活的优点，试验次数可人为控制，但试验次数的最小值受到限制。此外，该方法的样本点能够充分填充取样空间，但由于其随机性，试验点可能分布不均匀且不可重复，随机拉丁超立方取样如图 6-12 所示。然而，在整车优化过程中，由于在设计空间边缘的精度较低，该方法建立的近似模型不适用于变量水平不同的情况。因此，拉丁超立方试验

设计基础上，最优拉丁超立方试验设计方法通过增加最大、最小距离判据和熵判据等，在保证试验样本在设计空间中均匀分布的基础上，提高因素和响应的拟合精度和真实性。最优拉丁超立方试验设计可以使取样点更有效地填充空间且分布更均匀，最优拉丁超立方取样如图 6-13 所示。

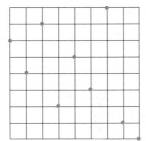 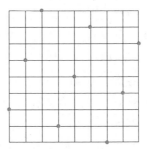

图6-12 随机拉丁超立方取样   图6-13 最优拉丁超立方取样

（3）均匀设计试验方法 均匀设计试验方法本质上就是在试验范围内，试验点均匀分布时，挑选代表点的方法。该方法通过均匀设计表来进行试验设计，通用代号为 $U_n(q^s)$ 或 $U_n^*(q^s)$，其中 U 表示均匀设计，n 表示试验次数，q 表示因子水平个数，s 表示表格列数。通常加 * 的均匀设计表有更好的均匀性。表 6-2、表 6-3 分别是 $U_6^*(6^4)$ 及其使用表。表 6-3 中的"列号"表示应选择的列数，最后 1 列 D 表示均匀度的偏差，偏差值越小则均匀度越好。在工程应用中，均匀设计试验常用在设计因素不多但水平数比较多的情况，但要注意的是，方案设计时不考虑因素间的相互作用。

表6-2 $U_6^*(6^4)$

试验次数	1	2	3	4
1	1	2	3	6
2	2	4	6	5
3	3	6	2	4
4	4	1	5	3
5	5	3	1	2
6	6	5	4	1

表6-3 $U_6^*(6^4)$ 的使用表

因素数 S	列数				D
2	1	3			0.1875
3	1	2	3		0.2656
4	1	2	3	4	0.2990

3. 近似模型

近似模型是一种利用数学模型来近似表示输入与输出之间关系的方法。该方法通过采集少量样本数据并建立复杂的仿真模型，可在保证精度的前提下减少仿真模型的分析次数，提高优化效率。常见的几种近似模型方法包括响应面方法、径向基函数模型方法和克里格模型方法等。

（1）响应面方法　利用多项式函数来拟合设计空间模型，通过较少的样本点数据在局部范围内逼近函数关系，并用简单的代数表达式展现出来。响应面方法的优点是鲁棒性较好，能够拟合复杂的响应关系，但在拟合高度非线性函数关系时不如神经网络等其他方法。

（2）径向基函数模型方法　径向基函数模型是一种神经网络模型，其结构如图 6 - 14 所示，主要以待测点与样本点之间的欧几里得距离为自变量，通过线性叠加构造出模型，可以逼近任意非线性关系。RBF 径向基函数模型的网络结构类似于三层前向网络，优点在于结构简单、训练简洁、学习收敛速度快，在模式识别、时间序列分析等领域得到广泛应用。

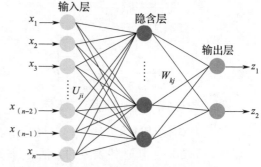

图6-14　径向基函数神经网络模型结构

（3）克里格模型方法　克里格模型是一种通过样本插值获得的无偏估计模型，它最大的优点是可以通过所有样本点来构建近似模型。它使用确定的多项式函数作为全局模型，而局部偏差通过样本插值获取。该方法适用于基于有限元分析的优化设计过程，由于受采样方法影响较大，可能会对具有明显规律或可以用确定函数表达的模型产生错误的估计。

4. 优化平台集成

SFE - CONCEPT 参数化模型形成批处理文件后，即可交由优化集成平台进行计算。目前主流的优化平台软件主要是 Isight 软件，该软件集成了多种全局优化算法，可实现上述多学科优化设计与 SFE - CONCEPT 参数化模型的联动。Isight 软件中全局优化算法见表6-4。

表6-4　Isight 软件中全局优化算法

算法简称	算法全称
MIGA	多岛遗传算法（Multi-Island Genetic Algorithm）
Pointer	自动优化专家算法（Pointer Automatic Optimizer）
Evol	进化算法（Evolutionary Optimization）
ASA	自适应模拟退火算法（Adaptive Simulated Annealing）
PSO	粒子群优化（Particle Swarm Optimization）

以白车身轻量化多目标优化集成为例，其流程如图 6 - 15 所示，具体如下。

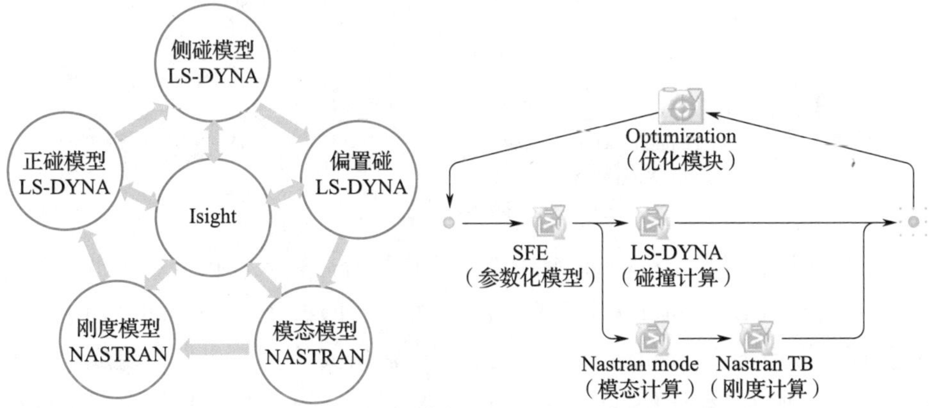

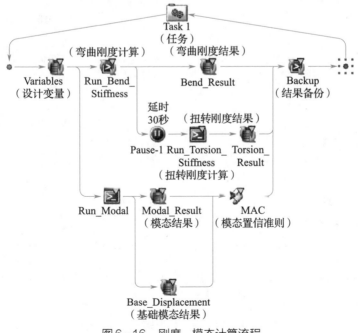

图 6 - 15　白车身轻量化多目标优化集成流程

1）建立计算文件模板。基于 Isight 软件建立仿真流程，设定和修改设计变量以及设计目标，进行多次分析循环。根据项目实际情况，使刚度模型直接采用 Simcode 组件驱动 Nastran 直接提交计算样本和用 Data Exchanger 组件生成模态、碰撞样本型文件提交服务器完成计算。约束条件为模态、刚度和结构抗撞性指标。图 6 - 16 所示为刚度、模态计算流程，图 6 - 17 所示为碰撞计算生成流程，通过修改 Task（任务）组件中定义的参数即可自动获得各个学科的计算文件。

图 6 - 16　刚度、模态计算流程

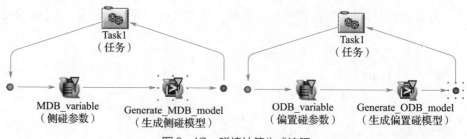

图6-17　碰撞计算生成流程

2）提交计算任务。Simcode 是一个集成应用程序输入、执行和输出的完整接口。它由 Data Exchanger（用于改写程序输入文件）、OS Command（用于执行应用程序）和 Data Exchanger（用于读取程序输出文件）三个部分组成。为了驱动 Nastran 进行自动计算，需要编写执行 Nastran 软件的批处理命令和完成模型计算的模型文件。同时，可以从 .f 06 文件和 ODBResult. dat/MDBResult. dat 文件中分别提取模态、刚度和碰撞结果，然后直接对结果进行读取和处理。

3）提取模型计算结果。使用 Isight 流程创建自动化的结果提取，在计算完成后，可以自动提取结果，结果文件存放在指定路径下。通过提取结果文件中的相关参数，可以输出模态模型的一阶扭转频率和一阶弯曲频率，模态结果提取流程如图 6-18 所示，以及用于试验设计（Design of Experiment，DOE）后处理矩阵的碰撞模型的侵入量、侵入速度和冲击加速度等结果值，碰撞结果提取流程如图 6-19 所示。

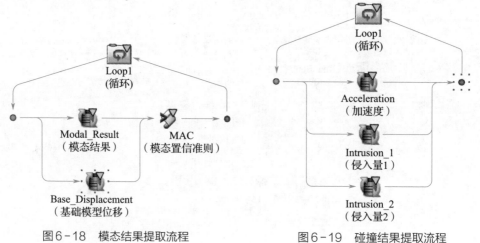

图6-18　模态结果提取流程　　　　　图6-19　碰撞结果提取流程

针对刚度和模态，需要提取结果文件中悬置点的位移，并通过自编程序段计算弯曲刚度和扭转刚度。针对碰撞结果，需要提取指定节点的侵入量、侵入速度和冲击加速度等数据。由于计算结果为瞬态，其值随时间动态变化，但评估指标关注的是一定时间范围内的最大值，因此可以通过 Data Exchanger 提取数据，然后使用自编程序段提取最大值。

4）建立近似模型并进行优化集成。基于近似模型的优化结果相对保守，但精度足够高，优化结果的各项指标都能满足约束条件，而且众多指标可能存在较大富余量，可以基于刚度和模态的近似模型选择适当的优化算法进行优化计算，并将优化方案（见图 6 - 20）生成计算模型文件用于模型验证。

Optimization1
（优化）

Model_Stiffness_Mass
（模态/刚度/质量）

图 6-20　优化方案

6 3　先进成型工艺

汽车轻量化结构设计，可实现汽车材料的高效应用，但具体实现过程仍需相关工艺技术支持，并且这些成型工艺也正朝着生态、低碳、环保的方向持续发展。对于车用金属材料，常见的技术包括热冲压成型、高压铸造和液压成型等。对于生物基复合材料等非金属材料，目前可分为热压成型、挤压成型以及注塑成型等。随着实际应用要求的逐渐提高以及科学技术的不断发展，新型成型工艺将如雨后春笋般大量涌现。

6.3.1　金属材料成型工艺

1. 热冲压成型工艺

热冲压成型工艺结合了热处理和高温成形的方式，可实现零件高强度加工。该工艺通常用于高强度钢板的制备，能够使钢板最高抗拉强度达到 1500MPa，使得复杂结构和形状的零件加工成为可能。与传统的冲压方法相比，热冲压成型工艺能够使零件拥有更高的零件强度，并且适用于制造对舒适性和安全性要求高、强度较高的汽车零件。超高强度钢热冲压成型工艺是迫于成型后零部件进一步加工的需要，其成型性和可加工性良好；热冲压成型之后进行冷却淬火即可达到高强度，热冲压成型的零件形状也可得到固定。

热冲压成型工艺分为直接和间接两种（见图 6 - 21）。直接热冲压成型工艺成本低且应用广泛，适用于无镀层以及 Al-Si 镀层的构件。然而，对于复杂的热冲压成型构件，为了避免在成型时出现开裂，需要先进行预成型，再进行热冲压成型。此外，镀锌的热冲压成型钢板必须使用间接热冲压成型工艺。

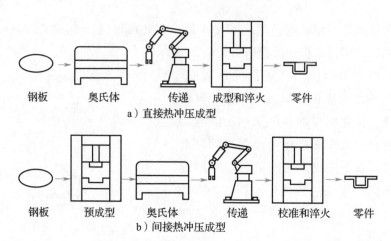

钢板 → 奥氏体 → 传递 → 成型和淬火 → 零件

a）直接热冲压成型

钢板 → 预成型 → 奥氏体 → 传递 → 校准和淬火 → 零件

b）间接热冲压成型

图6-21　直接与间接热冲压成型工艺

图6-22所示为大众某车型使用热冲压成型零件的情况。超高强度钢热冲压成型技术在汽车零部件上的典型应用如图6-23所示。热冲压成型工艺优势众多，如准确控制零件尺寸、减轻汽车整体重量、提供延展性和可塑性、降低材料变形可能性、提高零件表面硬度等。

车顶纵梁

横向构件

B柱内板

地板中
通道

前保险杠

门槛内板　侧护栏

图6-22　大众某车型使用热冲压成型零件的情况

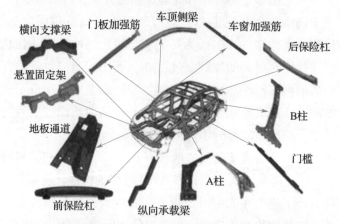

横向支撑梁　门板加强筋　车顶侧梁　车窗加强筋

后保险杠

悬置固定架

地板通道

B柱

门槛

A柱

前保险杠　　纵向承载梁

图6-23　超高强度钢热冲压成型技术在汽车零部件上的典型应用

然而，我国的热冲压成型技术制造工艺还不够成熟，无论是技术本身还是生产规模，还无法满足我国汽车制造业的需要。我国大多数技术设备都依赖于国外引进，缺乏创新。随着对汽车轻量化研究的重视，热冲压成型技术应该得到进一步研究，以推动我国汽车行业的发展。

2. 热成型软区技术

热成型软区技术的特点是通过模具水冷和电热系统实现零件的设计，并通过特殊工艺实现等厚料片不同区域的强度不同的功能。该技术通过加热炉设备分区加温控制，控制料片不同位置的加热温度。然而，该技术需要高昂的设备投资费用，并且在生产线建设完成后无法进行后期添加，因此并不适用于稳定持续发展的生产型企业实施。图 6-24 所示为某车型 B 柱加强板零件，主要分为硬区、软区和过渡区三个部位。

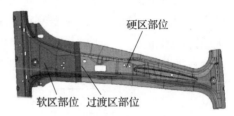

图 6-24　某车型 B 柱加强板零件

目前，可通过模具水冷和电热系统实现料片硬区部位水道布置，加快冷却速度，使料片全部形成高强度淬火马氏体。软区部位模具内部布置电阻丝（见图 6-25），外部连接电加热系统，保持高温加热，直至需要软化的部分保留原有奥氏体、珠光体和铁素体的多相组合组织，以实现同一零件上不同区域有不同的力学性能。热成型软区零件可以承受较大的撞击力，并使低强度部位拥有较低抗拉强度、屈服强度，在碰撞时充分发挥吸能作用，有效地提高汽车的碰撞安全性能。通过模具对硬区部位的镶块加工水道，连接水冷系统，实现快速冷却从而使得原材料转变，如图 6-26 所示。过渡区为不受控制区域，模具通过布置格纹石棉等方式进行隔温。

图 6-25　软区部位模具内部布置电阻丝

图 6-26　硬区部位模内水道实现快速冷却

3. 一体化压铸技术

一体化压铸技术是将白车身中多个单独、分散的零件通过重新设计高度集成，并使用压铸工艺形成一个零件的新型制造技术。它省略了多个部件的焊接过程，直接通过大型压铸机进行一体化压铸，最终得到完整的车身部件。

目前，一体化压铸技术作为一种改变冲、焊、涂装汽车生产制造工艺的新技术，被广大新能源汽车主机厂商所热捧。一体化压铸技术不仅能够减轻汽车重量，提升轻量化水平，从而提升新能源汽车的续驶能力，还具有生产成本、生产率、生产精度和安全性能等方面的优势。如图 6-27 所示，与传统冲压焊接工艺相比，一体化压铸生产成本较低，主要体现在设备投入少、材料回收率高和工人数量少等方面。此外，该技术还能提高车身制造精度，简化制造工艺，缩短车型开发周期，增强车身刚度，并有助于汽车车身的轻量化。然而，一体化压铸技术也面临一些挑战，该技术的设备投入较高，材料的转变使成本增加，对材料工艺要求较高，并且后期消费者维护成本也会增加。

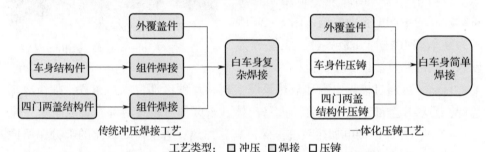

图6-27 传统冲压焊接工艺与一体化压铸工艺对比

随着中国新能源汽车产销量的逐步增大，汽车一体化压铸需求大增已是大势所趋。随着当前特斯拉等新能源龙头车企的示范效应，相信我国一体化压铸产业将很快迎来快速发展期。一体化压铸技术的发展阶段如图 6-28 所示。下

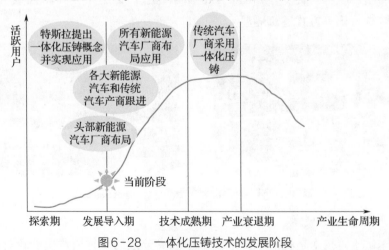

图6-28 一体化压铸技术的发展阶段

一步，应该继续提升一体化压铸机的成熟率与合格率、增强辅助设备管理与周边设备生产节奏配合度、加大政府政策支持与生产补贴，从而为新能源汽车更进一步发展提供强有力的保障。

4.液压成形工艺

液压成形工艺是一种利用液态物质作为施力介质的柔性成形技术，可以为形状复杂、强度高和成形差的零件提供较为理想的成形工艺。它解决了传统冲压成形零件存在的工序繁多、数量众多和疲劳性能差等问题。液压成形可分为板材和管材液压成形，其中在汽车工业中，后者应用更广泛。

管材液压成形是指将管坯放入模具内，利用高压液体充入管坯空腔，同时辅以轴压补料的成形过程，如图 6-29 所示。该技术适用于整体成形轴线为二维或三维曲线的异形截面空心零件。它可以将初始圆截面为矩形、梯形或其他异形的封闭截面的零件直径胀大至贴靠凹模的形状。管材液压成形工艺减少了焊接工序，减少了零部件及模具数量，提高了材料利用率，同时能够提高零件的强度、刚度。

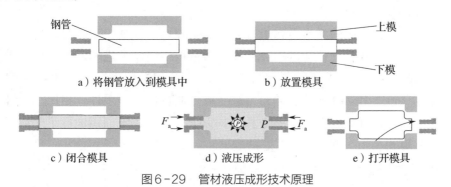

图6-29　管材液压成形技术原理

普通乘用车扭力梁中的横梁（见图 6-30）常采用 V 形或 U 形冲压单层板，并在凹槽内嵌入一根稳定杆来增加扭转刚度，这会增加零件数量，易产生应力集中现象，从而导致疲劳损坏。而采用液压成形技术，可以将空心管成型为双层 V 形截面，其结构如图 6-31 所示，通过适当设计 V 形截面的特性，取消稳定杆和加强板的使用。液压成形横梁的扭力梁减少了零部件数量和搭接焊接的数量，大幅降低了重量，同时可靠性也得到明显提升。

目前，在车身结构上应用液压成形技术的零件主要包括吸能盒、A 柱、B 柱、C 柱、顶盖横梁等。此外，一些自主品牌汽车已经应用一些内高压成形底盘件。液压成形工艺在汽车制造中具有广阔的应用前景，能够满足复杂形状零件的成形需求，并能实现轻量化、降低成本和提高零件性能的目标。

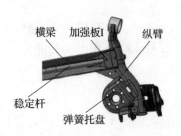

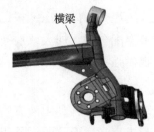

图6-30　普通乘用车扭力梁结构　　　图6-31　液压成型的乘用车扭力梁结构

5. 半固态成形工艺

半固态成形工艺是一种高效、高性能、低成本和节能环保的金属成形工艺。在20世纪90年代，西方国家已经进入了半固态成形工艺的工业化应用阶段，并在交通运输和武器装备零部件的制备中发挥重要作用。目前，美国AEMP、瑞士Alusuisse、德国EFU等均已形成相当的产业规模，产品大量用于交通运输和武器装备零部件的制备，且铝合金半固态成形件的单件尺寸与质量也不断加大。某中德合资公司已经掌握了工业化的低液相线浇注技术，并将其应用于小型汽车零部件的批量生产。

目前，我国主要关注半固态浆料的制备研究。一些高校和研究机构，如华东理工大学，在机械搅拌和电磁搅拌等方面取得了一定的进展。华东理工大学利用近液相线制浆技术研究了多种铝合金浆料，如A356（相当于我国牌号ZAlSi12）、6063和ZL116等，并通过触变成形制造出部分零件。相比于传统铸造工艺，这些部件的综合性能提高了30%以上。此外，他们还进行了浆料凝固过程的计算机模拟，并取得了较好的成果。

6. 高压铸造成型工艺

高压铸造成型工艺主要应用于铝合金件的制造，通过整合数十个冲压零部件，大幅减少构件数量。以奔驰新SL为例，通过铝合金高压铸造技术，A柱由两个高件铸造件构成，替代了原来的13个构件，大大减少了零部件数量，另外，前悬架减振塔、B柱内板和后纵梁等零部件也进行了整合。高压铸造件在大型车身结构上的可行应用如图6-32所示。在国外，高压铸造件已经得到了批量应用，并取得了较好的轻量化效果，但在国内该方面的技术研究还有待进一步推进。

7. 整体式热成型门环技术

整体式热成型门环是通过将前门环上的A柱下部、A柱上部、B柱和门槛四个组成部分集成为一个部件，并经过热成型而成的整体门环零部件。常规方案与整体式热成型门环方案对比如图6-33所示。2014年，本田讴歌将整体式热成型门环技术首次应用于其MDX车型上，并获得了美国公路安全保险协会的

25% 小偏置碰撞 G 评级。此外，还有讴歌 RDX2019、克莱斯勒 Pacific 等车型也应用了该技术。到目前为止，共有 9 款车型采用了整体式热成型门环技术。

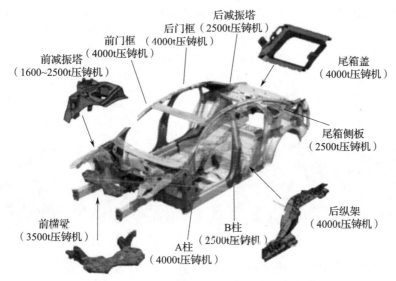

图 6-32　高压铸造件在大型车身结构件上的可行应用

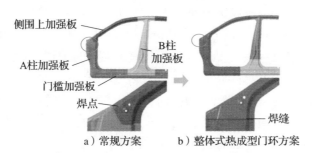

a）常规方案　　　　b）整体式热成型门环方案

图 6-33　常规方案与整体式热成型门环方案对比

　　整体式热成型门环具有减少零件和焊接点数量、优化料厚和补丁板设计、门环强度及尺寸精度高等优势。国外技术路线主要分为整体式热成型等厚及不等厚门环，两种技术路线特点见表 6-5。

表 6-5　两种技术路线特点

方案	技术特点	优点	缺点	难点
等厚门环	采用 PB + HPF	实现成本合理化 + 25% 小偏置碰撞性能	轻量化效果较差	坯料材料利用
不等厚门环	采用 TWB + HPF	实现轻量化 + 25% 小偏置碰撞性能	多片料激光焊接成材率较低，成本较高	多片料激光焊接成材率

　　注：PB（Patch Board，补丁板）；HPF（Hot Press Forming，热压成型）；TWB（Tailored Welded Blanks，激光拼焊）。

国内外的应用主要以整体式不等厚热成型门环为主，而国外在 2019 年开始使用双门环结构。热成型激光拼焊一体式内外双门环如图 6-34 所示，一体式热成型门环如图 6-35 所示。单门环是将加强板对应的 A 柱下部、A 柱上部、B 柱和门槛四个部分集成设计为一个整体式不等厚热成型门环（加强板）。而双门环是在原有门环的基础上，将整个乘员舱部位的加强结构作为一个整体进行热成型，形成一个双环的结构。新的设计为乘员舱提供了强有力的生存空间支撑，且较单门环达到了减重 20% 的效果，并带来了制造和装配工艺的重大精简和变革。

图6-34 热成型激光拼焊一体式内外双门环

图6-35 一体式热成型门环

国内整体式热成型门环技术的应用还处于起步阶段，主要受限于结构设计方法不成熟以及成本控制等问题，目前尚未实现大规模量产应用。但据调研，长城哈弗、广汽埃安、东风岚图等厂商的车型已开始进行量产应用，而比亚迪、东风、长安、吉利、理想等厂商也开始进行与该技术相关的设计研究。

为保护乘员安全，乘员安全区毋庸置疑是强度较高的区域（见图 6-36）。秉承这一理念，GONVVAMA 公司提出了热成型激光拼焊一体式双门环（见图 6-37）。该方案在上一代门环的基础上合并了更多的零件，并提升了局部零件的材料强度。在 A 柱和 B 柱上部应用了 Usibor® 2000 材料，使其能在碰撞时抵抗变形，为乘员舱提供强有力的生存空间支撑，并能够抵抗顶压入侵。在 B 柱下部与门槛连接的部位则应用了 Ductibor® 1000 材料，该材料具有较好的韧性，在碰撞过程中能够先吸收能量。热成型激光拼焊一体式双门环等新技术方案，能够在车身碰撞性能与重量成本之间取得平衡，从而通过减少零件数量、提升强度等，最终实现汽车轻量化。

碰撞缓冲区　乘员安全区　碰撞缓冲区

图6-36 碰撞缓冲区和乘员安全区分布

图6-37 GONVVAMA 公司提出的热成型激光拼焊一体式双门环

6.3.2 生物基复合材料成型工艺

随着复合材料应用领域的拓宽，复合材料工业得到迅速发展，传统的复合材料成型工艺日臻完善，新的成型方法不断涌现，目前生物基复合材料的成型方法已有20多种，并成功地用于工业生产，目前复合材料成型的主要方法为热压成型、挤出成型，注塑成型等，它们在成本控制的设计、工艺路线等方面是不同的，成型设备和工艺参数也是不一样的。本节将对复合材料常用的几种加工工艺进行简要介绍。

1. 热压成型工艺

热压成型适合于生物质含量较高的复合材料，是将生物质材料经简单的常温复合后，再热压成复合材料。这种加工方法可加工各种形态的生物质原料。热压成型工艺流程如图6-38所示。

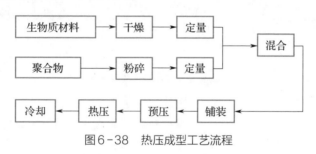

图6-38 热压成型工艺流程

2. 挤出成型工艺

挤出成型是生物质木塑复合材料生产过程中的主要成型工艺，目前挤出成型生产生物质木塑复合材料的主要设备是螺杆挤出机。生物质-聚合物复合材料的挤出成型是将生物质材料经过适当的界面处理，与高分子物质混合，然后采用挤出成型的工艺加工成生物基材料的加工工艺。这种加工工艺可以生产各种截面形状的复合材料，有生产周期短、产品质量稳定、效率较高、成本较低、易于实现连续化生产等优点，目前被广泛使用，其工艺流程如图6-39所示。

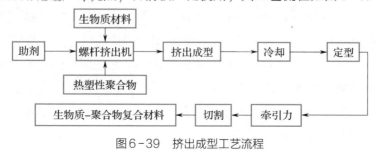

图6-39 挤出成型工艺流程

3. 注塑成型工艺

注塑成型是将固态的物料从注塑机料斗送入高温的料筒内加热熔融，使其塑化均匀，生成黏流态熔体，然后在螺杆的快速而又连续的高压下，以很大的流速通过料筒前端的喷嘴注入温度较低的闭合模具中，经过一定时间的保压冷却定型后，脱模即得到复合材料成品，如图6-40所示。

表6-6列出了典型纤维增强PLA基复合材料成型工艺及加工温度。

图6-40 注塑成型

表6-6 典型纤维增强PLA基复合材料成型工艺及加工温度

纤维类型	加工工艺	温度/℃
黄麻纤维	压缩成型	170
洋麻纤维	注塑成型	200
椰壳纤维	转矩流变仪+注塑成型	200
竹子纤维	双螺杆+挤出成型	180
苎麻纤维	双螺杆+注塑成型	215
苎麻/黄麻纤维	双螺杆+注塑成型	175
鸡毛纤维	双螺杆+挤出成型	135～190
棉，麻，红麻和利奥赛尔纤维	辊梳成型	180
玄武岩纤维	双螺杆+微型注塑成型	205

6.4 异种材料连接技术

低碳汽车的发展下，多材料车身设计是必然的发展趋势，目前金属/聚合物复合结构结合了金属与复合材料的双重优势，兼具轻量化和高性能。例如，宝马i8系列汽车将铝合金与碳纤维复合材料底盘相连接的设计，在减轻重量53%的基础上降低了50%的能耗。波音公司则将碳纤维增强塑料制作的翼缘与钛合金蒙皮进行连接，实现了轻量化效果。然而，金属和聚合物的物理和化学性质的差异，对它们的连接提出了严格的要求。目前，金属/聚合物的连接方式主要包括焊接、机械连接和胶接。

6.4.1　焊接

焊接作为金属/聚合物连接中的一种重要方法，已得到充分应用，六种常用金属/聚合物焊接技术如下。

（1）激光焊接　激光焊接具有焊接深宽比高、焊缝平整美观、无气孔、易实现自动化等优点，利用激光脉冲对材料进行局部加热，使其熔化并形成焊接接头。该技术适用于微型零件和可达性差的部位的焊接，具有热影响区金相变化范围小、焊接空间限制小、可接合各种异质材料等优点。金属/聚合物激光焊接原理如图 6-41 所示。

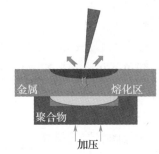

图 6-41　金属/聚合物激光焊接原理

金属/聚合物激光焊接时，界面可以形成机械互锁和化学键合。机械互锁可使聚合物进入金属表面的沟槽或孔洞中并与金属形成牢固的机械互锁结构。化学键合一般认为金属和聚合物会形成共价键。激光焊接的焊接参数，如激光功率、焊接速度等，直接影响接头连接机理和接头破坏形式，合理的焊接参数控制可以有效提高激光焊接接头的力学性能。美国福特汽车公司采用激光焊接技术结合工业机器人焊接乘用车车体，大大降低了制造成本。世界上许多著名汽车公司都建立了专门的激光焊接生产线，如德国的蒂森克虏伯钢铁公司和大众汽车公司等。激光焊接的应用范围包括车顶焊接、侧围外板焊接、后盖焊接等。

激光焊接中的激光钎焊通过将钎料填充到接头缝隙中进行焊接，目前已广泛应用于车顶与侧围外板、后盖。然而，由于激光钎焊对夹具定位要求较高，为了保证焊缝的精度，每种车型都需要专门的夹具进行夹持，车顶激光钎焊的夹具如图 6-42 所示，成本较高。此外，由于激光钎焊是一次成型的，很难进行返工，并且对焊接参数非常敏感，因此需要深入研究焊缝强度以及表面的波浪、气孔、咬边和塌陷等问题，并了解它们与设备的关联性，以更好地应用该技术。

图 6-42　车顶激光钎焊的夹具

作为可以替代传统汽车白车身电阻点焊的新技术手段，远程激光焊接可以通过非接触式焊接方法，使用专门的镜头将激光聚焦在 1~2m 远的焊接工件上，并通过机器人移动和激光焦点的变化来灵活实现。该技术发挥了单侧、非接触式激光焊接带来的技术和经济优势，并结合高速扫描镜片，极大缩短了焊接时间，从而提高了整个焊接工艺流程的生产率。

（2）搅拌摩擦焊　搅拌摩擦焊（Friction Stir Welding，FSW）利用高速旋转的搅拌头与工件摩擦产生的热量，塑化局部被焊材料，使得搅拌头沿焊接界面向前移动时，在搅拌头的转动摩擦力和挤压作用下，被塑化的材料流向后部，并在搅拌头的挤压下形成焊缝。搅拌摩擦焊的特点包括焊接温度低、接头质量高、绿色无污染等。它可以有效避免气孔和裂纹等缺陷，并能够有效处理异质材料性能差异导致的焊接困难的问题，且解决焊接焊嘴磨损问题，其原理如图6-43所示。

搅拌摩擦焊的研究涉及多种金属和聚合物的组合，目前主要以搭接为主要焊接方式。在焊接过程中需要严格控制焊接热输入，搅拌头的结构和焊接工艺是主要的影响因素。研究表明，焊接工具是焊接的核心，焊接过程中产生的热输入引起的材料塑性变形与迁移会影响金属与聚合物之间的机械互锁和接头的完整性。随着科技的发展，机器人搅拌摩擦焊逐渐出现并得到了广泛的应用。它通过利用机器人的柔性特性，实现了复杂结构件的点焊要求。如图6-44所示，双轴肩机器人搅拌摩擦焊在机器人上集成了双轴肩技术，来实现产品的焊接。该技术无需背部垫板支承，适用于拼接中空铝合金型材，并且能够消除焊接接头根部未焊透的缺陷。

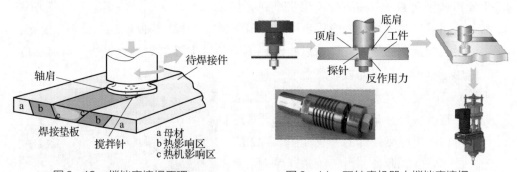

图6-43　搅拌摩擦焊原理　　　　图6-44　双轴肩机器人搅拌摩擦焊

FSW主要应用于挤压型材和厚板材，针对薄板应用的研究仍处于起步阶段。通过夹具控制，可以实现高精度的位置配合，设定接合面相接触工具的最佳转速，从而稳定地进行铝合金薄板结构的高质量摩擦搅拌焊接。FSW可以用于汽车蒙皮与骨架的点焊，如马自达RX-8车型中采用了点接合铝制发动机盖和后车门。

（3）感应焊　感应焊利用高频交变电流通过感应线圈产生磁场，将磁场中感应加热元件产生的热量传递给待焊接的工件，从而实现加热，其原理如图 6-45 所示。当待焊工件置于交变电磁场时，感应加热元件产生热量使周围的聚合物软化或熔融，在压力作用下固化形成接头。感应焊接具有许多优点，如高效率、灵活性强、发热精准、可实现连续焊接等。此外，感应焊接热影响区

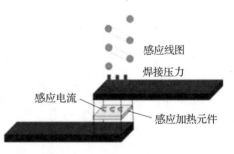

图 6-45 感应焊接加热原理

较小，适合用于连接复杂界面。金属与聚合物进行感应焊时，改变焊接界面的结构可提升接头性能。现有研究已通过压缩空气及激光对金属表面进行处理，实现了钢与玻璃纤维增强聚酰胺异种材料的连接，还发现压缩空气爆破钢表面改性层最佳厚度为 0.02mm，聚合物可完全润湿金属表面并形成无空隙的接头。此外，经表面处理后，接头的机械互锁现象更加明显。

（4）电阻焊 电阻焊将导电材料（如金属丝网或金属基复合材料导电层）作为中间层，植入待焊工件的界面，通电产生电阻热来熔化聚合物，然后在加压下与金属接触形成焊缝，其原理如图 6-46 所示。电阻焊具有热输入小、热量集中、加热时间短等优点，但也存在一些局限性，如易引起应力集中和热变形等问题。为提高接头的性能，可通过机械打磨、刻蚀、等离

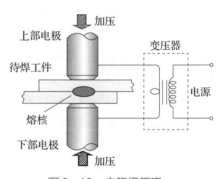

图 6-46 电阻焊原理

子、激光处理等改变金属表面的结构来提升金属与聚合物的结合强度。此外，在焊接过程中，聚合物与金属的界面处可形成微观的机械互锁，同时产生的高温使聚合物与金属原子在界面处互相扩散并形成化学键，从而进一步提升接头强度。

（5）超声波焊 超声波焊利用高频振动波，在压力下使待焊材料发生机械振动，通过摩擦产热来使材料发生塑性变形或熔化进而形成焊缝，其原理如图 6-47 所示。超声波焊具有节能环保、应用广泛等优点，特别适用于连接异种材料和厚度差异较大的结构件。超声波焊的焊接参数对焊接接头的性能具有直接影响。在金属和聚合物的超声波焊中，通过对材料表面进行处理可以提高接头的力学性能，如利用超声波自熔铆焊技术连接铝合金和碳纤维增强聚酰胺，形成机械互锁结构以提高接头强度。

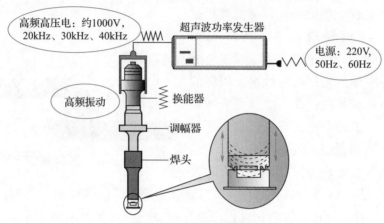

图6-47　超声波焊原理

金属/聚合物超声波焊中，通过对材料进行表面处理可提升接头的力学性能，研究采用超声波自熔铆焊技术实现了6061铝合金与碳纤维增强聚酰胺的连接，该技术用超声波焊接将熔融的聚合物压入铝合金表面预置孔中，形成机械互锁结构，进一步提升接头强度。

6.4.2　机械连接

机械连接是金属与聚合物异种材料连接中常用的技术，主要包括螺纹连接与铆接。相比其他连接技术，机械连接具有多项优点，如可靠性高、便于检查、易更换、可重复装配等。机械连接技术的标准和应用也相对成熟，是金属与聚合物连接的主要方法。

1. 螺纹连接

在螺纹连接中，聚合物材料的各向异性和偏心加载会在搭接处产生附加弯矩和横向力，导致连接构件产生局部应力集中。此外，金属与聚合物的热膨胀系数存在差异，导致在不同温度下金属/聚合物接头的力学性能有所差异。同时，金属与聚合物在机械连接过程中可能发生电化学腐蚀，影响连接的使用寿命。目前，塑料与金属连接常见的问题包括塑料滑牙、扭矩衰减严重、塑料开裂或发白等。为解决这些问题，需要选择合适的热塑性塑料，根据塑料材料性能和螺纹紧固件结构设计合理的塑料件结构，并制定最优的安装工艺，以实现车用塑料与金属螺栓连接。

2. 铆接

这里主要介绍锁铆和无钉铆接。

1）锁铆连接技术是解决异种材料，尤其是有色金属材料连接的有效手段之一。在外力作用下，锁铆铆钉穿透第一层材料，在底层材料中进行流动和延展，形成相互镶嵌的永久塑性变形的铆钉连接。锁铆连接技术的优势在于可以应用于不同材质、硬度和厚度的材料，以及各种有镀层的材料，包括夹层和胶水等非金属材料之间的连接。锁铆连接工艺示意如图 6-48 所示。

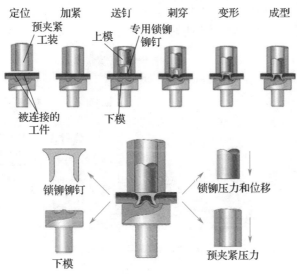

图 6-48　锁铆连接工艺示意图

2）无钉铆接是一种有效实现钢铝异种金属连接的方式。该技术通过利用两层或多层钣金的局部塑性变形，完成拉深、挤压复合加工的工艺过程，形成一个互锁咬边的圆形或矩形连接点，具备一定的抗拉强度和抗剪强度。无钉铆接技术适用于同种或异种板料之间具有涂胶、涂层、黏合剂密封要求的连接。该技术在白车身连接方面具有许多优点，如不受被连接板料限制、自动化程度高、接头强度无损检测、疲劳强度高、节省材料、减轻车身重量等。

无钉铆接在成形过程中存在加工硬化，提高了材料的屈服强度，提高了铆接接头承载能力，无钉铆接技术示意如图 6-49 所示，接头主要参数有上层板料颈部厚度，上下板料互锁深度，连接点处上下板料底部厚度之和（底厚）。

在进行白车身连接时，无钉铆接技术具有较大的优越性，一汽奥迪的 A3、A4、A6，华晨宝马的 3 系和 5 系，上汽大众的 POLO、SKODA 等均已进行应用。无钉铆接在车身不同部位的应用如图 6-50 所示，相比于传统连接技术，它具有不受被连接板料

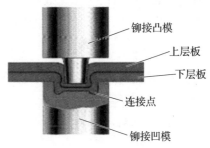

图 6-49　无钉铆接技术示意图

的限制、自动化程度高和接头强度无损检测合格率高、节省材料、车身重量得到有效减轻等优势。然而，无钉铆接在单点静态强度上一般只有传统点焊的70%左右，多个铆点才能达到单个焊点的静态强度。此外对于连接材料的塑性要求也较高，对于塑性较差的材料，连接处容易发生颈部断裂，导致连接失败。在钢铝无钉铆接连接中，铆接方向不会影响同等料厚下的互锁状态；而当铆接方向从薄到厚时，互锁深度则会明显下降。

图6-50　无钉铆接在车身不同部位的应用

6.4.3　胶接技术

胶接技术是利用黏结剂在固体表面产生的黏合力将物体连接在一起的方法。它具有设备简单、工艺方便、零件不易变形等优点。胶接接头通常具有良好的密封性、电绝缘性和耐腐蚀性，可以提高结构的韧性、耐疲劳性和抗冲击性。胶接可以替代传统的焊接和铆接等工艺，实现不同材料之间的连接，从而达到减轻重量、降低能耗、提高制品质量和优化产品结构等效果。

胶接技术主要包括共粘接、共固化和二次粘接，其工艺如图6-51所示。共粘接是指其中一种被粘物与黏结剂一同产生固化效应，共固化是指两种被粘物与黏结剂同时产生固化效应，而二次粘接是指将被粘物作为固化前的复合板，通过黏结剂的固化效应进行连接。

图6-51　胶接技术的工艺图

为了提高胶接强度，可以从两个方面进行改进。一方面是改变黏结剂的成分，另一方面是对基体表面进行预处理。物理法预处理主要包括喷砂和溶剂清洗，目的是清洁基体表面并提高其粗糙程度。化学法预处理包括刻蚀、阳极氧化、等离子处理、硅烷偶联剂、激光处理等，通过化学法预处理形成的界面连接通常会形成化学键，是目前胶接的主要表面处理方式。

胶接技术在金属/聚合物连接方面应用广泛，不受零件形状和尺寸的限制。与传统焊接和铆接相比，胶接可以减小应力集中，确保连接结构的轻量化。然而，黏结剂的固化时间较长，且在极端温度环境下容易老化。此外，一些成熟的黏结剂可能存在污染等问题。因此，未来的研究应该集中在开发新型环保黏结剂（如水基黏结剂）和提高黏结剂的耐候性等方面。

针对特定的异种材料连接需求，混合连接方式，如铆胶连接（铆接与胶接的结合）等，逐渐得到广泛应用。

6.5　新能源汽车全新架构设计

为了节省时间和降低研发成本，许多品牌车型对传统车型进行改装，去掉发动机、变速器，加装三电系统，作为新的纯电动汽车车型推出（图 6-52 所示为电池分布位置示意图）。然而，巨大且沉重的电池组会破坏原有的布置设计，并对车辆的操控性产生负面影响。此外，沉重的电池组也可能破坏原有的安全设计，因为原有的车身结构并未考虑电池组所需的抗冲击强度，在侧面碰撞时可能引发事故。

图 6-52　电池分布位置

国家标准《电动汽车用动力蓄电池安全要求》（GB 38031—2020）重点强化了电池系统热安全、机械安全、电气安全以及功能安全要求，试验项目涵盖系统热扩散、外部火烧、机械冲击、模拟碰撞、湿热循环、振动泡水、外部短路、过温过充等。特别是标准增加了电池系统热扩散试验，要求电池单体发生热失控后，电池系统在 5 分钟内不起火不爆炸，为乘员预留安全逃生时间。

6.5.1 CTB/CTC——电动汽车全新架构

早期的电动车由燃油车改装而来，车企希望将电芯标准化，进而实现规模化以降低成本。然而各整车企业及不同车型需求不同，电芯尺寸更是难以统一，直到德国汽车工业协会（Verband der Automobilindustrie，VDA）发布了动力蓄电池的标准和结构要求才有效地解决了这个问题。电池包发展历程如图6-53所示，CTM技术、CTP技术及CTC/CTB技术对比示意如图6-54所示。VDA发布的VDA标准模组的电池集成方式是CTM（Cell to Module），这是一种电芯在模组上的集成模式，具体为：电芯（Cell）—模组（Module）—电池包（Pack）—装车。该方式安全稳定，易于管理和维护，模组结构对电芯起到支承、固定和保护作用，以应对汽车使用过程中振动、碰撞等复杂外部环境；同时该方式可以降低对电芯一致性的要求，且将电芯按照模组的形式加以区分，可以对电池更好地进行管理，后期维护也相对简单。

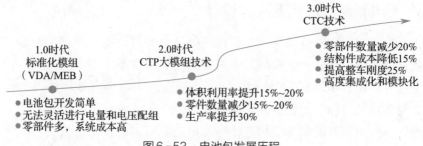

图6-53 电池包发展历程

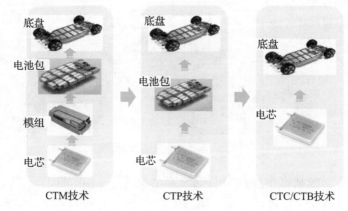

图6-54 CTM技术、CTP技术及CTC/CTB技术对比示意图

然而，模组的存在使得结构件和线缆较多，增大了电池包质量，成组效率不高，组装工序也较为复杂，使得电池空间利用率低、能量密度低，严重影响电动

汽车的续驶能力。存在一种解决思路：减少电芯封装结构对底盘空间的占用，即跨过模组阶段，直接组成电池包。由此，CTP（Cell to Pack）技术应运而生。从2019 年开始，宁德时代、比亚迪、中创新航等，均发布了自家的 CTP 技术。搭载首款 CTP 电池包的北汽新能源 EU5 车型，采用全新的无模组电池包技术，相较于 CTM 电池包，CTP 电池包体积利用率提高了 15% ~ 20%，零部件数量减少了 40%，生产率提升一倍。目前 CTP 技术已经在电动车上得到了广泛的应用。

CTP 技术是针对电池包精简的一种技术，有完全无模组及大模组替代小模组两种方式。比亚迪的刀片电池（见图 6 - 55），是完全无模组技术方案的代表，即在方壳电池的基础上，将单个电芯通过阵列的方式排布在电池包中。大模组替代小模组，只是将小模组去掉侧板，用扎带连接，做成大模组，代表企业有特斯拉、宁德时代、蜂巢能源等。CTP 技术的优点包括：①减少了组装模组所需的紧固件，提

图 6-55 比亚迪刀片电池

高了体积利用率；②提高了能量密度及整车续驶里程；③简化了组装工艺，降低了人力物力等制造成本。同时，该方案也包括以下不足：①缺少模组对于电芯热失控的防护；②单电芯的故障会涉及整个电池包，维修成本大幅增加。

目前，电化学材料短时间内无法有重大突破，因此提升电动车续驶里程的最有效方法是通过最大化利用有限的空间来提升电池容量，基于此，特斯拉最早提出了 CTC（Cell to Chassis）概念，即电芯直接集成于车辆底盘的工艺，进一步加深电池系统与电动车动力系统、底盘的集成。

特斯拉的 CTC 方案直接将电芯或是模组安装在底盘上，电池组作为车身结构的一部分，连接前后两个车身大型铸件，通过将电池包上盖与电芯粘接在一起，与座椅等车辆结构件集成，成为乘员舱地板的结构。此外，电芯间的蛇形管布置与车桥方向平行，通过减少蛇形管长度而减少流阻，增加冷却均匀性。据悉该方案可降低 10% 的车重，增加 14% 的续驶里程，减少 370 个零件，单位成本下降 7%。

CTC 技术的应用可以有效减轻整车重量，预计可以缩短约 10% 的制造过程时间，进而节省成本。此外，通过减少零部件的使用来节省空间，从而装载更多的能源电池，提高空间利用率。然而，CTC 技术并非 CTP 技术的简单延伸，CTP 技术并没有突破电池包本身，电池企业可以独立完成开发，而 CTC 技术的出现，直接涉及汽车底盘，它作为整车最为关键的核心部件，是整车厂商经历

长期发展所积累的核心优势所在。当前的 CTC 技术还处于初期发展阶段，未来将与滑板底盘深度结合，除了电池系统与底盘的集成，电驱、电控、线控执行部件等都将与底盘高度集成，从而进一步优化动力分配、降低能耗、提升生产率、降低生产成本等。

作为国内首家发布量产 CTC 技术的厂家，零跑汽车采用的方式较为保守，先将电芯组成模组，随后再将模组集成在底盘之上，这并非是严格的 CTC，而应是 MTC（Module to Chassis）。然而，零跑创新性地采用了 CTC 双骨架环形梁式结构（见图 6-56），将电池结构和车身底盘结构合二为一，既是车身底盘结构又是电池结构，整体结构效率更高。其次，气密性通过车身设计实现，电池密封 CTC 技术借用底盘基本结构利用车身纵梁、横梁形成完整的密封结构。

图6-56　零跑 CTC 双骨架环形梁式结构

比亚迪作为新能源汽车的领导者，发布的 CTB（Cell to Body）技术（见图 6-57），实现从车身一体化向电池车身一体化的转变，有助于空间利用率的提升以及电动车性能的进一步释放。这种技术本质上也是 CTC 技术的一种，更确切地说，是 CTC 技术的改良版。

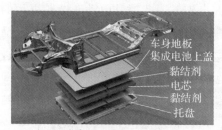

a）CTB方案——整车三明治结构

b）CTB——比亚迪海豹

图6-57　比亚迪的 CTB 技术

从结构设计来看，CTB 技术把车身地板面板与电池包上壳体合二为一，集成于电池上盖与门槛及前后横梁形成的平整密封面，通过密封胶密封乘员舱，底部通过安装点与车身组装，进一步提高整体的空间利用率。这种结构模式将电池系统作为一个整体与车身集成，同时也作为结构体参与整车传力、受力，大幅减少整车侧柱碰侵入量。电池本身的密封及防水要求可以满足，电池与成员舱的密封也相对简单，风险可控。此外，该技术规避了 CTC 技术的一些短板，结合刀片电池、蜂窝结构，有效地拓展了电池内部的散热面积，更好地保证了电池散热的稳定性。应用了 CTB 技术的比亚迪海豹，其车身底部的受力结构更加完整，不存在连接问题。

然而，CTC、CTB 技术的劣势也是显而易见的：密封可靠性风险和售后维护困难。CTC 技术集成度高，一旦发生碰撞或故障，需要整体维修，且维修成本较高；而 CTB 技术使用电池包"封底"车身时的密封性能仍需进一步验证。就目前技术来说，CTP 技术仍然是主流，CTC、CTB 技术是未来的大趋势，目前的量产方案还需时间验证。

2022 年是 CTC 技术的量产元年，特斯拉 Model Y、零跑 C01 搭载各自的 CTC 技术率先在行业内实现量产。从 CTP 技术到 CTC、CTB 技术，整车厂主导权进一步增强。随着新能源汽车集成化与线控技术加持，供应链的格局也进一步被重塑。

目前，电池企业控制着新能源汽车产业链，实力强大的电池厂商借机延伸至底盘开发领域中。宁德时代和 LG 希望通过该技术来改变电池的布局，并整合三电系统，包括电机、电控、直流转换器 DC/DC、车 载 充 电 机（On-board Charger，OBC）等，从而通过智能化动力域控制器来优化动力分配和降低能耗。LG 公司的 CTC 方案如图 6-58 所示。据宁德时代规划，将于 2025 年实现集成化 CTC，2030 年实现智能化 CTC。智能化 CTC 技术会通过智能化动力域控制器，进一步优化动力分配和降低能耗。

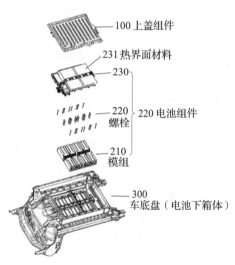

图6-58　LG 公司的 CTC 方案

6.5.2　结构电池

除了 CTC/CTB 技术外，为了实现新能源汽车的轻量化，减轻电池的重量，可以赋予储能装置多功能性，创造能够承受结构负荷并作为结构部件替代品的电池，这种电池通常被称为结构电池。目前，有两种主要的技术方案可以得到结构电池。

1）将电池嵌入坚固的外部强化复合结构中，或者使用金属外壳和复合材料织物板。外部材料承担承载任务，而电池作为电源，承受有限的负载。这种方法可以进行大规模生产，使得电动汽车公司可以考虑将电池直接集成到底盘和车架等汽车部件中。然而，这种技术方案的减重效果有限，可以通过更好的空间布置和开发新的材料和制造工艺，进一步提高性能。

2）开发多功能材料，将其作为承载组件和功能电池组件，包括使用碳纤维作为强集电器和电极，使用固体电解质来提高力学性能和负载传输。材料的开发有助于提高结构电池的力学性能，但需要谨慎设计，以确保不影响其电化学性能。

在结构电池领域取得了重大进展，但仍然存在需要进一步解决的问题，如机械和电化学性能、安全性和成本等。电化学 – 机械耦合是一个主要课题，研究部件中应力/应变和电化学过程之间的相互作用，以及衰变和失效机理对结构电池的影响。了解这种耦合关系是解决结构电池在循环负载下潜在问题的基础。此外，充电状态会影响复合材料的力学性能，外部负载会改变电极的电位，循环过程会导致电极体积的变化，从而导致电极/电解质界面的脱粘，最终引起额外的阻抗和应力变化，甚至导致结构电池的各个部位出现裂纹，加速性能衰退。此外，其他无源组件，如电池管理系统和冷却系统，也会显著降低结构电池的能量密度。对于结构电池来说，负载下的长期性能稳定性对实际应用至关重要，需要采取额外的保护措施，并在评估多功能效率时考虑额外的重量和体积。在电动汽车中，结构电池可以与车顶、门板、行李舱盖、底盘甚至座椅框架集成，因此足够的弯曲刚度以及保持形态抵抗外部压力是该部分结构电池的关键考虑因素。此外，由于结构电池的设计还应考虑抗冲击、疲劳、安全性、操作温度和成本等性能参数，故应全面考虑各种性能的影响，对不同应用场景下的性能参数进行适当调整。

全固态的解决方案似乎是解决安全问题的最佳途径。然而，全固态电池也存在特定的瓶颈，如固态电解质中离子扩散速度慢、离子通过固体界面时传输缓慢、锂金属固体电解质和高压阴极固态电解质界面的化学不稳定性，以及固态电解质的局部机械和结构不稳定性，存在安全性风险。

随着碳纤维材料自身电性能研究的深入和固态高分子电解质的不断发展，结构/储能一体化复合材料成为近年来备受关注的新型材料。美国陆军研究实验室、瑞典皇家理工学院等机构已经进行了结构/储能一体化碳纤维复合材料的研究，并获得了一定的成果。图 6–59 所示为一种结构/储能一体化碳纤维复合材料电池及燃料电池。在国外，结构/储能一体化复合材料正在从理论研究向工程化研究转移。图 6–60 所示为英国帝国理工大学与沃尔沃公司合作研制的结构/储能一体化复合材料行李舱盖。尽管目前已有的结构/储能一体化复合材料电池和电容器的电性能和力学性能仍有待改进，但随着相关研究的发展以及欧盟乘用车全电动化计划和环保法规的推动，该领域的发展前景很广阔。

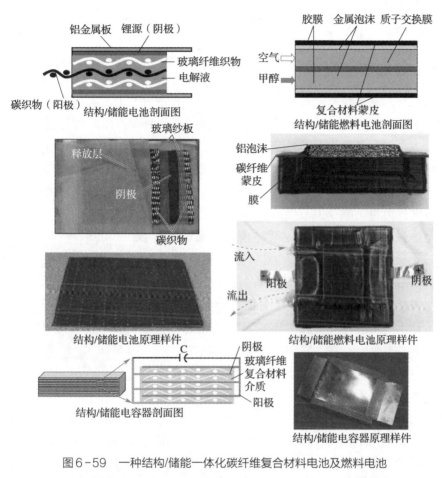

图6-59　一种结构/储能一体化碳纤维复合材料电池及燃料电池

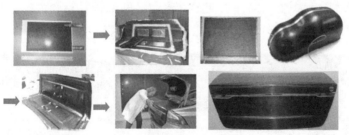

图6-60　英国帝国理工大学与沃尔沃公司合作研制的结构/储能一体化复合材料行李舱盖

在国内，对于结构/储能一体化复合材料的研究起步较晚，但近年来相关研究逐渐增多。苏州大学、北京航空航天大学和江苏大学等高校已开始进行新型结构/储能一体化复合材料电容器的研究。对于电极材料的需要，对碳纤维进行表面改性以提高其电化学性能是研究的重点。结构/储能一体化复合材料需要具备承载和储能功能，因此需要研究材料在承载条件下的储能效果以及储能对复合材料力学性能的影响，同时需要关注材料的安全性，如极限工况下的自燃等现象。

6.6 仿生微结构材料

近几年，基于现有的结构优化技术以及先进的加工工艺等前提条件，人们开始寻求特殊结构的设计，并希望从自然界中找到答案。微结构材料的设计理念源于大自然，其结构内部并非实心，却具备实心材料无可比拟的独特性能。

1）人体骨骼中的大多数骨头由外边为致密的骨外壳和内部疏松多孔的小梁构成，其微结构如图 6-61 所示。这种构造使骨骼在保持较轻重量的同时能够承担较大的力量，减少关节处的压力。骨质疏松症是骨的力学强度下降的结果，主要体现在骨量的减少，以及骨小梁厚度变薄、间隔增宽和连接性减弱等方面。骨头的硬度源于其内部精心构造的骨微结构，它的退化将导致强度衰减。在整个骨骼进化的自然历程中，生物不断适应外界的恶劣环境，使得内部的每一根骨小梁并非独立存在，它们都不可或缺。

2）鸟类的骨骼具有轻而坚固的特征，典型的代表是啄木鸟。啄木鸟的头骨是蜂窝状结构，能够将振动和冲击的影响减弱至最小。图 6-62 所示为大斑啄木鸟颅骨、喙骨的显微图，在啄木鸟反复钻木捕食昆虫时，并没有发现其头部出现冲击性损伤，这是由于啄木鸟的颅骨内包含许多厚度更大、数量更多且间距更紧密的骨小梁，使其能够减少在啄木过程中受到的冲击变形。啄木鸟的喙骨具有较大的棒状结构和更薄的骨小梁，可以吸收和分散冲击能量，降低传输到大脑的冲击。

图 6-61 人体骨骼微结构

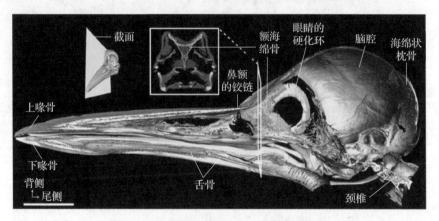

图 6-62 大斑啄木鸟颅骨、喙骨的显微图

啄木鸟颅骨和喙骨的特殊微观结构和组成成分使其能够有效抵抗头部冲击性损伤。基于这些研究结果，科学家设计和研发了许多仿生减振系统和装置，其中包括类似啄木鸟头部的减振装置。图6-63所示为仿啄木鸟头部的减振装置，这些装置利用微型电子设备和微粒床等技术，在高频机械激发下控制不利影响，使其保持在可接受范围内。

图6-63 仿啄木鸟头部的减振装置

3）鸟类通过扑翼飞行，它们利用肌肉扇动双翼产生运动所需的能量，提供持续的推力并提高续飞能力。羽毛在鸟类飞行中起着重要作用，根据形态特征可划分为正羽、绒羽和半羽等类型。鸟类羽毛的演化经历了四个阶段，最终形成了现在常见的羽毛结构（见图6-64）。飞羽的羽片承担着主要载荷，这些载荷需要通过羽轴传递给身体。羽轴由皮质和髓质组成，类似于三明治结构，具有较高的弹性模量。羽轴髓质由许多空泡状腔室组成，其纵剖面形态结构如图6-65所示，腔室之间的连接和对应力的传递效应将点载荷转化为面载荷，降低了受力点的折断风险。目前，这种三明治结构已经广泛应用于包装工程，防止运输货物在车辆颠簸中受到损坏，在车辆以及机械等领域也已经实现了实质性的应用。

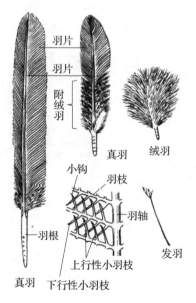

图6-64 现在常见的羽毛结构

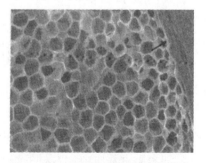

图6-65 羽轴髓质纵剖面形态结构

4）蜻蜓利用空气产生的不同气压流来调整双翅的角度和方向，从而在受到较小作用力下翱翔于天空。蜻蜓的翅脉由纵横交错的翅脉组成，从图6-66可看出，翅脉结构整体呈现凹凸次序排列。这种构造使得蜻蜓的惯性矩大幅度减小，降低了振动翅膀所需的能量和翅尖所受的应力。蜻蜓翅中部及后缘的翅脉具有类似三明治的夹层结构，可以承担较大扭转变形，从而保证不会产生疲劳裂纹。

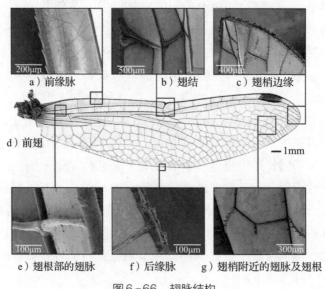

图6-66　翅脉结构

5）除了动物，植物中也广泛的存在着天然微结构材料。木材作为一种各向异性材料，其微结构特征和力学性能主要取决于胞状结构的性质。木材正交切平面如图6-67所示。在轴向上，木材的刚度和强度最大，而在径向和切向方向上，根据物种的不同，其刚度和强度为轴向刚度和强度的1/20～1/2范围内。这些差异主要与木材的微结构特征有关，主要表现在木材细胞壁结构上。在毫米尺度上，木材是一种具有六角形棱柱形状、包围着孔隙空间的微结构固体，

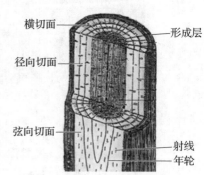

图6-67　木材正交切平面

主要由高度伸长的细胞、射线结构和树液通道组成。在微米尺度下，木材可视为纤维增强复合材料，细胞壁由大量结晶纤维组成，这些纤维包埋在无定形半纤维素和木质素基质中。木材的细胞壁呈螺旋缠绕形状，纤维方向与细胞轴平行，使得细胞壁的轴向模量和强度比横向大约3倍。此外，木材的微观结构也

与细胞形状有关，细长的细胞在沿着纵轴方向加载时比横向加载时具有更高的刚度和强度。尽管木材在密度和力学性能方面存在差异，但具有微观结构特征的细胞壁性质基本相似。例如，轻木和山毛榉的细胞壁密度相近，但模量和强度有较大差异。

6）竹子是一种最具代表性的中空薄壁结构，它必须保持轻量化和最小化的材料才能在自身重量下达到一定的高度而不会坍塌。图 6-68 所示为竹子的剖面示意图及中空薄壁结构，该结构有效地增强了竹子的硬度。与其他木材类似，竹子也是一种天然的纤维增强复合材料。与常规木材不同的是，竹子的弹性模量和强度是一般木材的两倍。作为轻量高

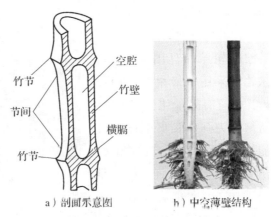

a）剖面示意图　　　b）中空薄壁结构

图 6-68　竹子的剖面示意图及中空薄壁结构

效的生物结构，竹子的比刚度是钢材的 2～5 倍，但密度只有钢材的 1/10。此外，竹子的细长比低至 1/260～1/160，这是常规生物结构或机械结构难以达到的。竹子紧密而规律的微观结构形式决定了其优越的力学性能。

竹节间的竹壁由竹纤维组成的维管束和薄壁细胞组成的基体构成。图 6-69 所示为竹子的截面微观组织形态，观察竹材横切片可以看到维管束和基体组织的分布情况。靠近竹壁外侧的维管束形态较小且分布密集，而基体组织所占比例较小。从竹壁外部

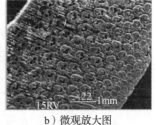

a）截面　　　b）微观放大图

图 6-69　竹子的截面微观组织形态

沿径向到竹壁中部，维管束的分布逐渐稀疏，且维管束的形态逐渐增大。厚壁细胞和薄壁细胞是竹壁内的两种不同形态的细胞，它们分别构成了维管束和基体。从力学角度来看，这两种细胞分别承担不同的角色。基体组织主要起到传递载荷的作用，而维管束则起到关键的承载作用，对竹子的弯曲强度等力学性能具有重要影响。

此外，将竹子的中空微结构与仿生学相结合，并应用于机械、汽车等领域，能够获得意想不到的效果。例如，可以仿造竹子的结构设计一种由仿生吸能盒

和保险杠横梁组成的保险杠系统。保险杠横梁由后圆弧形板、盖板和前圆弧形板构成，并焊接若干个仿竹结构加强筋。仿生吸能盒包含仿生内管、约束筋板和仿生外壳。保险杠横梁上的仿竹结构加强筋可以提高车辆碰撞性能，而仿生吸能盒能够吸收能量，并降低碰撞应力峰值。保险杠横梁与仿生吸能盒的结合使得保险杠更轻、更高效。

在部件方面，美国固铂轮胎公司与麦迪逊聚合物研究中心合作开发了仿蜂巢结构轮胎（见图6-70），该轮胎采用了蜂巢的六面体设计，具有轻量化、高强度、防御能力强和良好的减振性能等特点。与传统轮胎相比，仿生轮胎无需充气，能够抵御破坏，并且能在受到袭击

图6-70　仿蜂巢结构轮胎

后以一定速度行驶，对进一步发挥越野汽车和军用车辆性能具有重要意义。

在材料和制造工艺方面，受自然界中动物骨骼等物质结构的启发，多种新型轻量化材料和制造工艺相继诞生。泡沫金属作为一种发泡材料，借鉴了动物羽毛、壳体和骨骼的中空结构，是一种新型多孔材料，具有丰富的孔结构、大比表面积和低密度。它可将声能转化为热能，因此在吸声和隔声方面表现出色。泡沫金属材料的选择可以通过调整基体金属、孔隙结构和密度来控制其变形行为。泡沫金属材料可应用于车辆底座上的能量吸收器以更好地保护驾驶人。如图6-71所示，由于泡沫铝既可以吸声又可以耐高温，可以被应用在客车消声器中。奥迪A8的保险杠、前纵梁、后纵梁、支柱均为金属泡沫材料制品（见图6-72）。汽车构件，如防撞梁、顶盖板、底盖板、座椅等部件都可采用泡沫铝制造。随着技术的不断发展，相信会有更多、更好的新型微结构材料被发现，它们在汽车碰撞吸能、安全保护等方面的应用也必将被进一步挖掘。

图6-71　泡沫铝的消声器

前纵梁
后纵梁
保险杠
支柱

图6-72　奥迪A8中金属泡沫材料制品分布

仿生技术还可应用于汽车设计制造中的技术难题。通过研究生物体表面的特性和形态，可以在汽车齿轮、制动片、缸套等部件的仿生设计中取得较好的减阻、耐磨效果。

6.7 小结

本章遵循汽车低碳化、轻量化的设计制造原则，对目前最先进的轻量化结构设计优化流程进行了详细介绍，结合金属与非金属材料的先进成型工艺技术与连接技术，阐述了现有制造技术的优缺点及发展趋势。通过对新能源汽车结构电池、全新架构以及仿生微结构材料这些创新结构型式进行综述，展示了低碳汽车背景下对结构设计领域新技术萌发的促进作用，低碳思想已经贯穿于由材料到产品的汽车全过程开发流程。

参考文献

[1] 任佳智，徐帆. 浅谈汽车轻量化技术[J]. 内燃机与配件，2021(16)：177-178.

[2] 赵显蒙，李长青，张庆霞，等. 轻量化技术和材料在汽车工程中的应用[J]. 机械工程师，2022(10)：145-148；151.

[3] 王登峰. 中国汽车轻量化发展：战略与路径[M]. 北京：北京理工大学出版社，2015.

[4] 赵雨. 汽车轻量化材料及制造工艺分析[J]. 内燃机与配件，2021(16)：44-45.

[5] 周伟，苏世荣，储胜林，等. 汽车轻量化研究[J]. 汽车工程师，2019(1)：21-24.

[6] 杨莉，曹玲玲，宋振华，等. 汽车用塑料与金属螺纹连接设计探讨[J]. 汽车周刊，2023(4)：78-80.

[7] 高吉成，董嘉辰，裴启立，等. 金属与聚合物异种材料连接研究现状及发展[J]. 兵器材料科学与工程，2023，46(2)：137-145.

[8] 艾克热木江·赛买提. 激光拼焊在汽车制造工艺中的应用[J]. 汽车与配件，2022(11)：62-64.

[9] 崔礼春，黄顶社，徐迎强，等. 管件液压成型技术在汽车轻量化中的应用[J]. 模具技术，2021(4)：66-71.

[10] 夏益新，王娜，陈新平，等. 热冲压和液压成形技术在宝钢汽车轻量化服务中的应用及发展趋势[J]. 精密成形工程，2017，9(6)：104-110

[11] 刘江波，赵震，张羽，等. 整体式热成型门环技术在轻量化车身上的应用[J]. 汽车实用技术，2023，48(5)：138-142.

[12] 张锦良，彭欣强，许福军，等. 一体式门环的焊接可行性研究[J]. 汽车制造业，2021(6)：12-14.

[13] 冯翰章. 白车身超高速激光钎焊技术探索[J]. 汽车制造业，2023(1)：44-47.

[14] 曾林林，杨达朋，易红亮. Al-Si镀层热冲压钢的研究现状[J]. 轧钢，2022，39(6)：121-131.

[15] 刘广达, 李云涛, 张建, 等. 不等厚高强钢激光拼焊板焊缝组织及胀形性能分析[J]. 焊接学报, 2010, 31(4): 61 - 64.

[16] 王海波, 付宇, 万帅, 等. 碳纤维复合材料铆胶连接强度研究[J]. 合成纤维, 2022, 51(3): 44 - 49.

[17] 张晓乐, 李峰, 陈英. 车身铝螺柱焊质量研究与应用[J]. 汽车实用技术, 2022, 47(20): 133 - 138.

[18] 任涛, 潘青. 阿普拉斯焊接技术及应用[J]. 电焊机, 2014, 44(2): 35 - 38; 90.

[19] 刘鹏, 龙曲波, 尤宝卿, 等. 超高强度钢板热成形软区关键技术的研发[J]. 锻造与冲压, 2019(16): 29 - 33.

[20] 陶永亮, 娄梦妮. 新能源汽车销量促进压铸产业及一体化压铸发展[J]. 铸造设备与工艺, 2022(2): 52 - 55.

[21] 覃显峰, 谢国文, 刘伟, 等. 激光焊接在热成形门环中的应用研究[J]. 热加工工艺, 2022, 51(9): 52 - 55; 59.

[22] 邹鹏远, 张华, 雷敏, 等. 树脂基 CFRP/金属异种材料激光连接工艺研究现状[J]. 稀有金属材料与工程, 2021, 50(5): 1853 - 1859.

[23] 周莎. 动力电池结构仿真分析及轻量化优化[J]. 汽车制造业, 2022(4): 44 - 47.

[24] 鲍立, 曾忠信, 卓长龙. 钢铝无钉铆接技术的工艺参数及静力学性能研究[J]. 汽车工艺与材料, 2022(12): 10 - 16.

[25] 顾涧潇. 结构/储能一体化复合材料研究进展综述[J]. 冶金与材料, 2020(3): 59 - 63.

[26] JIN T W, SINGER G, LIANG K Y, et al. Structural batteries: advances, challenges and perspectives[J]. Materials today, 2022, 62: 151 - 167.

[27] DANZI F, SALGADO R M, OLIVEIRA J E, et al. Structural batteries: a review[J]. Molecules, 2021, 26(8): 2203.

[28] 吴娜, 马云海. 仿生技术在汽车设计中的应用研究[J]. 汽车零部件, 2016(1): 77 - 82.

第7章
生态材料在汽车上的应用

7.1 引言

　　前面的章节介绍了生态材料的材料属性及改性方法、设计及制造工艺等，这些为生态材料在汽车上的应用奠定了坚实的基础。由于行驶工况复杂恶劣，汽车零部件仍主要以金属材料为主，以确保汽车运行的可靠性，但已呈现出多材料混用的发展趋势。经过改性后的生态材料在车身内外饰方面已经得到了成功的应用实践，并随着改性技术的快速发展，逐渐向车身结构件及底盘件上进行应用扩展。本章将对生态材料在汽车上的应用进行综述总结，并对其目前的应用局限性及技术挑战进行具体说明。

7.2 生态材料在汽车内饰上的应用

　　汽车内饰在驾乘体验中扮演着重要角色，需要重点关注其安全、环保和舒适性。在安全和环保方面，选择环保材料以提高车内空气质量、减少对人体有害的 VOC（挥发性有机化合物）排放是关键。在舒适性方面，主要是追求高级、柔软和个性化的内饰结构。与传统材料相比，生态材料具有无毒特性，可以显著减少车内 VOC 排放。由于其生物特性，这些材料还能够分解和回收再利用。目前，生态材料被广泛应用于汽车内饰的多个部位。

7.2.1 仪表板

　　仪表板是驾驶室的关键组成部分，用于安装各种仪表和控制开关，既具备技术功能，又是汽车内饰美学和整车风格的体现。在可持续发展方面，福特汽车一直积极寻求创新，致力于减轻汽车的重量、减少对环境的影响，主要通过利用废弃材料和纤维以及寻找生物基材料替代传统的石化产品来实现这一目标。早期，福特汽车采用了蓖麻油制造特殊的发泡材料，并将其用于制造福特

Mustang 的仪表板。与传统的石油基材料相比，这种蓖麻油发泡材料表现出更高的耐用性。同时，改性的聚丙烯（PP）材料经过特殊处理后，被广泛认为是一种集多功能、安全和装饰性的汽车仪表板材料（见图 7-1）。这种改性 PP 材料不仅具有轻质和低成本的优势，还具备出色的可加工性。尤其对于仪表板部件来说，这种材料能够抵抗紫外线、高温和湿度等环境因素，从而延长了仪表板的使用寿命。此外，通过对 PP 材料进行填充设计，还可以进一步提高材料的强度和刚度，使仪表板具备更好的结构支承性和抗变形能力，有效吸收冲击能量。近几年，天然纤维也逐渐被应用在仪表板制造中，图 7-2 所示为木纤维仪表板。例如，宝马 i3 的仪表板采用了结合红麻天然纤维和聚丙烯的生物复合材料，这种材料能够显著减轻仪表板的重量，达到 20%~50% 的减重效果。

图 7-1　改性聚丙烯（PP）的仪表板　　　　图 7-2　木纤维仪表板

7.2.2　车门内饰板

车门内饰板通常包括车门内切水条、内开手柄/按键总成、内拉手总成、控制开关总成、手动玻璃升降器手柄/电动升降器开关、车门警示灯、出风口、置物盒等。这些配置在提供舒适性、实用性和美观性方面起着关键作用。福特汽车公司采用了锦葵科热带植物制作洋麻纤维复合材料，然后将这种生物基材料用于制造车门内饰板。与传统的车门内饰板相比，这种新材料的使用减轻了约25% 的重量，从而进一步提高了车辆的燃油经济性。这一创新有助于减少燃料消耗和碳排放，符合可持续性的原则。大众汽车公司则选择采用木纤维复合材料来替代传统的材料制造车门内饰板，这一举措进一步实现了降低车辆内部噪声的效果。另外，随着软木材料的发展，它也成了车门内饰板的备选材料。软木材料以户外和露营美学为灵感，为车辆内部增添了一种时尚的粗犷感觉，如图 7-3 所示。这种材料的使用可以为车辆内饰带来独特的外观和触感，同时也符合一些消费者对环保和自然感的偏好。

图 7-3　软木材料车门内饰板

7.2.3　座椅、地毯等软饰

汽车内饰中，座椅和地毯等软饰品对于舒适性的要求较高，因此，汽车设计师们正在积极探索使用天然纤维替代聚氨酯泡沫等传统材料，以实现环保且更出色的舒适性，如图 7-4 所示。举例来说，沃尔沃 Precent 车型采用了创新的材料，车辆的头枕和内衬是利用红酒软木塞制造过程中的软木废料制成的，地毯则使用回收的渔网材料制造，此外，面板和座椅背板采用了天然亚麻纤维复合材料，相较于传统内饰部件，它们实现了 50% 的减重效果。宝马 i3 车型也采用了环保材料，座椅的材质中混合了 40% 的羊毛，以增加可持续性，车内的皮质内饰采用了橄榄树叶的天然鞣制剂，而不使用可能产生甲醛的铬鞣。这些创新使宝马 i3 成为环保汽车的选择之一。福特公司也在车内软饰的可持续材料研发方面取得了进展。福特使用椰子和棉花等原材料，从废弃的椰壳外皮中提取天然椰壳纤维，用于制造地毯、坐垫以及行李舱地毯隔板。此外，福特首次采用了大豆基发泡材料，用于 Mustang 跑车的座椅泡棉，以取代传统的石油基聚氨酯泡沫材料。这一举措自 2007 年以来，在北美地区有超过 1500 万辆已售福特汽车使用了这种大豆发泡材料，减少了超过 600 万 kg 的石油消耗，使这些汽车更环保。福特还在新一代蒙迪欧车型的行李舱侧地毯中采用了竹原纤维材料，通过特殊工艺将竹原纤维加入汽车行李舱的侧地毯中。这种竹原纤维材料相较于传统的化学纤维和玻璃纤维制品，具有高强度、轻量化和环保无污染的优点，同时还具有出色的隔声和减振效果。这种环保材料的使用有助于降低对环境的影响，符合绿色低碳环保的要求。

图 7-4　天然纤维制作的座椅及地毯

聚羟基烷酸酯（PHA）是一种具有传统高分子材料力学性能的材料，同时具有出色的可降解性和热加工性能。尽管价格较高，但在汽车行业中，它逐渐被用作纺织品或汽车脚垫等，以减少对环境的影响。这反映了汽车制造商正在积极寻找更环保和低碳的材料来满足可持续性发展要求。

7.2.4　其他汽车内饰件

雷克萨斯曾使用竹子制作天然纤维内饰板和方向盘，该品牌的核心理念是

"待客之道"，这理念体现在车内，特别是内饰方面，是从工艺、制作到设计都显示出对乘客的关怀。虽然新一代 ES 的外观锐利，但内部设计充满了雅致氛围，竹木饰板与黑色内饰相结合，半包覆式竹木方向盘的制作工艺相当复杂，更是突显了内饰的精细制作。雷克萨斯竹纤维内饰如图 7-5 所示。

图 7-5　雷克萨斯竹纤维内饰

　　宝马目前主要使用木纤维增强的复合材料制造内饰零件，如宝马 X5 的座椅靠背板和 5 系车型的门内饰板。然而，在 2019 年的宝马 iX 内饰件中，有一个橄榄叶图案，表示所使用的"皮革"是由橄榄树叶子制成的"橄榄叶提取物"经过鞣制处理而成，这标志着植物皮革首次在汽车内饰中出现，如图 7-6 所示，代表了一种新的可持续材料选择。

图 7-6　宝马 iX 的植物皮革内饰件

　　以宝马 7 系为例，通常需要大约 $35m^2$ 的 Nappa（纳帕）皮革，相当于约 7 头成年公牛的皮革。考虑到宝马集团 2020 年销售 232 万辆车，每年至少可以节省 900 万张公牛皮，当宝马集团全面采用植物皮革替代动物皮革时，可在供应链环节降低约 19% 的碳足迹。

　　宝马集团制定了碳中和计划，计划到 2030 年将单车全生命周期平均 CO_2 排放量较 2019 年降低至少 40%。为实现这一目标，宝马将减排范围扩展到全产业链，包括原材料采购、供应链、生产和回收环节。具体计划包括供应链减排 20%、生产环节减排 80%、使用阶段减排 50%，以及整个集团减少 CO_2 排放超过 2 亿 t。这些举措表明宝马致力于在可持续性方面取得显著进展，以减少对环境的不利影响。

7.3　生态材料在汽车外饰上的应用

　　汽车外饰件是安装在车身前后的部件，包括保险杠、轮眉、格栅、散热器装饰罩、防擦条等。它们通过螺栓、卡扣或双面胶条连接在车身上，具备装饰和保护等功能。外饰件的设计必须遵循标准化、系列化和通用化的原则，同时要满足合理性、先进性、易维修性、可靠性、经济性和制造工艺性等"六性"

要求，以满足汽车的特殊需求。此外，设计过程还必须符合不同国家和地区的法规标准。外饰件对整车的碰撞性能、安全性能和舒适性能有重要影响。同时，考虑汽车轻量化需求，制造商正在积极研发生态材料制成的汽车外饰件。

保险杠是一种广泛使用塑料的零部件，其中的塑料量占据车体总量的40%以上。这些保险杠通常由模压塑料板材制成，利用玻璃纤维进行吸塑或者注塑成型。使用塑料材料的保险杠具有低成本、简便加工、可回收和轻质的特点。目前，天然纤维复合材料开始广泛用于汽车外饰件，具有耐蚀性、热化学性能和耐久性等优点，远优于传统的金属材料，同时还具备自润滑特性和轻量化特性，这些优点是选择这些材料的原因。

天然纤维保险杠如图7-7所示。使用天然纤维复合材料的保险杠横梁能够吸收更多的碰撞能量，具有出色的抗扭刚度，并提高动强度属性。例如，奔驰AMG GT4 赛车的亚麻纤维前保险杠采用了 Bcomp 公司创新的 ampliTex™ 和 powerRibs™技术，powerRibs™增强网格充分利用亚麻的高比弯曲刚度，显著提高了薄壁壳体部件的弯曲刚度，使得保险杠在碰撞时更加安全，减少了被刺穿的风险，而 ampliTex™技术使得织物在撞击中更具延展性。

图7-7　天然纤维保险杠

可持续性分析显示，新型保险杠所使用的材料排放总量比碳纤维部件减少了90%。在充分考虑了从原材料到最终产品的所有生产步骤后，发现 CO_2 排放减少了85%。Bcomp 公司的材料不仅减少了部件的碳排放，还引入了热能回收方案。由于新型保险杠采用全天然纤维，可用于热能回收，储存在部件中的大约80%的能源可以转化为可再生能源，有效地减少了有害碳废物的产生以及废弃部件进入垃圾填埋场的需求。

聚丙烯保险杠如图7-8所示。聚丙烯作为轻质材料，也广泛用于制造汽车保险杠。这种材料在一定程度上减轻了汽车的整体重量，同时具有抗弯曲性能和

图7-8　聚丙烯保险杠

耐腐蚀性能，有效延长保险杠的使用寿命。此外，聚丙烯还具有黏弹性，能够吸收冲击能量，有效地应对不同程度的外力作用，这有助于提高汽车的安全性

能。关于聚丙烯保险杠的制造工艺，通常采用注塑和吹塑两种方法。注塑成型具有高生产率，能够赋予保险杠较好的刚性；而吹塑成型则可以使制品具有良好的刚性和弯曲强度，同时还能大幅提升外观质量。

7.4 生态材料在车身结构件上的应用

白车身是整车的车身结构部分，包括车身框架以及相关部件，主要部件有四个车门、发动机舱盖以及行李舱盖或后尾门。这些部件的主要功能包括密封隔声、提供行人保护、抵御碰撞冲击、提供物品储存空间、保护车顶区域，以及增强整车外观美观度等。在环保汽车制造方面，生态材料正逐渐应用于白车身，如车门、车顶、发动机舱盖等。

7.4.1 车门

车门的作用包括方便出入车辆、隔绝外部干扰、减轻侧面碰撞对乘员的影响、提供额外的保护和影响汽车外观美观度等。保时捷汽车公司的最新型号718 Cayman GT4成为第一款采用天然纤维复合材料制造车身部件的量产跑车，如图7-9所示。该车型的车门和尾翼是由一种混合有机纤维制成的，这些纤维主要来源于农业副产品，如亚麻等，这种材料在质量和刚性方面可以与传统的碳纤维相媲美。

图7-9 保时捷718 Cayman GT4跑车天然纤维复合材料的车身部件

7.4.2 车顶

巴斯夫与汽车零部件一级供应商国际汽车零部件集团（International Automotive Components Group，IAC）合作开发了世界上首个完全采用纤维制造的汽车顶部结构。这一创新中，巴斯夫提供了一种名为Acrodur 950 L的丙烯酸树脂黏合剂，它能够确保组件具备必要的承载能力和轻量化特性，并具有出色的耐热性。这种黏合剂是水基的、低排放的，是酚醛树脂的替代品，能够增强天然纤维，同时也环保，最重要的是它为汽车顶部结构提供了轻量化解决方案。这项轻量化技术被应用于新款梅赛德斯奔驰E级车型的IAC轻量化组件中。从2016年4月开始，消费者可以在欧洲的经销商处购买到配备这种汽车顶部结构的汽车。Acrodur 950 L的天然纤维车顶框架比传统金属制的车顶框架轻约40%，因此这些汽车具有更低的燃油消耗和碳排放量。

7.4.3　发动机舱盖

发动机舱盖在汽车上具有多重功能，它不仅用于保护发动机，还在一定程度上影响汽车的整体外观。例如，宝马 i3 采用了长玻纤增强聚丙烯材料在多个部位，包括发动机舱盖内板（见图 7-10）、仪表板本体总成、翼子板安装支架和后尾门内板。这些材料的使用可以提高汽车的轻量化性能，同时确保了必要的结构强度和外形美观。

在荷兰，供应福特公司的"Focus"汽车厂商采用了天然纤维增强聚丙烯材料来制造发动机护罩。与传统的玻璃纤维材料相比，这种天然纤维增强材料的重量轻了 30%。研究表明，天然纤维复合材料还可应用于大客车的发动机舱盖和变速器盖，可以减轻 10% 的发动机重量、降低 80% 生产所需的能源消耗。此外，

图 7-10　宝马 i3 发动机舱盖内板

与强化玻璃纤维部件相比，天然纤维加强部件的成本降低了 5%。

7.4.4　后尾门

弗劳恩霍夫 WKI 与 Four Motors 公司合作，致力于开发基于生物质材料的各种组件。在重新设计尾门时，该团队采用了一种创新的方法，将亚麻纤维与不同程度的纤维制浆相结合，特殊编制亚麻纤维汽车尾门如图 7-11 所示。此外，专家们还根据襟翼上承受的特定负载水平调整了结合类型，采用了特殊的编织技术，这进一步将整个部件的质量降低至 500g。与之前采用天然纤维制造的襟翼相比，这一创新减轻了 17% 的重量，与传统的钢制部件相比，实现了大约 70% 的减重效果。值得一提的是，HOFZET 专家团队还使用了真空灌注

图 7-11　特殊编制亚麻纤维汽车尾门

工艺，以确保这些组件具有卓越的表面质量和精确度。

奔驰 Smart 汽车采用全塑料材料来制造其外覆盖件，其中后尾门内板和前端支架采用了一种长纤维增强热塑性复合材料。奔驰公司认为这种材料和相关的制造工艺可以通过巧妙的设计，在不增加产品质量的情况下，适应更大的零部件尺寸和更高的碰撞标准。此外，由于几乎所有的长纤维增强热塑性复合材料零部件都可以通过单一设备一次性成型制造，这有助于降低生产成本。

另外，吉林大学的马芳武教授团队公开了一种 SUV 塑料尾门的设计方案，包括尾门内板、尾门外板、加强板组和安装板组。这些零部件使用了玄武岩纤维增强的 PLA 生物基材料，而尾门内板和尾门外板之间填充了微结构，以增加材料在刚强度较弱区域的厚度。微结构是由多个单角体组成，相互连接在一起，填充在尾门外板和内板之间，旨在实现汽车的整体轻量化，并提高尾门的抗碰撞性能。

7.5 生态材料在汽车底盘件上的应用

由于底盘件对于材料性能的要求是非常严苛的，尤其是疲劳性能，因此主要以金属材料为主，目前生态材料在汽车底盘上的应用较少，正处于研发过渡阶段。本节主要以玄武岩纤维板簧为例进行展开介绍。

板簧是货车或客车悬架的重要组成部分，作为"桥梁"，它承受并传递着车架与车桥之间的全部力和力矩作用。传统的板簧通常由多块弹性、宽厚但长短不一的钢片构成，这些板簧将车架与车桥以悬挂的方式进行连接，直接暴露在车架与车桥之间。它的任务是在车轮对车架施加的载荷和冲击下工作，通过减少车身的剧烈振动，从而确保车辆平稳行驶并适应不同的路况。目前，大多数量产的板簧都是由高质量的合金钢板制成，因此被称为钢板弹簧。然而，这种传统板簧存在一些缺点，包括自身质量较大、制造过程繁琐、需要大面积的设备、高能耗等问题。

目前，有许多制造商和科研机构致力于开发复合材料板簧。例如，北京中材汽车复合材料有限公司、哈尔滨玻璃钢研究所、哈尔滨工业大学等机构都参与了相关项目的研究。北京中材汽车复合材料有限公司研发的复合材料板簧已经成功在依维柯车型上批量应用。

连续玄武岩纤维是一种综合性能优越、成本效益高的纤维材料，被认为是一种低成本、高产出、低能耗、可持续发展的资源节约型和环保型新材料。树脂传递模塑（Resin Transfer Molding，RTM）工艺在纤维增强树脂基复合材料制造中得到广泛应用，因其低成本、高性能和可预埋部件的优势，在航空航天、汽车、船舶等领域得到广泛应用。近年来，对 RTM 工艺的不断研究和改进使其逐渐成熟和流行。济南市汽车轻量化复合材料与制品工程技术研究中心使用 RTM 工艺成功制备了玄武岩纤维增强环氧树脂复合材料板簧，并通过 20 万次台架疲劳试验验证其静态载荷性能满足使用需求。

由于板簧承受特殊的受力工况，需要在保持刚度和强度要求的前提下，具备良好的韧性和疲劳可靠性。尽管高性能碳纤维复合材料具有较高的强度和模量，但其断裂伸长率较低，因此不适用于需要大幅度形变的板簧结构。其他先进的有机纤维，如芳纶纤维，虽然具有较高的断裂强度，但不适用于制造热固性结构复合材料构件。与这些材料相比，玄武岩纤维具有卓越的断裂伸长率和高拉伸弹性模量，同时在高低温下性能稳定，同时具有较高的性价比。玄武岩复合材料板簧如图 7-12 所示。

图 7-12　玄武岩复合材料板簧

7.6　生态材料在汽车上的其他应用

7.6.1　生物基黏结剂

在汽车制造中，内饰件的安装是一个至关重要的步骤，而在这个过程中，黏结剂发挥着不可或缺的作用。然而，传统的黏结剂，如脲醛树脂、酚醛树脂、三聚氰胺-甲醛树脂等（统称为"三醛树脂"），长期释放甲醛，对车内空气质量和消费者的健康构成威胁。随着环保意识的增强，消费者对汽车内部挥发性有机化合物的气味越来越敏感。因此，汽车制造公司开始寻找绿色环保的黏结剂替代方案，其中包括大豆蛋白和改性淀粉等生物基材料。这些材料经过改性后可用于制造黏结剂，因此被广泛应用。随着多种性能稳定、表现优越的改性剂的成功开发和应用，无醛生物基黏结剂在汽车内饰件的粘接和组装等方面得到广泛应用，具有良好的市场前景。

7.6.2　生物柴油

生物柴油是一类生物燃料，从广义上来说，其化学成分包括脂肪酸甲酯和氢化油。在狭义上，生物柴油基本成分是脂肪酸甲酯、脂肪酸乙酯，根据其来源可具体分为豆油甲酯、棕榈油甲酯、菜籽油甲酯、废弃食用油甲酯、微生物制脂肪酸甲酯等几种类型。广义的生物柴油可以划分为脂肪酸甲酯和氢化植物油两类。其生产开发根据原料种类可以分为以下四个阶段：

第一代生物柴油的原料主要来源于食用粮食作物，如玉米、大豆、棕榈油、芥子油等。这类原料的主要优点在于其易获得性和相对简单的转化过程。然而，由于这些原料主要是粮食，一旦大规模生产，将可能导致粮食价格上涨，甚至引发粮食危机。因此，第一代生物柴油并没有得到广泛生产和应用。

第二代生物柴油的原料为植物油，如麻风树油、橡树籽油和苦杏仁油等。这些原料具有成本较低和环境友好的优点。然而，它们的加工工艺相对复杂，产量也较低，难以满足市场需求。

第三代生物柴油的主要原料是废弃食用油、动物脂肪和微藻。其原料具有含油量高、不占用农业资源、转化率高和不危及粮食安全等优点。同时，以废弃食用油为原料可以有效避免其重新流入食品链，从而保护食品安全。然而，第三代原料所需的加工工艺需要较高的初始投入成本和较大的工业规模，因此难以得到有效推广。此外，废弃食用油的化学成分复杂，不同批次的化学成分比例难以保持稳定，使得产出的油品质量和产量难以控制，进一步增加了生产成本。

第四代生物柴油是基于捕获和利用二氧化碳和太阳能来生产生物质，然后通过与第二代生物柴油相同的过程将其转化为生物柴油。合成生物学的发展推动了将太阳能和二氧化碳直接转化为可再生清洁燃料的理想技术，如光生物太阳能生物柴油。尽管这个领域的研究仍处于起步阶段，但具有广阔的发展前景。

7.6.3　生物质基润滑油

生物质基润滑油的基础油是由可再生的生物质原料制成的，如木质素下游产物、纤维素下游产物、碳水化合物和天然油脂等。这些产品具有生物降解性，低毒甚至无毒，并且被归类为绿色产品。在制备这些基础油的过程中，主要反应包括碳碳偶联反应、酯化反应和聚合反应等，这些反应直接构建了润滑油或润滑油中间体。中间体经过加氢脱氧反应后，就能形成酯类、醚类或者烃类的生物质基润滑油基础油。通过复杂的物理和化学处理，对生物质的碳链进行重新组合，以满足润滑油基础油的结构和性能要求。

研究学者认为，生物质基润滑油在使用寿命结束后可以被微生物分解成二氧化碳和水。由于在整个润滑油生产和使用过程中释放的二氧化碳量与吸收的二氧化碳量相等，这意味着整个过程中的二氧化碳是循环的，也就是说，这种润滑油是可生物降解的。目前，可以通过捕获二氧化碳来测定可再生样品的降解速率，主要方法包括使用氢氧化钠、氢氧化钾或者氢氧化钡等。

与石油基润滑油产品相比，生物质基润滑油产品具有出色的可降解性能。此外，生物质基润滑油的黏度指数较高，这意味着其有效使用的温度范围更广泛。

7.6.4　生物基橡胶

生物基橡胶是一种由生物基原材料制备而成的橡胶。它在橡胶产业中扮演着重要的可持续发展角色。首先，生物基橡胶的制备不受石油和天然气资源的短缺影响，这意味着它不受化石能源供应不稳定性的制约。其次，生物基橡胶有望解决天然橡胶产量有限和不稳定的问题。发展生物基橡胶产业有望减少对化石燃料原材料的依赖，有助于推动碳中和进程。在能源紧缺和双碳政策逐渐实施的背景下，生物基橡胶市场具有广阔的发展前景。

由于市场前景良好，全球各国企业正在积极进军生物基橡胶市场。欧美地区的生物基橡胶产业处于领先地位，涵盖了生物基异戊橡胶（来自固特异公司）、生物基丁基橡胶（来自阿朗新科公司）、生物基乙丙橡胶以及德国大陆轮胎公司的蒲公英橡胶等创新产品。

我国目前正积极研究和生产多种生物基橡胶种类，包括生物基可降解聚酯橡胶、官能化生物基衣康酸酯 - 丁二烯橡胶、蒲公英橡胶以及液相法超聚态天然橡胶等。其中，官能化生物基衣康酸酯 - 丁二烯橡胶是我国原创的一种合成橡胶品种。全球首条千吨级示范生产线已经由山东京博中聚新材料公司成功建成并投入生产。此外，在山东玲珑轮胎工业化生产线上，成功试制出了生物基绿色轮胎。这些举措显示了我国在生物基橡胶领域的积极探索和创新。基于太阳能资源的生物基橡胶发展战略如图 7 - 13 所示。

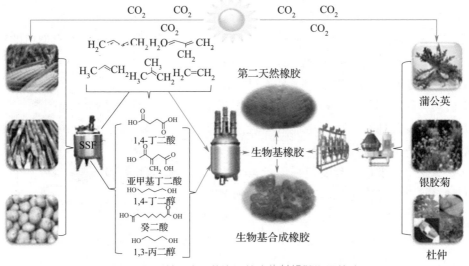

图 7 - 13　基于太阳能资源的生物基橡胶发展战略

针对我国天然橡胶产量不足和合成橡胶对化石资源严重依赖的问题，张立群院士领导的团队已经开发出了提取制备蒲公英橡胶和杜仲橡胶的关键技术，以及新型生物基衣康酸酯橡胶和生物基共聚酯橡胶的合成技术。他们详细阐述了生物基橡胶的制备原理，建立了微观结构与宏观性能之间的关系，并建设了大规模生产线，包括百吨级蒲公英橡胶、千吨级杜仲橡胶、生物基衣康酸酯橡胶以及生物基共聚酯橡胶示范生产线，使我国在这两种生物基橡胶材料的结构设计和合成技术方面达到国际领先水平。

7.7 生态材料在各车型上的综合应用

生态材料在汽车行业具有广泛的应用潜力，因为它们具备多种环保特性，如可降解性和低挥发性有机化合物含量。通过上述对生态材料在汽车不同部件的应用进行的说明，可以得出以下总结：生态材料可作为传统塑料、橡胶、皮革和纺织品的替代品，在汽车结构部件或内、外饰件中广泛使用。其中，以麻纤维和木纤维为代表的生物纤维复合材料主要应用于汽车的内、外饰件，包括车门板、仪表板和座椅靠背等。另外，生物提取物和一些农业废弃物，如皮革废料、咖啡渣和虾蟹壳等，也可以用作原材料，制造纺织品、皮革，或者作为塑料添加剂。这些生物基材料在汽车制造中的应用有望推动环保理念的普及并满足日益严格的法规要求。

7.7.1 可再生概念车

2018 年，芬兰的芬欧汇川公司在首届中国国际进口博览会上亮相了一款名为 Biofore 的可再生概念车，如图 7-14 所示。这个名字是由芬欧汇川创造的新词，将 bio 代表生物质和可循环，fore 则指的是森林和先行者。这辆概念车是通过芬欧汇川公司与芬兰赫尔辛基多所大学的合作开发完成的，具备独特的可再生能源特性。芬欧汇川亚太区高级副总裁 Petteri Kalela 表示，这款概念车力求最大程度地采用可再生资源的材料，以替代传统汽车零部件中的塑料制品。该车的内饰采用了芬欧汇川公司开发的

图 7-14 Biofore 可再生概念车

两种基础材料，即 Grada 和 Formi。Grada 是一种可热塑性成型的木质胶合板材料，而 Formi 则是可回收的生物复合材料。

与传统汽油不同，这款概念车使用了名为 BioVerno 的可再生柴油作为燃料，为车辆提供动力。据芬欧汇川提供的数据，与传统的化石燃料相比，可再生柴油可以减少 80% 的温室气体排放，并且适用于所有现代柴油发动机。这使得这款概念车成为一款环保且具有创新性的汽车，为未来的汽车工业提供了新的材料和燃料选择。

7.7.2　生态材料在各品牌车型上的应用

1. 福特汽车

福特汽车公司自20世纪20年代起就一直致力于生物材料的开发，成功地将大豆材质的泡沫、密封胶、垫圈，蓖麻材质的泡沫和塑料，以及天然纤维增强材料应用于各款车型，平均每辆车使用量在9～18kg之间。此外，近年来，福特与供应商合作，测试评估了采用竹制内饰的可行性，目的是通过将竹子与塑料结合，增强车辆内饰件的强度。福特在不同车型中采用了多种创新的生物材料，例如，在 Escape 车型的车门内垫板中使用洋麻，采用稻壳强化的 F–150 线束塑料件，还有北美产品线中的坐垫、椅背及头枕采用大豆基聚氨酯，Flex 车型的储物箱采用麦秆强化制造，林肯 KKX 车型的座椅扶手材料则使用了纤维素木纤维替代玻璃纤维。福特还与麦当劳合作，试图使用咖啡渣来制造汽车零部件，这一举措使得汽车零部件的重量降低了约20%。此外，椰子和棉花等植物材料也被提取用于制作汽车地毯和坐垫。这些创新的生物材料应用不仅减少了车辆制造过程中的环境影响，还推动了汽车行业朝着更可持续发展的方向迈进。

2. 大众汽车

大众汽车公司专注于在其车辆研发中应用生物基材料，主要通过采用木纤维复合材料替代传统材料，以实现环保、轻量化和降噪等效果。在 VDI 发布会上，大众以木纤维为亮点，特别展示了 XL1 车型的仪表板采用木纤维，成功减重了6kg，而整车内饰中的木纤维应用总体减重了104kg。此外，大众的 ID Roomzz 概念车座椅采用了一种名为 AppleSkin 的纺织品，其中包含了苹果汁生产过程中的残留物，这一举措展示了对可持续和创新材料的引领，同时还改善了车辆的性能和乘坐体验。

3. 宝马汽车

宝马汽车公司不仅展现了其环保设计理念，还将生物基材料应用到量产车型的内饰零部件中。这些内饰零部件采用了木纤维增强的复合材料制造，如宝马 X5 车型的座椅靠背板和5系车型的门内饰板。宝马还曾使用 3D 打印技术推出了名为 Maasaica 的概念车，其最显著的特点是使用了一种由菌丝和草混合物制成的材料。宝马还专门创立了电动汽车子品牌 i 系列，其中的 i3 车型在环保性方面表现出色。i3 的内饰部分采用了从锦葵科植物中提取的成分代替传统的塑料，而座椅材质混合了40%的羊毛。车内的皮革内饰采用了橄榄树叶制成的天然鞣革，代替了可能产生甲醛的铬鞣革。由于使用这些环保材料，所以 i3 车型上95%的材料可以回收再利用，从而进一步减轻了环境的负担。

4. 保时捷汽车

保时捷汽车公司的最新款 718 Cayman GT4 的车身部件采用天然纤维复合材料制造。这些材料主要来源于农业副产品，如亚麻纤维等，它在质量和刚性方面可与碳纤维相媲美。在 2020 年纽博格林 24h 耐力赛上，保时捷 718 Cayman GT4 Clubsport MR 首次引入了一套全新的车身套件，包括前后挡板、前扰流板、前后盖、挡泥板以及空气动力套件，这些部件都采用了天然纤维复合材料制造而成。这种可持续性天然纤维复合材料是基于亚麻纤维的种植，其制造不会与粮食作物竞争。此外，保时捷 Mission R 的一些附加部件也采用了天然纤维增强塑料制造，如图 7 - 15 所示，其原料是由农业生产的亚麻纤维制成。与碳纤维相比，使用这种可再生纤维制造的材料能够显著减少二氧化碳的排放，达到 85%。

图 7 - 15　保时捷 Mission R 生态材料车身结构

5. 马自达汽车

马自达汽车公司积极探索应用于车辆结构部件的生物基材料以替代传统的工程塑料，这一举措打破了以往将生物基材料仅视为装饰件或设计概念的局限。

自 2013 年以来，马自达与三菱化学公司一直合作研发汽车的内、外饰件的新型材料。目前，他们共同生产的 Durabio - 生物基聚碳酸酯已经开始用于制造大型外部饰件。这种 Durabio - 生物基聚碳酸酯的原料部分来源于异山梨醇，这是从山梨糖醇衍生而来的化合物。Durabio 树脂的性能与传统的工程塑料相似，具有出色的拉伸模量（通常在 2300 ~ 2700MPa）、拉伸强度（64 ~ 79MPa）、弯曲模量（2100 ~ 2700MPa）和抗弯强度（94 ~ 116MPa）。该材料具有良好的可着色性，在应用时不需要额外的涂漆工序。此外，据报道，Durabio 树脂在冲击强度和耐候性方面表现优越，甚至超过了 100% 石油衍生的工程塑料。它还具有高表面硬度，从而增强了材料的抗划伤性。

三菱化学公司的报告指出，Durabio 材料已成功应用于各种汽车内外饰件，包括支柱等部件。马自达和三菱化学公司还不断改进 Durabio 生物工程塑料的配方，以进一步提高其冲击强度、耐候性和可加工性，以满足制造大型部件的需求。马自达计划在未来的车型中广泛采用这种 Durabio 工程塑料，而三菱化学公司则打算进一步研发 Durabio - 生物基塑料在大型汽车零部件方面的应用潜力。

6. 其他汽车公司

路虎汽车公司在纽约汽车展上展示了全新的纯植物材料，已应用在其 2020 款揽胜 Evoque、揽胜 Vela 和捷豹 I‑Pace SUV 上。揽胜 Evoque 采用了一种由木纤维制成的植物纺织品 Tencel（天丝）材料进行装饰。

此外，丰田汽车公司早在 2010 年就宣布使用一种新型生物塑料，其中 30% 的原料来自甘蔗。最初，这种生物塑料主要用于汽车内饰，如车门、座椅垫和磨损板等部件。后来，这种生物塑料的应用范围扩展到装饰件之外，如丰田的普锐斯车型的车架中采用了一种由玉米、甘蔗和洋麻制成的生物塑料。

7.7.3　生态材料在汽车上应用的技术难点

生物基材料在汽车行业具有一定优势，但同时众多的因素也制约了其大规模应用，行业存在不少技术难点以待突破，具体如下：

1）植物纤维的高效分散问题。由于生物基纤维柔软蓬松，极易成团成块，在传统挤出造粒生产体系中，难以实现连续分散加工。采用间歇式密炼工艺会拖慢生产速度，浪费能源，容易造成纤维断裂，影响材料性能。因此，前期车厂在加工生物基纤维复合材料时，多采用纤维毡模压或树脂传递模塑（RTM）技术工艺保证生物基纤维的增强效果。此外，注塑成型这种满足复杂形状设计的工艺是汽车工业的首选，与之相对应，满足注塑工艺要求的高效分散生物基纤维增强材料，是未来新材料发展方向之一。

2）植物纤维与树脂的界面相容性问题。生物基纤维（如秸秆纤维、木纤维、麻纤维等）表面多羟基基团，与热塑性聚合物的界面不相容，难以起到增强效果。改善方法包括纤维表面改性（进行疏水化处理）和增容改性（加入相容剂），通过增加纤维与树脂的相容性来增强性能。

3）原材料的综合化利用问题。生物基材料原材料来源广泛（天然植物纤维以植物的种皮、茎叶等形式散布各处），但采集成本高、杂质多，综合化利用困难。因此，探索有效的分类初加工和多样综合化利用技术是生物基材料规模化发展的技术方向。

4）加工方法和设备的升级问题。在工业领域，常用的机械设备无法完成预处理和纤维化，或者加工成本极高，这导致了复合材料的制造与产业化应用受到限制。此外，在与聚合物均匀混合的过程中，常见的双螺杆加工设备在处理植物长纤维和颗粒下料等问题上面临困境。不过，某公司研发了一种高速共混设备，它具备在特定地域范围内多点生产的能力，其高效的纤维破碎能力和较强的共混搅拌转矩，能够使含量较高的植物纤维与塑料树脂充分混合。通过搭配优选的相容助剂，在一个工艺步骤内成功地解决了天然纤维原材料制备和加工的难题，实现了纤维与聚合物之间的分散和相容。此外，该设备还能够有效地控制纤维素的"焦烧"问题，并且能够在保持纤维长度在 3～10mm 之间的基础上，成功地制备出植物纤维填充质量分数高达 60% 的注塑用颗粒。这一技术突破为未来相关领域的进展铺平了道路，有望出现更多革命性的创新工作。

5）可满足汽车应用性能的综合改性。车辆材料对生物基材料提出更高要求，涉及外观尺寸、工艺性能、环境适应性、法规合规和成本等方面。在实际应用中，还需要解决高温老化、光照稳定性、气味、挥发性有机化合物等问题。研究机构和材料制造商正在尝试通过添加改性剂、改善工艺或寻找性能更好的替代材料，以促进生物基材料的广泛应用。

目前，汽车行业主要采用天然纤维增强的生物基材料，如木纤维和麻纤维复合材料，以实现环保、轻量化和降噪等效果，一些有前景的研究方向还包括生物基聚酰胺（PA）、大豆基聚氨酯以及生物基纤维等材料。随着环保理念的普及、法规要求的严格化以及技术和应用的不断进步，预计未来将有更多生物基材料应用于量产车型。

7.8　小结

本章综述了生态材料在汽车上的应用场景，目前其主要应用于车身内、外饰件及部分结构件，对于底盘件的应用仍是一个较大的挑战，因此生态材料的改性技术仍是未来的主要发展方向，以进一步提高生态材料的综合性能。此外，生态材料想要实现汽车领域的大规模应用，仍需进行加工工艺及加工设备的持续升级，一方面满足高含量的植物纤维与塑料树脂充分共混，另一方面有效降低使用成本以满足汽车生产的产业化需求。

参考文献

[1] ADESINA O T, JAMIRU T, SADIKU ER, et al. Mechanical evaluation of hybrid natural fiber reinforced polymeric composites for automotive bumper beam: a review[J]. The international journal of advanced manufacturing technology, 2019, 103(6): 1-17.

[2] PANDEY J K, AHN S H, LEE C S, et al. Recent advances in the application of natural fiber based composites[J]. Macromolecular materials and engineering, 2010, 295(11): 975-989.

[3] BLEDZKI A K, FRANCISZCZAK P, OSMAN Z, et al. Polypropylene biocomposites reinforced with softwood, abaca, jute, and kenaf fibers[J]. Industrial crops and products, 2015, 70: 91-99.

[4] AZAPAGIC A. Sustainability consideration for integrated biorefineries[J]. Trends in biotechnology, 2014, 32(1): 1-4.

[5] 赵以飞. 基于侧碰台车试验的车门内饰板材料参数反求[D]. 长沙：湖南大学，2011.

[6] 孙衍林，罗涌泉. 生物基材料在汽车行业的应用进展[J]. 上海塑料，2021，49(5)：44 – 48.

[7] 郑学森，张喆，马永孝. 国内外重型载货汽车外饰系统关键部件用材趋势研究[J]. 汽车工艺与材料，2019(8)：21 – 25.

[8] 冯宇飞. 汽车行业中塑料材料在汽车内外饰中的运用[J]. 内燃机与配件，2018(8)：105 – 106.

[9] 蒲又祯，杨通豪，杨杰. 聚丙烯材料在汽车零部件上的应用与展望[J]. 塑料科技，2020，48(8)：138 – 141.

[10] 姜胜军，黎宗坚. 我国汽车用聚丙烯材料现状及发展[J]. 合成树脂及塑料，1999(3)：13 – 16.

[11] 李岩，罗业. 天然纤维增强复合材料力学性能及其应用[J]. 固体力学学报，2010，31(6)：613 – 630.

[12] 马芳武，工国旺，赵颖，等. 一种采用微结构加强的 SUV 塑料尾门：CN201920046182.4[P]. 2019 – 10 – 01.

[13] 王慧军，惠林海，丁笑晖，等. 玄武岩纤维增强复合材料板簧设计与制备[J]. 工程塑料应用，2017，45(8)：65 – 69.

[14] 李亮耀，黄斌华，何万忠. 汽车与润滑脂[J]. 矿用汽车，2005(1)：38 – 45；27.

[15] 吴敏. 基于多基因调控的莱茵衣藻油脂代谢及分泌的研究[D]. 深圳：深圳大学，2017.

[16] 徐志峰，阚安康，汪孔祥，等. 隔气结构膜对 VIP 板使用寿命的影响[J]. 保温材料与节能技术，2018(5)：31 – 36.

[17] 陈爽，赵晨. 生物质基润滑油基础油的合成研究进展[J]. 石油学报(石油加工)，2021，37(6)：1491 – 1503.

[18] 我国原创生物基橡胶取得重要突破[J]. 橡胶科技，2021，19(8)：386.

[19] 魏彤，赵阿萍，王杰. 60°内包氟密封圈成型研究[J]. 特种橡胶制品，2021，42(5)：39 – 43.

[20] 郭振莲，张孔远，周洋，等. $Pt/Al_2O_3 – TiO_2$ 催化剂制备及其对重整抽余油的加氢性能[J]. 石油炼制与化工，2011，42(12)：36 – 41.

[21] Wanlon. 赛车未来　赛车运动未来的趋势[J]. 汽车之友，2021(24)：16 – 29.

[22] 三菱化学与马自达合作开发生物基工程塑料[J]. 工程塑料应用，2018，46(1)：114.

第8章
汽车的报废、回收、拆解及再利用

8.1 引言

随着汽车保有量的不断增加，汽车报废量也同步增大。对于汽车报废后的材料处理问题，人们开始越来越重视其中存在的资源再利用和环境保护问题。汽车回收利用涉及废旧汽车的回收、拆解和再制造等活动，是一个比较复杂的"系统工程"。它需要考虑到汽车整个生命周期中的技术、经济、法律、环保、交通、卫生等多个方面的问题，以期在保护环境、节约资源和实现工业可持续发展方面发挥积极作用。新能源汽车是新型汽车，它摆脱了传统能源的概念，以二次能源为动力，当动力蓄电池初始容量衰减至 80% 以下时，需对其进行报废处理。因此，如何对废旧动力蓄电池进行有效处理，避免对经济和环境造成不良影响，也是新能源汽车产业中急需解决的重要问题之一。

8.2 汽车的报废与拆解

报废车是指那些无法满足国家机动车运行安全技术条件或污染物排放标准、已达到国家报废标准以及未达标准但底盘或发动机遭受严重损坏且无法修复的车辆。这类车辆被认定为不再适合继续使用。如果不及时处理，将严重影响交通和环境。因此，对报废车进行回收和利用是确保公共安全、节约资源和保护环境的重要环节。

针对报废汽车的回收利用问题，政府提出了相关指导意见。根据《汽车产品回收利用技术政策》的规定，应综合考虑汽车生产、维修、拆解等环节，鼓励使用可再生材料，提高材料循环利用率，从而实现资源的节约与能源的有效利用，推动循环经济的发展。该政策规定：国家逐步将汽车回收利用率指标纳入汽车产品市场准入管理体系，并要求加强汽车生产者责任的管理，在汽车生产、使用、报废回收等环节建立起以汽车生产企业为主导的完善的管理体系。这些规定凸显了政府对于汽车回收利用的重视和努力，同时也展现了报废汽车回收利用与汽车工业之间具有紧密联系。

材料的循环再利用需要被重视，这关乎汽车工业可持续发展的实现。报废汽车在经过精细化拆解和对拆解物料的分类后，其中可利用材料可被重新利用，用来制造或维修汽车。拆解物料分类越细，得到的资源就越多。因此，将一辆报废汽车"变废为宝"，需要大力发展汽车回收利用产业，并且建立起规范的管理和技术体系，在保障公共安全和节约资源的同时，推进循环经济的发展。我国机动车报废与拆解流程如图 8-1 所示。

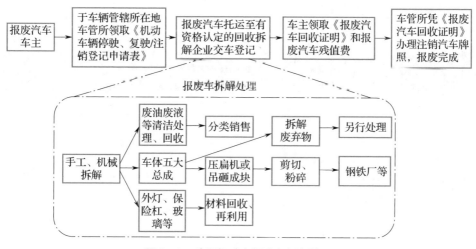

图 8-1 我国机动车报废与拆解流程

8.2.1 汽车报废

1. 我国汽车报废法律法规

作为目前社会最常用、功能最全面的交通工具，汽车不可或缺，其保有量与日俱增。然而，由此带来的交通安全、环境污染和资源浪费等问题也日益突出，因此汽车报废标准的制定必须与经济发展相适应，以保证汽车市场有序运转，防止造成各种严重后果。

车辆经过长时间使用会出现零部件磨损、老化和材料疲劳，因此在使用一定的期限或汽车状况达到报废条件后，车辆应解体报废更新。车辆报废的技术水平是标准化汽车报废条件的基础，基于此不宜随意报废汽车，过早的报废会导致资源的浪费，同时也无法满足正常使用需求。然而，该报废的汽车没有及时执行报废，不仅会影响汽车消费市场，使汽车产业发展缓慢，还会使交通安全受到威胁，给人民生命财产安全和社会环境都带来很大的危害。

我国最早的《汽车报废标准》制定于1986年，并随着国民经济和人民生活水平的提高而不断完善。汽车工业目前是国民经济的支柱之一，要适应汽车生产和交通运输发展、交通安全、节能环保等需求。2012年12月27日，商务部、国家发展改革委、公安部、环境保护部四个部门联合发布了《机动车强制报废标准规定》（以下简称《标准规定》）。《机动车强制报废标准规定》有效促进报废汽车管理的加强，确保道路交通安全，鼓励技术创新，加快建设资源节约、环境友好型社会。

《标准规定》规定了强制报废条件和引导报废条件，其中，机动车使用年限及行驶里程参考值见表8-1。

表8-1　机动车使用年限及行驶里程参考值

车辆类型与用途				使用年限/年	行驶里程参考值/万 km
汽车	载客	营运	出租客运	小、微型	8	60
				中型	10	50
				大型	12	60
			租赁		15	60
			教练	小型	10	50
				中型	12	50
				大型	15	60
			公交客运		13	40
			其他	小、微型	10	60
				中型	15	50
				大型	15	80
		专用校车			15	40
		非营运	小、微型客车、大型轿车[①]		无	60
			中型客车		20	50
			大型客车		20	60
	载货		微型		12	50
			中、轻型		15	60
			重型		15	70
			危险品运输		10	40
			三轮汽车、装用单缸发动机的低速货车		9	无
			装用多缸发动机的低速货车		12	30
	专项作业		有载货功能		15	50
			无载货功能		30	50

（续）

车辆类型与用途			使用年限/年	行驶里程参考值/万 km
挂车	半挂车	集装箱	20	无
		危险品运输	10	无
		其他	10	无
	全挂车		15	无
摩托车	正三轮		12	10
	其他		13	12
轮式专用机械车			无	50

注：1. 表中机动车主要依据《机动车类型 术语和定义》（GA 802—2008）进行分类。

2. 对小、微型出租客运汽车（纯电动汽车除外）和摩托车，省、自治区、直辖市人民政府有关部门可结合本地实际情况，制定严于表中使用年限的规定，但小、微型出租客运汽车不得低于 6 年，正三轮摩托车不得低于 10 年，其他摩托车不得低于 11 年。

① 表示乘用车。

2. 我国汽车保有量与报废现状

截至 2022 年 3 月底，我国的机动车数量已经达到了 4.02 亿辆，其中汽车占据总量的约 76.37%，达到了 3.07 亿辆。与此同时，机动车驾驶人数量也达到了 4.87 亿人，其中以汽车驾驶人为最多，达到了 4.50 亿人。另外，新能源汽车的保有量也在快速增长，已经超过了 891.50 万辆。其中，纯电动汽车的保有量占据了新能源汽车总数的 81.27%。

截至 2022 年第一季度，全国机动车新注册登记数量达到了 934 万辆。其中，汽车数量为 657 万辆，而新能源汽车数量为 111 万辆，占总数的 16.91%，与 2021 年同期相比，大幅增加。

2023 年 2 月 28 日的《中华人民共和国 2022 年国民经济和社会发展统计公报》中初步核算数据显示，2022 年年末，全国民用汽车的保有量达到了 31903 万辆（其中包括三轮汽车和低速货车 719 万辆），较上年末增加了 1752 万辆。其中，私人汽车的保有量为 27873 万辆，增加了 1627 万辆。民用乘用车的保有量为 17740 万辆，增加了 1003 万辆。而私人乘用车的保有量则达到了 16685 万辆，增加了 954 万辆。

商务部数据显示，我国在过去几年，报废机动车的回收量有起有伏。根据统计数据显示，2019 年的回收量达到了 229.5 万辆，相较于 2018 年增长了 15.3%。2020 年 1 月，报废机动车的回收量相较于 2019 年同期减少了 35.7%。不同类型的车辆中，平均每辆回收的乘用车可获得约 1.28t 再生资源；每辆回收的客车可获得 2.40t 再生资源；而每辆回收的载货车可获得约 4.80t 再生资源。截至 2021 年底，全国有一千多家报废机动车回收企业，是 2020 年的 1.3 倍，报废机动车 2021 年的总回收量达到了 297.5 万辆，其中汽车的回收数量占了 249.3 万辆。

8.2.2 报废汽车的拆解

1. 整车拆解、破碎工艺流程

汽车拆解作业方式，一般分为定位作业法和流水作业法。

(1) 定位作业法　拆解废旧汽车时，常常有固定的工作站，用来对车架和驾驶室等总成进行拆解，然后有专业团队处理拆下来的总成。将工作人员分工，通常按照劳动组织形式的不同进行划分，工作人员将按照各自负责不同的部分进行拆解工作。采用定位作业法可以有效节省占地面积，因为它所需的设备比较简单，更容易组织生产，特别适用于需要拆解复杂车型的情况。拆解操作及流程因报废车型不同而异，具有个性化特点，但同时也存在共性。进行定位作业拆解时，一般的工艺流程包括将准备报废汽车登记验收、检查汽车整体外观条件、进行预处理（如汽车内油料等液体的排放与清除、对易燃易爆零部件先行拆卸）、总体拆卸、拆卸各个总成的组件和零部件并进行分类检验等步骤。针对乘用车和货车的结构差异性，拆解程序也需要做出相应调整。对于报废汽车，拆解原则应为从外到内、从附件到主体，化整为零，即整车—总成—部件—零件。

(2) 流水作业法　汽车拆装作业通常在间歇式流水线的各个工位上进行。对于其他总成的拆解作业，如发动机，也可以根据设备条件将其组成流水作业线。无法进行流水式作业的其他拆解作业，则可以分散在不同的专业组进行处理。这种作业方式的优点是高专业化程度、快工作节奏、高工作效率，但设备与场地的需求较高，投资大。一般适用于生产规模较大、拆解车型单一并拆解作业量足够的情况，才能保证流水式作业线的连续性和节奏性。流水作业法拆解工艺流程如下：

1) 预处理。在进行报废汽车拆解之前，必须先进行预处理，包括以下工作内容：

①拆卸蓄电池和车轮。

②拆卸危险部件，如安全气囊和安全带预紧器，这些部件由经过认证培训的人员按照制造商的说明书进行拆解，并进行无害化处理。

③抽取液体，涉及各种类型的液体，如燃料、冷却液等。在进行液体抽取

的过程中，必须确保液体被彻底排空和抽干，并且操作期间绝不能发生泄漏，以免对环境造成污染或产生安全风险。对于拆卸下来的液体箱、燃气罐和机油滤芯等物品，处理时应严格按照制造商提供的说明书进行，并且遵循相关的存储和处理要求。正确地处理这些物品不仅能够确保工作效率，还能够保证工作安全，同时也有利于环境保护。

2）拆解。拆解厂必须组织技术人员，将可再利用部件无损坏地拆卸下来。拆解过程是从外到里，工位布置依次分成外部、内部和总成三个拆卸工位。

3）分类。对于废弃的汽车，必须视其拆解后获取的零部件和材料为可再利用或再加工的资源。因此，在拆解过程中需要非常谨慎，以免损坏这些零部件，从而造成浪费。对于废弃汽车中的液体，需要经过检测以确定其是否可以再利用，如果符合技术和经济条件，可以进行再加工；否则，需要按照相关规定进行废弃处理。同时，对于可再利用或废弃的油液容器，应当进行明确的标注，以便进行分类处理。在将拆解后的汽车送往破碎厂或进行进一步处理之前，需要对所有具有再利用价值的零部件和材料进行分类。这样做可以充分利用资源、减少环境污染，并提高生产率。

4）压实。经过处理后，汽车用机器压实进行运输。

5）废弃处理。在处理废弃汽车时，必须认真记录，记录证明文件编号、拆解过程、再使用情况、再利用情况、能源利用情况以及材料和零部件的比例等信息。这样做是为了确保废弃处理过程的透明度和可追溯性，操作日志应当记录所有拆解相关内容。证明文件、货运单、运输许可和收据是废弃车辆进出必须携带的，并将所有相关信息记录在操作日志中。

2. 发动机拆解

汽车的发动机是车辆的核心组成部分，通常由曲柄连杆机构和配气机构两大部分组成，并且还包括燃油供给、润滑、冷却、点火和起动五大系统。

（1）发动机总成拆解 在处理报废汽车时，首先需要将车辆移动到汽车举升机上，对车辆进行预处理操作。预处理操作包括拆卸蓄电池和车轮、移除危险部件，如安全气囊和安全带，清空车辆内残留的各种废液。所有操作都必须保持无泄漏现象，液体存储必须符合要求。

完成预处理后，用叉车将车辆移动到拆卸翻转台架上并加以固定，开始按照一定流程拆卸发动机总成。首先需要拆卸车辆前部的塑料保险杠和前灯总成，然后使用液压剪切断排气管和三元催化器的连接，拆下排气管，并断开氧传感器的线接头收集三元催化器。拆卸车身和变速器安装支架以及发动机安装支架连接螺栓，将翻转架固定，拆卸前部悬架和车身连接螺栓。在拆卸的同时，需要注意切断发动机本体和电子控制系统相关联的连线接头，并收集线束，切断所有与发动机连接的真空管、油管，以及拆卸发动机和散热器之间的水管。还需要剪断节气门和离合器拉线，剪断连接冷凝器和空调压缩机的制冷管路。将整车车架举升到一定高度，从整车中取出发动机和变速器总成，然后拆下发动机的支承螺母和发动机和变速器壳体连接的螺栓，分离变速器和发动机。将发动机固定在旋转架上，以备下一步拆解。整个过程需要小心谨慎，以确保发动机和其他部件不受任何损害。

（2）发动机外围附件拆解　需要拆解的附件有正时带、V带和发电机等，拆解步骤如下：

1）拆卸发电机。拆下连接冷却系统散热器的上冷却液管，拆卸发电机的上下连接螺栓，取下发电机。

2）拆卸空调压缩机V带。拧松螺钉，卸下V带；旋转张紧轮，放松V带；用销针将张紧轮固定，拆下张紧轮；卸下V带，完成拆卸。

3）拆卸发动机正时带。在可翻转的支架上放置发动机，拆卸正时带护板，拆散正时带构件，取下曲轴正时带轮，卸下中下部的保护罩，松开半自动张紧轮并取下正时带。

（3）发动机本体拆解

1）气缸盖的拆解。先移除发动机舱盖，然后断开空气流量计和活性炭罐电磁阀接头，拆卸空气滤清器罩壳和空气管路。拆除与发动机周围相关的元件，包括冷却液软管、燃油分配管、节气门拉索、真空管和接头。需要解除进气歧管支架和排气歧管上的前排气管螺栓，拆下氧传感器插头和正时带护罩。在进行拆解之前，确保将曲轴转到特定位置，半自动张紧轮松开。拆卸正时齿带及护罩上的螺栓。接下来，拔出火花塞插头，并按照指定顺序逐步拆卸气缸，气缸盖螺栓拆卸顺序如图8-2所示。拆下气缸盖螺栓和衬垫。按照正确的顺序和操作步骤进行拆解，以确保操作的安全性和有效性。

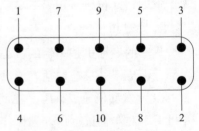

图8-2　气缸盖螺栓拆卸顺序

2）油底壳的拆卸。将发动机翻转，使其底部朝上，拆下螺栓后将油底壳取下。

3）机油泵的拆卸。解开分电器轴向限位卡板上的螺栓，取下卡板，拆除分电器总成。松开连接用长紧固螺栓，拆卸机油泵、吸油部件和吸油管组，并清洗滤网。拆下螺栓及机油泵盖，并进行主从动齿轮的分解，进一步拆卸齿轮和齿轮轴。最后拆除中间轴和左右支承。

4）气缸体拆卸。在工作台上翻转倒置气缸体，取下中间轴的密封凸缘和油封，拆卸中间轴、曲轴油封，以及前油封凸缘和衬垫，依次松开螺栓，最终拆下曲轴各个主轴承盖，取出曲轴，曲轴主轴承盖螺栓拆卸顺序如图 8-3 所示。

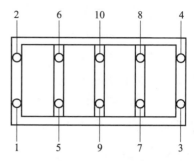

图 8-3　曲轴主轴承盖螺栓拆卸顺序

5）曲轴飞轮组的拆卸。先夹住飞轮齿圈以便松开螺栓，再移除飞轮并拆下其中的滚针轴承。

3. 底盘及车身拆解

汽车的底盘是汽车的基础，它直接或间接承载着汽车所有零部件的质量，并接受动力系统所传动力，使汽车得以行驶。传动、行驶、转向和制动四大系统组成汽车底盘，这是保障汽车安全和快速行驶的关键。以桑塔纳 2000 汽车为例，展示底盘系统的拆解。这款乘用车采用前轮驱动方式，传动系统部件被布置在前桥附近。其中，变速器、主减速器和差速器集中在一起，被紧凑组装在一个外壳中，机构复杂。相比之下，后桥的结构相对简单。整个底盘系统的拆解工艺具有较高的技术难度，主要包括传动系统拆解、变速器拆解、离合器拆解、主减速器与差速器拆解、车桥与悬架拆解、车身拆解等。

（1）万向传动装置及传动轴拆解　以桑塔纳汽车为例，介绍其前轮驱动轮胎传动系统的拆卸步骤。在进行拆卸之前，需要先取下车轮上的装饰罩、垫圈，松开传动轴紧固螺母。升起汽车，将轮胎及附带零件拆除。卸去制动软管支架，在车身上用钢丝固定制动钳。松开球形接头紧固螺栓，并采用特定工具压下横拉杆连接头，同时松开稳定杆紧固螺栓。拆卸传动轴并拿出。同样从变速器输出轴上取出半轴和万向传动装置。移除防尘罩，利用钢锯或液压剪剪掉等速万向联轴器的金属环，然后压下万向节的弹簧锁环并取出万向节内圈。为了拆卸外等速万向节，需要逐渐取出钢球，旋转内星轮与球笼。旋转球笼并拆下外星轮和球笼。旋转球笼，拿出内星轮。

（2）变速器拆解　使用液压剪或适当的工具来拆卸离合器拉索，并将车辆抬升，拆下半轴并安置支承装置。松开变速杆螺栓，脱离支承杆球头，分离内变速杆和离合块。拆下相关电子零件接头及配件，拆下离合器盖板，然后拆下排气管（请注意避免掉落、损坏地面或其他物体）。先放下汽车并固定发动机，松开与变速器的连接螺栓。举起汽车，松开起动机紧固螺栓，拆卸发动机中间支架，拆卸变速器减振垫和前支架，最后松开变速器和发动机下部之间的连接螺栓，拆下变速器总成。

（3）离合器拆解　桑塔纳2000型乘用车采用单片、干式、膜片弹簧离合器系统。离合器系统采用机械拉索式的分离系统，包括分离轴承、分离轴、分离轴传动杆和拉索踏板等部件。离合器踏板被踩下时，系统内分离轴承转动，按照顺时针方向，推动分离拨叉，分离离合器。如果要拆卸离合器，首先卸下变速器，将飞轮固定。对角依次松开离合器压盘的固定螺栓。卸下离合器盖和压盘总成，取下离合器从动盘。

（4）主减速器与差速器拆解　桑塔纳2000系列乘用车变速器结构为两轴式，主减速器采用单级螺旋伞齿轮，差速器所使用的齿轮为行星式，而车速表驱动齿轮安装在差速器的壳体上。输出轴上的锥齿轮为主动锥齿轮。

1）主动锥齿轮和从动锥齿轮总成拆卸。先将变速器固定在支架上，拆卸后盖、支座、传感器。锁死半轴，卸下紧固螺母，拆除传动轴及一系列相关齿轮。拆下主减速器盖，并取下差速器。固定住差速器壳，松开从动锥齿轮上的螺栓，取下从动锥齿轮。拆卸变速器的输出轴。

2）拆卸半轴齿轮和行星齿轮。首先需要取下差速器两侧轴承、齿轮及套筒，分离半轴齿轮和行星齿轮。拆卸变速器侧面、主减速器盖上、差速器轴承外圈的密封圈和垫片。夹紧套筒（行星齿轮轴），取下行星齿轮轴。拆卸下行星齿轮和半轴齿轮，完成差速器的分解。

（5）车桥与悬架拆解　剪断驻车制动拉索，分离制动管和制动软管。拆卸排气管的吊环，支承后桥横梁。拆卸车室减振器盖板，松开螺母并拆卸整个支承座。抬升汽车，拆下后桥。

（6）车身拆解　以小客车车身、货车车身、大客车车身为例分别说明汽车车身拆解工艺。

小客车的车身通常为承载式钢质焊接壳体。在拆解报废车辆时，一般采用直接挤压粉碎的方式，首先是拆除发动机、底盘系统以及车身主要电器系统等部件。接着拆除车内的内饰和座椅。然后拆除车身上的非金属部分，如风窗玻璃、前后塑料保险杠杠皮、密封橡胶条以及非金属翼子板等。同时也要拆除车身上可利用的零件，如车门、行李舱盖、刮水器电动机和后视镜等。最后使用油压机将整个车身压扁处理。

货车的车身一般为非承载式结构，有可进行独立或整体拆卸的车厢和驾驶室，如图8-4所示。

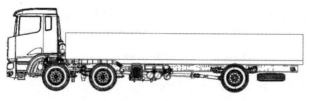

图 8-4 货车车身

1）货车车身拆解。在进行货车车身拆解时，首先需要使用适当的工具（如液压剪）拆除车身内部的电子信号零部件和导线。拆卸货车侧板和货厢的高栏栏板和挡泥板。松开货厢纵梁与车架的连接螺栓。完成这些步骤后，整个货厢可以移动。

接下来，开始针对驾驶室的拆解工作，需要先卸下与散热器罩相连的撑杆和穿销，将罩脱离承杆，然后取下发动机舱盖。拆卸散热器罩与支架之间的连接螺栓，取下发动机舱盖。卸下散热器罩与翼子板相连的螺栓，并拆除中间的胶垫。卸下脚踏板及其支架上的连接螺栓，并拆卸脚踏板及支架。

然后，拆卸各翼子板与车架和各道支架（前、中、后）之间的连接螺栓，取下翼子板以及发动机挡泥板。随后开始针对驾驶室的拆解：拆下座椅垫和靠背；拆下与仪表板相连接的转向盘、转向器支架和连接螺栓，并从转向器管柱上拆下支架及胶圈；卸下离合器踏板、转向器盖板、变速器盖板和蓄电池盖板，并拆掉加速踏板和制动踏板。拆下百叶窗拉杆、气压表空气管和速度表软轴等组件。

最后，对于驾驶室的拆解步骤，可以先卸除驾驶室前壁外侧的各种装置，如喇叭、发电机调节器和散热器支承杆等。去除车门上的后视镜以及左、右车门的限制器穿销和折叠穿销，然后将车门卸下。拆下驾驶室与左、右、后悬挂之间的连接螺栓，并使用行吊来协助移动驾驶室，以完成拆解的过程。

2）驾驶室拆解。收音机、遮阳板、刮水器等功能零部件分别拆下。

3）车厢拆解。首先拆卸货车的左侧、右侧和后侧高栏板，取出边板折页穿销，并分别取下左后边板和右后边板。旋下带有安全架的前边板以及连接货厢前部和纵梁的固定螺栓，将前边板和安全架取下。从货厢底板起始点开始，卸下底板与横梁之间的连接螺钉，并将底板翻转并拆下纵梁和横梁。完成了纵梁和横梁的拆卸之后，接下来是拆卸连接角支承板的固定螺栓，取下各角支承板。若要分离纵梁和横梁，需要先取下旋下 U 形连接螺栓上的螺母，然后取下 U 形螺栓。拆卸横梁与货厢底板之间的连接螺栓，使横梁与底板分离。取下横梁和横梁垫板。拆卸货厢底板上的各折页固定螺栓，取下各长页板和短页板。按顺序逐个将长木板从底板边框开始取下。分别卸下折页板、绳钩和垫板从横梁上，并将连接板从纵梁上拆卸。拆卸边板上的固定螺栓和挂钩，取下挂钩即可完成拆卸过程。

4）车门拆解。开始解除车门限制器和驾驶室门框的销螺钉和折页销，并取下车门总成。解除工作孔盖板的固定螺栓并将其取下，然后从工作孔中取出车门限制器。通过操作升降器手柄，使门窗和升降器滑到玻璃槽内。解除升降器与滑槽的连接，可以通过拨动 T 形杆上的滚子轴并从滑槽中取出升降器。在工作孔内将滑槽及玻璃往上推，并通过车门上方的窗口取下玻璃和滑动铁槽。此外，解除升降器总成的摇把，可以通过旋下固定螺钉将其取下，并卸下与车门内壁连接的固定螺钉。从工作孔处取出升降器总成。拆卸内门把装置。先旋下内门把的固定螺钉，然后旋下门锁联动杆与车门内壁连接的固定螺钉。通过工作孔，伸手将联动杆前端的销孔与传动销钉脱离，将联动杆与门锁分离，最后取出联动杆总成。车门的拆卸步骤如下：首先拆下外门把，通过旋下外门把与车门连接的固定螺钉来完成。然后拆下门锁总成，旋下门锁与车门内壁连接的固定螺钉，并从工作孔中取出门锁总成。接着拆下玻璃绒槽和密封条，通过旋下玻璃绒槽与门框的固定螺钉来完成。如果需要，可以采用液压剪或氧割等方式来分离连接部件。

大型客车的车身通常采用厢式整体结构，外部由金属薄板（早期也有使用玻璃钢制成）铆接在车身骨架上，内部使用装饰板进行封闭。在拆卸过程中，需要先拆下前后保险杠。车门大多采用单向或双向折叠结构，在拆卸时只需摘下门销即可将车门分解。然后，拆下车内座椅、车身内外装饰板、金属板、车窗和玻璃等部件。如果需要拆解车身骨架，通常会采用切割方法进行分离。

4.电气系统拆解

电气系统是保证汽车安全性、动力性、舒适性和可靠性的重要组成部分（见图 8-5）。随着汽车技术的进步，电气系统的种类和数量在不断增加。现代车辆的电气系统大致包括电源、用电设备、仪表系统、电子控制系统和配电系统五大类。其中电源包括蓄电池和发电机，两者并联供电；用电设备包括起动、点火、照明、信号四个系统和辅助用电器设备；仪表系统帮助驾驶人了解汽车各系统的工作情况，如充电指示灯、温度表、燃油表、车速及里程表、发动机转速表汽车仪表板上的故障警报灯等；电子控制系统由微计算机或单片机操控电子装置，如燃油喷射、制动防抱死、自动变速器电控、主动悬架等；配电系统则包括中央接线盒、保险丝盒、继电器和接插件。这些电气部件和系统共同构成了汽车的基本电气架构。汽车电气系统的拆解步骤如下：

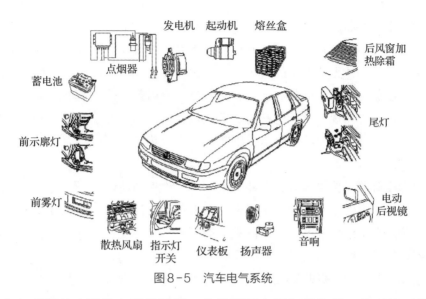

图8-5 汽车电气系统

（1）硅整流交流发电机的拆解 首先拆下电刷相关组件。然后旋开螺母，分离后轴承与防尘盖，将分离前后端盖。取出定子绕组端头，分离定子总成与后端盖。拆卸整流器总成并将附近带轮的组件拆解。

（2）起动机的拆解 使用扳手旋转电磁阀开关上的连接柱处的螺母，将其松开并移除导线。从起动机上拆除衬套座、端盖和垫片组件等附件。使用钳子将电刷弹簧抬起，摘掉电刷架和电刷。在励磁绕组被拆除之后，拆除位于驱动端端盖的电磁开关相关零件。转子取出后，拆除传动叉，然后拆除驱动齿轮和单向离合器，最后拆除衬套。

（3）汽车照明和信号系统的拆解 汽车照明和信号系统主要由外部照明系统、内部照明系统和信号报警系统构成。前照灯、雾灯、倒车灯和牌照灯等属于外部照明系统，而内部照明系统则包括阅读灯和顶灯等。信号系统包括扬声器、制动灯和转向灯等功能。拆卸照明和信号系统零部件时，需要分别拆卸组合开关、前照灯、转向灯、雾灯、尾灯、牌照灯、行李舱灯等各部分。车内照明灯和制动灯开关也需要被拆卸。

（4）汽车仪表板及辅助电器的拆解 拆卸桑塔纳2000型乘用车的仪表板需要按照以下步骤进行。首先关闭点火开关，断开蓄电池线路。从仪表板上拆除外饰板和装饰条等。拆卸转向盘和扬声器线路，外倾仪表板，分离线路接口件，拆下收放机以及各种接线口。拆下出风口处零件。从旋开仪表板上的螺母，剥除电气胶带，然后将整个仪表板总成取下。修复刮水器和清洗装置需要涉及多个零部件，如熔断器、开关、继电器、电动机、支座、橡皮条和喷水泵。对于橡皮条的拆卸，需要使用鲤鱼钳和两块钢片从几个夹子中取出橡皮条，并将新的橡皮条牢固地固定，然后插入上端夹子和下方的槽口。

（5）汽车空调系统的拆解　在拆解空调系统过程中，需要特别注意制冷剂的性质，它是一种无色无味的气体，密度比空气大，因此操作时应保证通风情况良好，以免发生窒息危险。为了安全起见，要佩戴好保护装置，如手套和保护镜等，同时要在规定场所的密封容器里储存制冷剂。此外，在拆卸制冷系统的零部件时，必须避免产生热源，以防制冷剂因热分解而产生有害物质对人体造成损害。

拆卸冷凝器，首先需要拔掉蓄电池插头，然后排掉制冷系统内的制冷剂。接下来拆卸压力管，并在同时密封管口，以免异物进入。最后旋开压缩机固定螺栓，将压缩机组件取下。关于冷凝器的拆卸，必须先排空制冷剂，然后拆下散热器。拆卸冷凝器的连接管，旋开螺栓，并取下冷凝器。针对蒸发器的拆卸，首先要排空制冷剂。拆卸进气风箱盖和外壳，并封住管端口以及高压管的固定件和储液罐。然后拆卸低压管的固定件和压缩机管路，并封住管端口。拆卸仪表板上相关配件，然后拆卸蒸发器口的感应管、蒸发盘和蒸发器。拔下空调电磁离合器插头，排空制冷剂，并拆卸管路接头。将管子端口封住，拆下储液罐，完成储液干燥器的拆卸。

8.3　汽车材料回收的主要流程及关键技术

废弃的汽车虽然无法继续使用，但其中含有许多有价值的金属和非金属材料，可以回收利用。自然存在的金属矿石中金属含量较小，种类繁多，必须经历多个复杂工艺步骤才能生产出合格的产品，这些过程消耗大量能源，并对环境造成不良影响。然而，废弃车辆中的有色金属主要以单一形态存在，各成分之间存在明显的物理或化学差异，因此可以有效地进行分离和回收。此外，废弃汽车中的一些非金属材料（如橡胶、塑料、玻璃等）虽然在使用过程中可能发生物理性能下降，但可以通过分离和二次处理，重新加入到新汽车的配件中，实现材料的循环利用。

根据汽车的用途、设计和制造方法的差异，所选择的材料也存在差异。目前，在新型汽车的制造中，为了实现低碳排放，不断采用性能卓越、安全性高、轻量化和强度优异的新材料。不过，总体而言，钢铁仍然是全球汽车制造中最常使用的材料，其占比约为80%（其中铸铁件占3%~5%）。除钢铁外，其他材料包括有色金属和非金属材料等也广泛应用于汽车制造中。各种材料在报废汽车整车质量中所占比例见表8-2。

表8-2　各种材料在报废汽车整车质量中所占比例

拆解料名称	废钢铁	可回用零部件	废有色金属	废塑料	废橡胶	废玻璃	废油	拆解损耗及废弃物
比例（%）	55~65	8~10	3.5~4.5	4.5~5.5	4~6	2.5~3.5	1.5~2.2	15~22

在进行汽车拆解时，需要按照一系列特定步骤有序进行，其中包括人工和机械拆卸，并同时进行废弃物的分类收集和处理。在开始拆解废弃车辆之前，首先进行必要的预处理程序，然后将其分离为外部组件、内部组件和总成部件。对于中型和大型车辆，人工拆解完成后，剩余的废弃材料将经过机械压缩处理。而对于小型车辆，在残骸会被送入废弃汽车集成处理设备中，通过破碎、分类筛选等多个步骤进行深度处理。拆解总体工艺如图8-6所示。

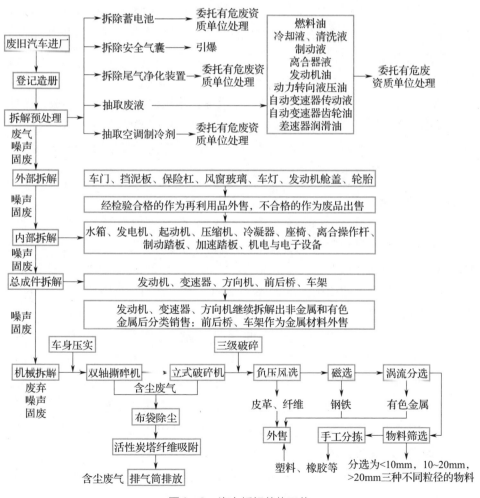

图8-6　汽车拆解总体工艺

8.3.1　金属回收

根据统计数据，汽车质量约80%是金属材料。其中，有色金属在回收的金属中占比为3%～4.7%。有色金属包括铝、铜、镁合金以及少量的锌、铅和轴承合金。虽然废弃汽车中有色金属的比例相对较小，但它们具有很高的利用价值。因此，在拆解废弃汽车时，钢铁类物质可以先分离出来，然后送至钢铁冶炼厂进行再制造，这个生产过程相对简单。需要注意的是，虽然有色金属在废弃汽车中所占比例较小，但其具有重要的资源回收和再利用潜力。

1. 常见金属

有关有色金属和非金属的分选方面，Oladapo B I 等学者开发了一项基于电容式接近传感器技术的创新方法。该技术利用传感器在检测区域识别不同材料，并通过与 PLC 控制单元的通信，控制双向气缸，实现物料分离。美国休轮瓦力公司的一种分选技术，利用双能 X 射线有效分离出尺寸大于 5mm 的片状金属，用来回收铝材。另外，日本的 Koyanakas 等学者研究了分选技术，以实现铝材和镁材的分离。该技术基于视密度和三维成像，运用数据库中获得的物料信息、质量和视密度等数据，通过比对分析和算法处理，准确确定物料的类别。此外，咎雪松等人还通过气刀分选技术成功回收不锈钢，该技术利用高速气流对不锈钢进行冲击，以实现不锈钢与非金属材料的分离。

2. 稀有金属

三元催化剂（Three-Way Catalysts，TWCs）广泛应用于汽车尾气处理，相关技术的主要原理是利用铂族金属作为催化剂，分解有害气体。目前，铂族金属的需求不断增加，铂族金属最重要的来源就是废弃的 TWCs，所以废旧 TWCs 也被视为可循环再生的铂矿。每 2t 废弃 TWCs 中含有 1kg 的铂族金属。为了回收废弃 TWCs 中的铂族金属，采用了多种回收方法，包括等离子熔炼法、火法氯化和蒸发法、金属捕集法、加压氰化法以及活性组分溶解法等。一些处理技术可以实现90%以上的回收率，并且可以分离和回收所有富集物成分。相比于从原料金属中提炼获取，从废弃 TWCs 回收的成本、能源消耗更低，环境污染更小。因此，废弃 TWCs 的回收及相关技术的研发受到各汽车消费国家的高度关注，并积极进行产业发展，这一方面有助于满足铂族金属需求的增长，另一方面也促进了环保可持续发展的实现。

我国面临着铂族金属储量短缺的问题，铂族金属主要依赖于进口。然而，被称为铂族金属的"富矿"的废弃 TWC 中含有丰富的铂族金属。因此，回收废弃的 TWCs 中的铂族金属、钯和铝等金属元素，可以缓解我国的供需紧张局势。但是我国规范化回收废弃 TWCs 的效率较低，大部分废弃材料流向国外，还有一些流向小规模加工场所，这导致大量资源损失，并且加剧了环境污染。因此，加强对废弃 TWCs 规范化回收利用工作的重要性不言而喻，对于保障我国战略资源储备和环境污染的防治具有重要意义。

废旧动力电池中存在大量可以回收利用的稀有金属，如废旧三元锂电池中有 12% 的镍、5% 的钴、7% 的锰和 1.2% 的锂。如果能够有效回收这些金属并且进行再利用，废旧动力电池将成为"高级矿脉"，带来巨大的经济收益。据预计，到 2025 年，这一市场的规模有望达到 600 亿元。有效回收废旧三元锂电池中的稀有金属对于资源的可持续利用至关重要。这不仅将减少对原始矿石的需求，还能减少环境污染和能源消耗。因此，废旧动力电池的回收利用备受关注，并具有巨大的发展潜力。这种发展不仅能够为经济带来收益，也为环保和可持续发展做出了积极贡献。

鉴于锂资源不可再生且储量有限，近年来资源枯竭逐渐成为问题。废弃的锂电池经过分离回收可以获得铜、铝、锂、铁等珍贵金属资源。经过适当处理的各类回收材料可以再次用于电极材料的制造，从而带来巨大的环境和经济效益，对社会产生积极影响。

8.3.2　非金属回收

随着汽车轻量化研究的快速进展，汽车中使用的非金属材料所占比例不断增加，也使得合理有效地回收和再利用车用非金属材料成为一项具有挑战性的任务。一方面，由于汽车采用的非金属材料种类繁多，因此在拆解后很难进行准确分类，给回收过程带来了困难；另一方面，非金属材料由于老化而降低了其回收后再利用的可能性，从而减小了非金属材料的回收价值。

为了推动汽车再制造产业的发展以及解决所使用在汽车上的塑料污染问题，有必要发展废弃汽车塑料零部件的回收利用技术。这不仅符合国家循环经济的发展要求，还有助于实现可持续发展和绿色经济。研究废弃汽车典型塑料零部件的回收利用技术，旨在促进资源的节约和环境的保护，推动社会、经济和环境之间的协调发展。

1. 塑料的回收利用

塑料是在汽车工业中被广泛使用的材料，可以替代许多金属部件，有助于降低车辆自重并提高燃油效率，同时使汽车造型更加美观和部件的使用更加灵活，并降低了加工、装配和维修成本。随着时间的推移，汽车上采用的塑料和其复合材料越来越多。高性能工程塑料的使用数量成为衡量现代汽车工业发展水平的重要标志。

当前，汽车领域广泛应用的塑料零部件已经超越了仅具有装饰和美观功能的层面，它们在结构和功能件中的应用日益普遍。除了常见的传统塑料种类，还涵盖了复合材料或塑料合金等更为多样化的材料，其强度更高、抗冲击性和耐用性更好。

我国汽车产量和销量近年来呈快速增长趋势，随着报废汽车数量增加，废旧塑料大量产生。根据每辆车平均塑料的用量，年均数百万辆报废汽车会产生高达几十万吨的废旧塑料。这些废旧塑料是重大的环境隐患，是自然环境和人类健康头上的一柄悬刃，如得不到妥善处理，就会产生严重后果。将废旧塑料再利用和再制造是最有效的回收方式，除此之外，还有其他塑料材料的回收利用技术见表8-3。目前，大多数报废车辆中的塑料部件都是作为拆卸残留物处理的，其中主要原因是车用塑料混合物识别技术和分离技术不够成熟。

表8-3 其他塑料材料的回收利用技术

回收利用形式	生产过程/原理	用途	备注
熔融再生	清洗—粉碎—熔融—造粒	农业、渔业、建筑、工业和日用品	适用于热塑性塑料
改性利用	在熔融造粒过程中加入各类增韧、增强、填充剂进行物理改性。通过接枝、共聚等方法在分子链引入其他链节和功能团，或通过交联剂等进行交联，或通过成核剂、发泡剂进行化学改性		
粉碎	分选—清洗—破碎	作为填料使用	可用于热固性塑料
炭化	分选—清洗—破碎—炭化—后处理	生产活性炭	大多塑料都适用
热分解	将废旧塑料制品中的原树脂高聚物进行较彻底的大分子链分解，使其回到低摩尔质量状态，而获得使用价值高的产品；不同品种塑料的热分解机理和热分解产物不同	化工原料和燃料	该技术是对废旧塑料较彻底的回收利用技术，分为高温裂解和催化低温分解两种
化学分解	将废弃塑料水解或醇解，使其分解成单体或低相对分子质量物质，重新成为高分子合成的原料	化工原料	对废旧塑料清洁度、品种均匀性和分解时所用试剂要求较高，不适合处理混杂性废旧塑料
能量回收	燃烧提供能量	热能	大多塑料都适用

将碎片状塑料分选出来有以下几种方法：将塑料残片置于密度不同的溶液中进行浮沉分选；重力筛选，依靠塑料残片的比重和形状差异，引入气流从上方进行分离，将塑料与金属等物质分离开来；溶解沉淀分选，根据塑料材料的溶解性差异，将塑料残片置于不同溶剂中进行溶解和沉淀，以实现分选的目的。资源化利用是另一个重要方面，分选好的塑料经过处理可以再利用，利用化学反应进行利用，包括直接再生、改性再生和能量回收等。废旧聚苯乙烯泡沫塑料可以应用于土壤中，将经过粉碎的废旧聚苯乙烯泡沫塑料与土壤混合，以改善土壤特性。另外，轻质混凝土的生产制造过程中也可以加入废旧聚苯乙烯泡沫塑料，还有一些电子材料中也添加了废旧聚苯乙烯泡沫塑料。下面将结合汽车上的主要塑料零部件对其回收过程展开介绍。

（1）保险杠　汽车保险杠国内再利用的方法通常是熔融法，首先把表面的漆膜去除，通常使用化学药品清除，然后用来制作低品质的塑料制品。但使用化学物质去除漆膜的效果不好，处理能力也较差，产生废物会对环境造成危害。有企业选择热解法处理废旧保险杠，将保险杠转化为燃油或燃气，但热解法有缺陷，其残留物处理难度大，可能带来二次污染。在回收过程中加入化学药品对回收物进行改性再利用的做法也较为流行。保险杠回收工艺流程如图 8-7 所示。

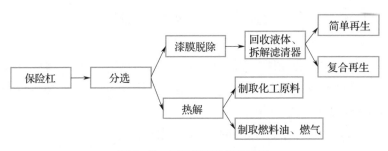

图8-7　保险杠回收工艺流程

不同国家对废旧汽车保险杠的回收利用方法存在差异。国外在废旧汽车保险杠回收利用方面更多地采用物理手段进行分离，依靠的是不同塑料材料属性进行处理。例如，日本东京都立大学学者采用密度分选法，在水槽内施加强磁场以实现不同磁性程度和浮沉性质的塑料分离，从而分离保险杠材料。然而，如何高效去除保险杠表面的漆膜仍然是一项具有挑战性的技术问题，一些国外机构正在积极研究解决这个问题。例如：韩国现代汽车公司采用水射流冲击去除表面漆膜；而日本的 Tatsuda N 等研究者则通过高压水去除漆膜，并利用双螺杆活性挤出机获得可用于制造新保险杠的一些原材料；Yamamoto 等研究者使用差速辊筒法去除漆膜；SINTOKOGIO 公司则采用喷丸冲击的方法去除塑料表面的漆膜剥落，并进行回收处理。这些研究旨在提高废旧汽车保险杠回收利用的效率和可行性。通过上述方法，他们致力于解决废旧汽车保险杠处理中的技术难题，并推动回收利用的发展。

（2）燃油箱　我国目前主要采用能量回收和热解两种方法对报废的燃油箱进行再利用。能量回收法是指将废燃油箱与煤混合后，在水泥密闭环境中进行焚烧，最大程度地利用燃烧产生的热能。而热解法则通过多个处理步骤对废弃的塑料进行处理，包括预处理、热裂、高温分解和冷却回收，从中获取热解燃油和燃气。不过这两种方式均有缺陷，首先是回收效率低，其次是环境污染。

近年来，许多国外研究人员研发了新的汽车燃油箱回收再利用技术。美国的 J. M. Yernaux 等研究人员开发了新的系统，这套系统目的就是解决报废燃油箱回收的问题，该套系统能够高效回收高密度聚乙烯材料，并将其再次应用于燃油箱的制造中，这些材料具有出色的性能。另外，美国的 Brooks 等人为了解决废旧燃油箱回收问题，试图将燃油箱材料进行转化，后来成功采用了蒸汽爆破法，这一方法能够在木材的参与下，把废弃的高密度聚乙烯燃油箱转化为混合纤维材料。而日本的 ITOM 等研究人员利用化学反应与物理处理实现报废燃油箱塑料的回收，回收的材料用于石油工业。此外，德国的巴斯夫公司利用蒸馏法清洁燃油箱表面，延长加热时间，以提高持续时间的方式遏制燃油箱塑料质量下降。

这些新技术的出现为燃油箱回收再利用提供了更多选择，并有望提高回收效率，减少二次污染的风险。这些创新方法的应用有助于推动燃油箱的可持续发展，减少资源的浪费和环境负担。

（3）散热器格栅和车灯　散热器格栅和车灯通常采用 ABS 和聚甲基丙烯酸甲酯（Polymethyl Methacrylate，PMMA）等材料制成，回收这些材料时遇到的主要问题是如何有效去除格栅和灯具内的杂质。

国内目前还没有专门研究散热器格栅和车灯回收利用的相关技术。一般为焚烧和填埋，少部分会被用于生产低品质的塑料制品或经过改性后再用。例如，利用丙酮溶液将处理得到的 PMMA 碎块制作成粘结材料，如玻璃、陶瓷、石材等的黏合剂。

国外对散热器格栅和车灯的回收技术进行了广泛的研究。荷兰的 Foma Engineering 公司开发了一种离心分离系统，可用于分离 PMMA 和 ABS 等材料。这个系统能够对塑料进行细分离，提高分离的精度，并获得纯净度较高的材料。

比利时的 K. Smolders 等研究人员将流化床用于分解 PMMA，采用热分解的处理方式将 PMMA 分解，最终获得甲基丙烯酸甲酯（Methyl Methacrylate，MMA），并取得了很大的成功，这种方法的回收率可达到 90% ~ 98%，为有效回收 PMMA 提供了一种可行的技术途径。这些研究成果为散热器格栅和车灯的回收提供了有益的启示。通过创新的技术手段，能够去除杂质并回收高质量的 ABS 和 PMMA 等材料，有助于减少资源浪费，并为再生制造业提供更多高附加值的产品。

（4）内饰件　汽车内饰件中有大量的塑料及其复合材料可以回收利用，典型汽车内饰件回收利用技术开发要点见表 8 - 4。

表 8 - 4　典型汽车内饰件回收利用技术开发要点

部件名称	主要成分	约占整车比重（%）	回收技术要点
仪表板（含副仪表板）	PU、PP、ABS/PVC 合金	0.5	各种不同材料的分选
座椅	PU、PVC	0.5	去除表面污物、切断和分选
车门内板	PP/ABS	0.35	破碎、分选
顶棚（含后窗内饰板）	PU、PP、ABS/PVC	0.6	各种材料分选和分别利用
杂物箱（含杂物箱垫及地垫）	PP、软质 PVC 或橡胶	0.45	去除表面污物、各种材料分选和分别利用

1）仪表板。仪表板的形状和组成使其难以被回收和再利用，国内通常采用与燃油箱类似的能量回收和热解方法。海外研究人员开展了针对 PP 类仪表板的回收利用技术的研究。其中，Toshino 等人开发了一项技术，可以将废弃的 PP 类仪表板回收，并生产出一种树脂复合材料。这种树脂复合材料中有 45% ~ 65% 的 PP、10% ~ 20% 的乙烯橡胶、20% ~ 40% 的无机填料。利用这种树脂复合材料可以制造出新的仪表板基体。另外，G. Ragosta 等人也进行了有关多层结构聚烯烃类仪表板回收利用的研究，他们开发了一种技术，可以有效提高回收塑料的性能。通过这项技术，回收的塑料可以用于生产新的塑料零部件。这些研究成果对于 PP 类仪表板的回收利用提供了有益的启示。通过创新的技术手段，可以有效回收废弃的 PP 类仪表板，并将其转化为具有一定比例的树脂复合材料，用于生产新的仪表板基体。同时，对于多层结构聚烯烃类仪表板的回收利用也有相应的技术方法，有助于提高回收塑料的性能，为生产新的塑料零部件提供可行方案。Botsch M. 则利用风选和电选技术分离仪表板中由 ABS/PC、PU 和 PVC 组成的部分。这些研究成果为塑料回收利用领域的可持续发展做出

了重要贡献。

2）座椅。在汽车座椅制造中，其表皮、骨架和缓冲垫上使用了多种塑料材料。座椅的美丽外观一般通过使用 PVC 人造革、各类合成纤维、真皮或人造皮革来实现。因为柔软舒适同时具有很高的弹性，所以高弹性 PU 经过模压发泡后常用于生产座椅的缓冲材料。热塑性玻璃纤维增强聚丙烯材料可以承担其座椅的骨架的需求。用于座椅缓冲的 PU 泡沫，回收起来后可以用于制造减振、降噪零件。为了有效回收利用 PU 泡沫，研究人员开发了一种新的回收技术。该技术将二苯基甲烷二异氰酸酯（Methylene Diphenyl Diisocyanate，MDI）预聚物添加进废旧 PU 泡沫颗粒与泡沫胶布板混合物中，通过一系列处理步骤，最终生产出新的泡沫塑料。Stefano Andreolli 等研究人员还提出了闭环和开环两种 PU 的回收模式，工艺路线如图 8-8 所示。通过这些创新技术和模式可以有效地回收和利用废旧汽车座椅中的 PU 泡沫，推动资源的循环利用。

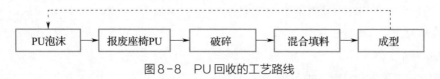

图 8-8　PU 回收的工艺路线

3）车门内板。在汽车的车门内板制造过程中，常用热塑性聚烯烃（Thermoplastic Polyolefin，TPO）和 PVC 制造车门内板表皮，PU 泡沫或 PP 泡沫用于中间层，ABS 和增强 PP 等材料强度、刚度等力学性能能够满足车门内板的骨架需求，因此常用于车门内板骨架。上海交通大学的研究人员陈铭利用机械回收方法，进行了车门内板材料的回收研究。如果车门内板上有织物，则首先需要将织物除去，然后通过浮选和静电分选等技术手段，将 PP、PVC、ABS 和 TPO 等塑料分离出来，并获得单一成分的材料。陈铭等人的研究开发提供了一种可以有效回收废弃车门内板材料的机械回收方法。在整个处理过程中没有织物的干扰，有助于获得纯净的材料组分。

4）顶棚。顶棚是汽车内饰中较大且显著的部分，它由多种材料构成，包括 PU、PP、ABS/PVC 等材料。由于顶棚材料的复杂性，不同层次之间的区分和分离变得非常困难，目前还没有有效且专门针对顶棚材料的回收利用技术，区分和分离不同材料层次的问题至今未得到很好的解决。目前，较常见的方法是通过热解将顶棚材料进行加热处理，将其分解为燃料或燃气等可利用的物质。

5）杂物箱。由于杂物箱主要采用 PP 材料制造，所以对于它的回收较为简单。首先将其清洗干净，可以与其他使用 PP 材料的零部件一起进行回收处理再利用，或者选择其他技术，如采用热解法，将杂物箱反应分解，获得可利用化工原料、燃料和燃气等。而杂物箱垫和地垫的材料需要有弹性和柔软，因此大多数使用橡胶或发泡软质 PVC 材料。由于发泡软质 PVC 材料的低密度和轻质特性，所以通常会与其他难以处理的塑料材料进行混合处理，然后通过热解法来提取化工原料，或者通过燃烧来利用热能。

2. 橡胶的回收利用

轮胎是汽车的消耗品，随着汽车工业迅猛发展以及道路行驶车辆越来越多，废旧轮胎的数量也大量增加，怎么能有效地将轮胎回收处理再利用、充分发挥其价值受到了广泛关注。因为废橡胶是热固性聚合物，在高温时会发生分解，其在自然条件下难以降解，会一直残留在自然界中，因此被称为"黑色污染"。我国作为橡胶消费大国，每年需要大量进口橡胶，同时每年也产生数百万吨的废橡胶，给环境带来巨大压力，对生态和人民健康构成威胁。橡胶零件的生命周期如图 8-9 所示，常用的橡胶回收利用技术见表 8-5。此外，表 8-6 列举了几种常见橡胶回收方法的比较。

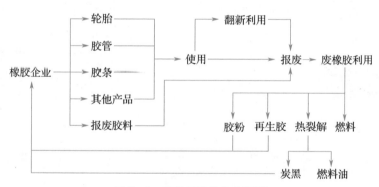

图 8-9　橡胶零件的生命周期

轮胎是汽车易损件，一般使用寿命在 2~3 年左右，因此每辆车每 10 年需要进行 3 次轮胎的更换。全球每年生产的橡胶制品约有 50% 用于制造轮胎，每年废弃的轮胎近千万吨。长期统计数据显示，在我国，橡胶生胶产量的两倍即为橡胶制品的产量，而橡胶制品产量的约 40% 是废旧橡胶的产生量。废旧橡胶产量的 60% 是没有得到有效回收利用的，只有约 40% 得到了回收，大约为 1828 万 t。这一数据表明，我国橡胶制品生产产生的废橡胶数量相当可观。尽管部分废橡胶的回收利用，但仍有一大部分废橡胶无法得到有效处理。因此，需要进一步加强废橡胶的回收工作，提高回收率，以减少资源浪费和环境污染。通过采用先进的橡胶回收技术，可以将这些废弃橡胶转化为有价值的再生橡胶原料，

表 8-5　常用的橡胶回收利用技术

回收利用形式	生产过程	用途	备注
原形改制	原形改制是通过捆绑、裁剪、冲切等方式，将废旧轮胎改造成有利用价值的物品	最常见的是用作码头和船舶的护舷，沉入海底充当人工渔礁、用作航标灯的漂浮灯塔等	主要用于轮胎，消耗量小，仅能作为辅助方法
轮胎翻新	翻新是利用废旧轮胎的主要和最佳方式，就是将已经磨损的、废旧轮胎的外层削去，粘贴上胶料，再进行硫化，重新利用。轮胎翻新有"热翻新"和"冷翻新"两种形式。"热翻新"是将混合胶粘在经磨锉的轮胎体上，然后放入固定尺寸的钢质模型内，经过温度高达150℃以上硫化的加工方法。"冷翻新"是将预先经过高温硫化而成的花纹胎面胶粘在经过磨锉的轮胎体上，然后安装在充气轮辋，置入温度在100℃以上的硫化室内进一步硫化翻新	轮胎	用于轮胎
胶粉	去除非橡胶成分—切胶—粉碎 常用的粉碎方法有常温粉碎法、低温粉碎法、超微细粉碎法、其他还有臭氧粉碎法、高压爆破粉碎法、湿法粉碎法、高温超速粉碎法、常温挤压粉碎法、高压枪射击粉碎法	制作改性沥青铺路（飞机跑道、高速路等） 掺用于塑胶跑道 防水卷材 废胶粉混凝土枕木 废胶粉制地板	道路沥青中掺用胶粉可延长使用寿命，夏天晒不软、冬天不易结冰，提高交通安全性 运动场地采用塑胶跑道中掺用 50% 的胶粉 使用胶粉与 SBS 生产防水性防水卷材，将其用于建筑防水 将胶粉与沙子、石子和水泥混合用模型制成铁路枕木 性能优良的铺地材料，产品无异味，易着色 适用于所有橡胶制品

（续）

回收利用形式	生产过程	用途	备注
再生胶	橡胶制品分类—切胶—水洗—干燥—粗碎—细碎—过筛—风选—再生剂—捏炼—滤胶—精炼—出片　常用脱硫方法有水油法、油法、快速脱硫法、高温连续脱硫法、低温塑化法、微波法等	鞋底、轮胎、输送带、胶管等各类橡胶制品	适用于大多数橡胶制品
热裂解	清洗—粉碎—热解反应—分解产物回收　常用热解技术有常压惰性气体热解技术、真空热解技术、熔融盐热解技术	裂解生成气、油、炭黑、钢及玻璃纤维。裂解气主要包括一氧化碳、氢气、氮气、少量甲烷、乙烷和硫化氢，可作为能源使用。液体油可作为燃料，也可作为催化裂解原料生产高质量汽油。热裂解炭黑包含无机化合物，可作为燃料、沥青或橡胶产品填充剂和添加剂	
能量回收	燃烧提供能量	热能利用	难点是二次污染防治

169

表8-6　常见橡胶回收方法的比较

对比指标	胶粉	再生胶	热裂解
资源化利用率	最高	较高	低
环境友好程度	最高	最低	较低
单位环境投资	最低	最高	较高
单位能源消耗	较低	最高	低
单位投资成本	较高	较低	最高
单位生产成本	高	较高	低
产品使用范围	广泛	较窄	窄
主要使用国家和地区	美国、日本、南非、加拿大、欧盟各国、中国	中国	中国、日本、澳大利亚

用于制造新的橡胶制品。这不仅有助于节约资源、降低生产成本，还有利于环境保护和可持续发展。

　　加强橡胶废物的再利用和回收工作，推动橡胶行业向更环保和可持续的方向发展，具有重要意义。同时，需要在政策、技术和管理等方面持续努力，以提高废橡胶回收的效率和规模，最大限度地发挥其经济和环境效益。

　　目前，处理废旧轮胎的方法主要包括整体再用、再生利用、热裂解、掩埋储能和焚烧转能等。其中，整体再用的主要方法是轮胎翻新，但翻新的是胎基而不是其中的橡胶材料，而再生利用则主要是橡胶材料的再生利用，通过机械加工和脱硫破坏制成再生橡胶。此外，废旧轮胎也可以通过热裂解获取燃料气、油和炭黑等化工产品。掩埋储能是直接掩埋，但处理成本高，发展前景有限。焚烧转能用于发电、冶金和水泥制造等，但受到环保和热辐射危害等问题的影响，不是很好的方法。

　　废旧轮胎的再生工艺流程如图8-10所示。

3. 玻璃的回收利用

　　大量汽车玻璃被废弃而未得到充分利用，对环境造成新的污染。拆卸后的汽车玻璃如果未破碎或磨损少，可以简单修复后再次使用。但目前快速切割技术方案有待开发，使玻璃完好无损地再利用存在制约因素。报废汽车玻璃的回收利用主要分为直接利用和间接利用。直接利用即加工碎玻璃，将其投入熔窑生产平板玻璃或器皿；间接利用指利用报废玻璃生产其他产品，报废汽车玻璃的间接利用方式见表8-7。除了传统普通玻璃，现今汽车上广泛采用夹层玻璃以提高安全性。夹层玻璃可加热至中间高聚物软化温度脱离分别回收。由于汽车上还应用彩色玻璃、具有吸光能力的玻璃、带有有机涂层的玻璃等，构成不完全相同，导致玻璃回收难度更大。

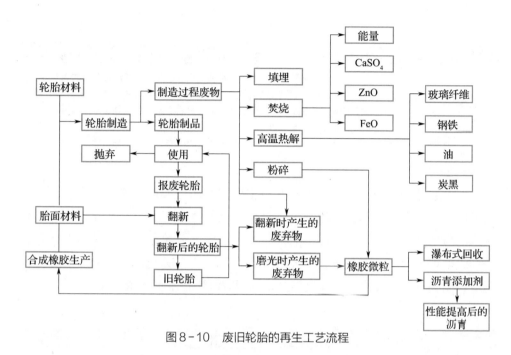

图 8-10　废旧轮胎的再生工艺流程

表 8-7　报废汽车玻璃的间接利用方式

间接利用玻璃产品的名称	特点和用途
高压线路玻璃绝缘子	具有质量轻、能耗与成本低、使用寿命长、耐污性好等优点，能减轻高压输电线路跳闸停电的概率
高速公路用玻璃道钉	具有耐磨、耐压、无须更换等优点，其强烈的反光作用使驾驶人能够随时察觉路面的交通状况
玻璃微珠	空心玻璃微珠热力学性能稳定、化学稳定性好、强度高、不易变形、比表面积大、负载与分离性能好，被广泛用作催化剂的载体；实心玻璃微珠由于具有高折射性能，所以可用于制作道路的标示线、广告标牌、电影屏幕等
U 形玻璃	具有很好的透光性、隔热性、保湿性和较高的机械强度，用途广泛、施工简单，可代替轻金属型材
空心玻璃砖	具有独特的建筑和装饰效果，广泛应用于宾馆、写字楼、图书馆及高档住宅
泡沫玻璃	密度小、强度高、导热系数小、化学稳定性好，具有保湿、隔热、吸声、防潮、防火等性能，广泛应用于高湿隔热、低温保湿、防潮工程等场合
墙体及装饰板材	无毒、防火、纹理和花色繁多，装饰效果好，而成本约为普通天然石材的 60%，生产工艺简单，碎玻璃的利用率为 95%，是一种高附加值、绿色环保的建筑装饰材料
微晶玻璃	对废弃碎玻璃的利用率较低，生产成本和销售价格高，仅用于少量高档建筑物的外装饰

（续）

间接利用玻璃产品的名称	特点和用途
混凝土砂浆主要骨料	碎玻璃颗粒形状的不规则性可使混凝土砂浆在搅拌混合过程中保持足够的水分，有利于混合的均匀性，同时砂浆中的碎玻璃颗粒之间可以形成网状结构，大幅减少了砂浆在浇注后各骨料之间产生的分层现象，能明显提高混凝土的强度

4. 其他非金属的回收利用

（1）皮革及纤维　在汽车上，皮革主要用于座椅面料、仪表板表皮、方向盘与门内护板表皮等部位。随着人们对环保及舒适度要求的不断提高，皮革在车内的应用越来越广泛。然而，如果放任废旧皮革被抛弃，不能对其进行有效的回收处理再利用，则会造成环境污染和资源浪费，所以废旧皮革如何妥善处理应该受到更多的关注。一些废旧皮革的回收利用技术可以参考表 8-8。

表 8-8　一些废旧皮革的回收利用技术

回收利用形式	工艺过程	用途	备注
再生皮革	将废旧皮革经过一定的前期处理制成革屑，加入极性非质子溶剂和草酸，在反应釜中脱铬水解后得到皮革明胶；然后对皮革明胶进行交联共聚反应，得到新型皮革的浆料；向反应釜中加入修饰剂和定型剂，冷凝回流，将原料取出涂布干燥成膜后得到再生皮革	可用于生产各类皮革制品	该法制备的皮革力学性能和耐水性明显提高，具备皮革材料良好的弹性、透气性，质感接近天然皮革
制取饲料胶原蛋白	将处理过的皮革碎屑在膨胀剂、软化剂中浸泡一定时间后进行固液分离、清洗后加入反应釜，在反应签中加入提取助剂及水，升温后保持一定时间，旧皮革基本化解后进行过滤，溶液含有较多胶原蛋白，经过中和、浓缩、配料、干燥及粉碎后制得饲料胶原蛋白粉	用于动物饲养	主要产品为饲料胶原蛋白粉，此外还有铬鞣剂和氨基酸螯合微量元素肥料两种副产品
制取雷米邦 A	将处理过的皮革碎屑与定量石灰粉及清水加入密闭的水解锅内，通入水蒸气水解至透明状，静置后过滤，在滤液中加入碳酸钠，静置后过滤，浓缩获得透明状氨基酸液。将此氨基酸液加热搅拌，加入油酰氯及氢氧化钠，升温并保持搅拌一定时间后获得黏稠棕色液体产品雷米邦 A	用于洗涤剂	毛皮生产中经常使用雷米邦 A
能量回收	通过焚烧获取能量	热能利用	

各类纤维的废弃物都可以利用成熟的技术进行回收加工。一般而言，对于天然纤维，废弃物会用物理手段分解成纤维，然后采用纺织手段形成织物。纺织新技术的产生，使得植物纤维也可以得到利用，可以用来当作织布原料、粘胶纤维及造纸原料。

与天然纤维相比，合成纤维的生产会对环境产生不同的影响。天然纤维通常不会引起环境问题，而合成纤维的生产过程需要消耗大量的石油资源，并排放出一氧化碳和大量的废水、废渣等。这些废渣需要数十年甚至近百年才能分解，对环境有着重大影响。关于合成纤维的回收利用技术，可以参考表 8-9。

表 8-9　合成纤维的回收利用技术

回收利用形式	工艺过程	用途
制成纤维粉	分选-清洗-粉碎	用于塑料填料、水泥增强材料
熔融再生	分选-清洗-粉碎-熔融-造粒	再生材料，用于各类塑料制品，聚酯、聚丙烯腈纤维等均可使用
化学再生	分选-清洗-粉碎-化学分解	制取化学原料
能量回收	通过焚烧获取能量	回收热量

（2）油液　废弃汽车中的油液主要包括冷却液、制冷剂和润滑油，它们是可能对环境造成严重污染的物质，因此对它们的妥善处理非常重要。

废弃冷却液主要由水、乙二醇、被破坏的防腐剂以及腐蚀副产品和重金属等成分组成，对人体和动物健康是巨大威胁。在一些国家，如美国，废弃的冷却液被视为危险垃圾，需要进行回收处理。回收处理方法主要有物理蒸馏法和直接再生法。其中，直接再生法通过物理和化学手段，如沉淀和过滤，去除冷却液中的有害杂质，并添加一些缓蚀剂等物质，让冷却液达到国家标准后进行再利用。

制冷剂的回收利用涉及多种技术，包括冷却法、压缩冷凝法、液态推拉法和直接再生法等，这些技术各有特点和适用场景。冷却法是一种回收制冷剂的方法，但其时间较长，且无法处理含有不易凝结气体的制冷剂。相比之下，压缩冷凝法是一种高效的回收方式，目前被广泛采用。液态推拉法适用于存在大量液态制冷剂的大型空调系统，具备快速和高效的优点。集中净化处理和回收净化是直接再生法的两种处理模式。集中净化处理将制冷剂集中送至加工设置中，经过过滤、干燥、蒸馏和化学处理等过程进行处理，这种方式的回收装置结构相对简化，功能单一。回收净化要求将回收的制冷剂进行过滤和干燥，完成后可以直接将其充入设备内用于循环利用，这需要使用具备回收、净化和充注功能的回收设备。综上所述，针对制冷剂的回收利用，不同的技术方法有各自的优势和适用范围，方法的选择取决于制冷剂的性质和实际应用场景。促进制冷剂回收利用的发展，有助于减少资源浪费和环境污染，以推动可持续发展。

对于废弃的润滑油，根据其质量变差的程度，已经研发出多种废油再生工艺，主要包括预处理、分离和精炼三个步骤。有一些工艺技术将预处理和分离合并为一个步骤，如采用了超临界抽提工艺。预处理的目的是将水分和杂质从废弃润滑油去除。分离的目的是分离出轻质油品、胶质和沥青等基础油。精炼的目的是确保再生基础油符合相关标准，其主要手段包括加氢处理和白土精制。在废油再生的过程中，蒸馏－加氢工艺被认为是最环保和操作简便的工艺方式，目前已在实际生产中得到广泛应用。加氢工艺在再生油的质量、环保性以及适应性等方面具有许多优势，预计未来将大规模采用该工艺作为废润滑油再生的主要技术。

8.4　汽车零部件的修复与再利用

汽车零部件修复与再利用指的是对旧的或已损坏的汽车零部件进行修复和再利用的过程，主要包括两部分：一是对损坏的零部件进行修复，使其能够重新使用；二是对损坏的零部件进行拆解、清洗、检查和测试，对其可再利用部分进行分离或再制造，以增加其使用寿命和降低成本。

汽车零部件修复与再利用的技术和工艺越来越成熟，其实践价值和社会效益也越来越受到重视。它可以减少废弃物产生、资源使用和能源消耗，并能延长零部件的使用寿命，同时减少环境污染，符合低碳汽车要求。修复和再利用汽车零部件的过程需要专业技术支持以及完善的拆解和检修设备，而这些都需要依赖于业内的相关专业服务企业和从业人员。

汽车零部件修复与再利用的发展也需要广泛的社会支持和政策配套。政府部门可以制定相关政策法规，扶持和鼓励汽车零部件的修复与再利用，建立健全的产业链和市场体系，以推动市场化和产业化发展。企业和消费者也应当逐渐转变观念，积极参与和支持汽车零部件的修复与再利用，以实现可持续发展和绿色发展的目标。

8.4.1　汽车零件的修复与修理

随着科技的不断发展，汽车零部件的修复方法变得丰富多样。这些修复方法根据零件的缺陷特点进行分类。对于磨损的零件，可以采用机械加工、焊接和堆焊、金属喷涂和喷焊、电镀和刷镀、粘接及其他修复法进行修补，使形状和配合特性恢复到可正常使用状态，同时赋予其新的几何尺寸。

1. 机械加工修复法

零件修复有很多方法，其中最基本、最常用和最重要的方法之一就是机械加工修复法。大多数关键零件发生磨损、裂纹、破损都可以用机械加工修复法进行修复，机械加工修复的具体方法有很多，包括修理尺寸法、附加零件修理法、零件局部更换修理法、转向翻转修复法等。

（1）修理尺寸法 当汽车零配件磨损时，一种常用的修复方法是修理尺寸法。该方法利用机械加工，恢复磨损配件的几何形状并获得修理尺寸。然后，选择尺寸匹配的零件，以恢复配合性能。

（2）附加零件修理法 利用机械加工技术削减磨损部分，还原零件的几何形状，并通过加工特殊套件以过盈配合的方式安装在被修复部位，从而恢复零件的基本尺寸。通过附加零件修理法，零部件可以得到有效修复，使其恢复原有功能，并延长其使用寿命。这是一种常用且有效的修复方法，为汽车维修领域提供了重要的技术支持。

（3）零件局部更换修理法 对于需要在多个面进行工作的零部件，当某些部分出现磨损或损坏时，可以采用局部更换法进行修理，以节约成本和资源。这种修理方法的步骤是首先切除磨损或损坏的部分，将新部分焊在原部件上或者通过螺纹连接起来，最后通过一些调整加工恢复原本的性能。局部更换法经常用来修复齿轮和壳体。例如，用镶齿法修复齿轮发生严重磨损的齿，在原齿轮齿根部开设一个燕尾槽，然后将镶齿插入其中，最后加工出正确的齿形。为了确保镶齿的牢固性，还需要在齿的两侧进行点焊。局部更换法可以获得较高的修理质量，但修复工艺相对复杂。这种方法能够有效修复多个工作面的零部件，延长其使用寿命，并在资源和成本方面提供了可行的解决方案。

（4）转向翻转修复法 转向、翻转零件，将未磨损部位面对工作空间以恢复零件的工作能力。

2. 焊接和堆焊修复法

在汽车零件修复过程中，焊接是一种广泛应用的方法，适用于修复磨损严重或受损的零部件。由于焊接可以增加零件尺寸、易于控制厚度、所需设备简单、修复成本低廉，所以该方法经济有效。零部件的磨损、破裂或断裂等缺陷均可用这种方法进行修复。

在使用焊接修复法时，加热熔化焊丝，填补或修复零件的磨损部分，焊丝熔化后与基体相融合，冷却后零件恢复如初。焊接有多种焊接方式可供选择，用来处理不同情况，包括振动堆焊、气焊、焊条电弧焊等。

（1）振动堆焊 一种焊丝以特定的振幅和频率振动的脉冲电弧焊接，常用于机械零件的修复。该方法是在焊丝输送的同时进行振动，使焊丝与工件周期性地断弧和接弧，产生电弧并熔化焊丝，金属液均匀地堆积在表面。振动堆焊具有焊层厚度大、结合强度高、工件变形小的优点，通常修复轴类零件。类似的方法还包括在蒸汽保护下进行的振动堆焊、二氧化碳气体保护焊以及埋弧焊，这些方法与振动堆焊的原理相同，只是在保护层的性能方面有所不同，在焊接过程中能够减少焊接层的气孔、裂缝和夹渣。

（2）气焊 气焊的生产率和质量没有电弧焊高，因为火焰热量较为分散，因此工件有较大受热变形。不过，气焊火焰可以对熔池的压力和流量进行控制，因此可以更易于控制焊缝的冷却速度、形状和尺寸，从而使焊缝金属与基材相似。此外，气焊设备相对简单、使用灵活方便，因此应用广泛。

（3）焊条电弧焊 焊条电弧焊利用电弧加热、熔化焊条进行焊接，具有设备简单、操作方便、连接强度高、焊接速度快、生产率高、零件变形小的优点。焊条电弧焊可修复零件裂纹、裂痕和断缺等问题。但是该种方法得到的焊缝硬度高、塑性差、机械加工性能较差，在受应力时容易产生裂纹和焊缝剥离。因此，为确保焊接修复的质量，必须采取适当的工艺措施。

3. 金属喷涂与喷焊修复法

（1）金属喷涂 金属喷涂是一种修复汽车零件常用的方法，它利用高速气流将熔化的金属材料以极高速度喷涂到零件表面，原理类似于喷雾器，在零部件表面形成金属涂层。其中将金属加热至液体有很多方法，根据这些方法的不同将金属喷涂分为电喷涂、气体火焰喷涂、高频电喷涂、等离子喷涂和爆炸喷涂等。在修复汽车零件方面，金属喷涂被广泛应用，特别适用于修复曲轴、凸轮轴、气缸等零件。金属喷涂具有设备简单、操作方便、噪声小等优点。在喷涂过程中，金属材料被熔化后利用高速气流喷射到零件表面，形成一层耐磨、耐腐蚀的涂层，从而恢复零件的功能和表面特性。这种方法的操作简单方便，在修复汽车零件中发挥着重要的作用。

（2）喷焊 将自熔合金粉末喷涂到零件表面，加热熔化，形成表面层，赋予工件表面各种特殊性能，如耐磨、耐腐蚀、耐高温和抗氧化等。类似于金属喷涂，喷焊层能达到堆焊效果。相比于一般金属喷涂，喷焊层结合强度更高、耐磨性更好，但它与工件之间的结合形式为冶金结合。氧－乙炔焰喷焊可以克服喷涂层与工件之间连接质量差的缺点，以及堆焊时基体熔池较深且不规则、焊层粗糙、基体冲淡率大等问题。所以，它在旧件修复和新件表面强化方面得到了广泛应用，如修复阀门、气门、键轴和凸轮等零件。

4. 电镀和刷镀修复法

（1）电镀　电镀是一种常用于汽车零件修复的工艺。它具有温度低、不会损坏零件形状、不会影响基材的组织结构、能提高零件表面硬度和改善表面性能，并且可以恢复零件尺寸的优点。因此，在汽车零部件修复中，电镀得到了广泛应用，如铜套镀铜修复不仅可以修复零件，还可以延长零件使用寿命、节约铜资源。该方法特别适用于磨损度在 0.01 ~ 0.05mm 的关键汽车零件的修复。电镀可分为有槽和无槽电镀等方式。

电镀是将金属工件以阴极形式浸泡在电解质溶液中，通过直流电的作用，使金属离子从溶液中析出并沉积，最后到工件表面形成金属镀层。常见的电镀方法包括镀铁、镀铬和镀铜等，根据零件的结构和使用特点选择适当的电镀方法。电镀之前要进行表面电化学处理，包括阳极刻蚀、交流活化、浸蚀等处理过程，目的是去除待镀表面的氧化膜、钝化膜，保证金属镀层和基材之间能够良好结合。

（2）刷镀　刷镀是一种新兴的零件修复工艺，又称为涂镀，它具有设备简单、无需镀槽、效率高等优点，广泛用于各类零件的修复。刷镀灵活性强，所得镀层均匀、光滑、致密，并易于控制尺寸精度，且成本较低，因此在修理行业被广泛推广和应用。

刷镀是一种类似于槽镀的电镀方法，本质也是电镀，不过刷镀是用刷子式镀笔进行工作。在刷镀过程中，阳极是石墨镀笔，阴极是固定好的工件。石墨镀笔往复运动于工件表面，在电场力的作用下，金属离子从镀液中扩散到工件表面，并沉积形成金属镀层。通过刷子的移动，镀层会在工件表面形成，并逐渐达到所需的厚度。刷镀方法的优势在于能够针对特定部位进行局部镀层，使得镀层的位置和厚度可以更加精确地控制。这种方法常用于一些小型或复杂形状的工件的电镀修复，为其提供了一种有效的表面保护和修复方法。

5. 粘接修复法

粘接修复是利用黏结剂稳固连接部件的修复方法。它在机械修复中得到广泛应用，因为具备工艺简单、设备需求少、成本低等优势。粘接修复一般用于修复车身零件和各种外壳上的穿孔和裂纹，同时也可修复制动蹄、离合器摩擦片和缸体的裂纹。

6. 其他修复技术

（1）埋弧堆焊 埋弧堆焊属于自动化焊接技术，为了保护焊层不受空气的影响，利用焊剂堆砌保护电弧空间。同时因为不直接接触空气、温度耗散慢，所以在熔渣作用下，熔池内可以更完整地进行冶金反应，从而提高焊接的质量。埋弧堆焊相比手工堆焊具有更高的生产率，尤其适用于需要修补较大面积、形状相对简单的工件。这种自动化焊接技术可以提高焊接质量和效率，并且能够根据具体需求进行焊丝和焊剂的选择，以满足不同工件的修补要求。

（2）等离子喷焊和等离子喷涂 等离子喷焊和等离子喷涂是基于等离子弧的加工技术。等离子喷焊通过转移和非转移联合型弧进行加热，使得工件表面形成熔池后将喷焊粉末材料通过弧柱和焰流喷射到工件熔池里，最终形成合金熔焊层。与等离子喷涂相比，等离子喷焊制备的熔层结合力更强，更适用于对工件表面进行修复加固。

（3）特种电镀 特种电镀主要旨在提升材料的性能，如外观、耐蚀性、耐磨性等。针对不同需求，特种电镀的镀层厚度多样，一般在几微米到几十微米之间。特种电镀采用简单易控制的设备，且可以选择各种材料，成本较低。因此，特种电镀在工业上得到广泛应用，同时也是修复汽车零部件表面的重要方法之一。特种电镀的类型繁多，根据应用性能可分为耐蚀性、焊接性、装饰性等。这些特种电镀类型广泛多样，可根据具体需求选择，以提供所需的性能增强和修复效果。

选择适当的电镀层的原则类似于一般选材原则，不同的电镀层成分和组合方式会产生不同的性能。首先需要了解电镀层是否能够满足所需的使用性能，并根据零件的工作条件和使用性能需求选择合适的电镀层。准确选择与基材相匹配的电镀层对于不同金属部件至关重要，包括考虑阴极性和阳极性电镀层。当与其他金属部件接触时，需要考虑电镀层与接触金属之间的电位差对耐蚀性的影响，以及是否满足摩擦副要求。此外，根据部件的加工工艺选择适合的电镀层也是很重要的。例如，对于在铝合金表面镀镍的情况，可能需要通过热处理来提高结合力。对于经过时效强化的铝合金来说，如果在电镀后进行热处理，则可能引起超时效现象。此外，还需要考虑电镀工艺的经济性。因此，在选择电镀层时需要综合考虑各种因素，以确保其符合需求，并具备经济性。

7. 汽车零件修复质量评价

修理件的耐久性可以用来评价修理的质量。影响修复件耐久性的因素包括覆盖层的力学性能及其对基体的影响程度。导致修理件丧失工作能力的主要原因是覆盖层与基体结合强度不足、耐磨性差、零件疲劳强度降低过多。因此，修复层的结合强度、修复层磨损量及修复层疲劳强度这三个指标通常一起决定被修理件的质量。

（1）修复层的结合强度　评定修复层好坏的一个重要标志就是其结合强度的高低，如果修复层和基体金属之间的结合强度不够，就会产生脱皮，滑圈和掉块。根据受力情况的不同，考察的结合强度有抗拉强度、抗剪强度、抗扭强度及抗剥离强度四种。抗拉强度可以更加真实地反映修复层和基体金属之间的结合情况。目前我国还没有统一的标准进行抗拉结合强度试验，通过敲击、车削、磨削、剔錾、喷砂五种方式测试修复层结合强度。一旦发生脱皮、剥落等现象，就表示检测不合格。

（2）修复层磨损量　修复层的磨损量通常考察的是在某一工况中单位行程的磨损量，用不同方法进行修复后，覆盖层磨损量并不完全相同。

（3）修复层疲劳强度　研究汽车零件经常要面对高交变载荷、冲击荷载等工况，所以修复层疲劳强度问题就成了评价修复质量好坏的主要指标。不但如此，修复层的好坏还直接影响行车安全，如在转向节、半轴维修中，因振动堆焊给疲劳强度带来很大影响，故严禁采用这种修复方法。

8.4.2　汽车零部件再制造

再制造是以产品整个生命周期为研究对象，通过采用先进技术和工艺，实现对废弃产品的修复和改造，秉承着优质、高效、节能、节材、环保的目标。再制造可以针对整个汽车总成进行，如发动机和变速器等，也可以针对汽车零部件修复，如气缸体等。

再制造生产技术是产品再制性实现过程的必要条件，主要包括拆解技术、清洗技术、检验技术、修复技术、加工技术、装配技术以及试验技术等多个方面。这些技术的物质体现主要是仪器、设备。

（1）拆解技术　汽车零部件再制造的生产前提是对废旧产品和零部件进行拆解。考虑到汽车零部件的多样性和复杂性，要实现高效、非破坏性和环保的拆解，就必须转变以破坏为主要特征的生产方式，同时解决汽车拆解过程中设备简陋、劳动强度大、作业环境恶劣等问题。基于对拆解技术的研究，需要开发适用于汽车产品和零部件拆解的通用和专用工具设备。此外，为了符合拆解企业的生产目标，并满足环保要求，需要设计经济实用的汽车拆解生产线。

（2）清洗技术　在汽车零部件再制造的工艺过程中，清洗环节占据着非常重要的位置。目前，常见的清洗方法包括化学清洗、机械清洗、高压高温水喷射清洗等。然而，由于废旧汽车零部件在运行环境和使用方式上存在巨大差异，而且表面污垢的性质也千差万别，所以仅依靠单一的清洗方法很难达到规定的清洁度标准。因此，研发具备多种清洗功能、能源节约、环保无污染的清洗技术和设备显得尤为重要，需要关注并致力于开发这样的技术和设备，以满足多样化的清洗需求，并确保高效、环保的清洗过程。

（3）检验技术　零部件分类检验是指按照规定的技术要求，采用合理的检验方法和科学的检验仪器对废旧汽车零部件进行分类。检验的内容包括零部件的尺寸、几何公差、表面硬度和变形损坏，并对一些零部件进行剩余寿命评估，以确定零部件的修复可能性和经济性，然后将这些零部件分为再生件、修复件或者废弃件。通常采用无损检测方法进行检验，需要根据再制造的特点研发相关的检测仪器和设备。

（4）修复技术　修复是为了解决由磨损、腐蚀等原因导致的零件表面损伤，或因变形所造成的零件形位误差，以恢复零部件的设计技术要求和使用功能。修复常用的方法和技术包括机械加工技术、表面工程技术、原位成型技术、表面热处理技术和变形矫正技术。在汽车零部件再制造修复的过程中，热喷涂技术、刷镀技术等被广泛应用。

（5）加工技术　在再制造过程中，需要进行机械加工的旧零部件存在尺寸和形位误差的差异较大的情况。因此，需要不断深入研究加工方法与技术，以适应废旧零部件的多样化、多变化和柔性加工要求，以保证加工质量和加工效率，降低废品产生量。加工精度要以原厂数据为准，并达到原厂要求。

（6）装配技术　装配精度高才能实现再制造产品的高质量。装配精度包括零部件间尺寸精度、相对运动精度、相互位置精度和接触精度等多个方面。为了满足不同的装配精度要求，需要选择适合的装配方法，并不断进行提升。目前，在再制造领域，分组装配、修配装配和调整装配是三种常见的装配方法。通过这些装配方法，可以有效地控制零部件的相互配合精度。分组装配将具有相似特征的零部件进行分类组装，修配装配则是对零部件进行修整后装配，而调整装配则主要通过调整或微调零部件的位置和角度来实现精确的装配。通过选择适当的装配方法，并不断改进和提高，可以确保再制造产品达到高精度的装配要求，从而提供高质量的再制造产品。

（7）试验技术　试验是确认再制造产品是否符合与新品质量相同的要求的重要环节，应该按照新产品的技术要求和试验方法进行检测。然而，需要考虑到再制造产品的特殊性，选择合适的试验方法和设备来进行试验检测。

8.5　新能源车动力电池的回收

新能源汽车是电动化的代表，是实现低碳绿色发展的重要路径之一，采用电能替代化石燃料，可以实现零排放，对于控制碳排放和改善空气质量具有重要意义。截至 2021 年底，国内新能源汽车产业销售呈现高速增长，总产量和销售量分别达到 302.3 万辆和 299.0 万辆，同比增长 1.7 倍，成功超过前两年总和。根据国家新能源汽车发展的技术框架，新能源汽车主要采用蓄电池和燃料电池两种动力电池，其中以锂离子电池为主流。动力电池是新能源汽车的重要组成部分，已经具备成熟和安全的使用技术。但是，动力电池仍然面临一些挑战。从电池供应链的角度来看，未来 10 年全球预计将出现锂资源短缺的问题。在锂供应链中存在大量碳排放，对环境产生严重影响，并且限制了锂矿业的规模发展。因此，需要创新锂离子动力电池生产技术，提高锂的使用效率和回收率等问题。从电池行业的下游来看，未来几年预计会有大量动力电池退役，这意味着动力电池的回收和处理即将成为严重问题。根据预测，到 2025 年退役动力电池数量将是 2022 年的五倍，其中我国的退役动力电池数量占大多数。但是目前电池回收行业发展时间短，还在初期，有很多障碍存在，如盈利难、规模难以扩大、用户回收率较低、回收意识不足以及没有统一标准等。由于废旧电池的来源复杂，其中不同用途的电池组成也各不相同，同时回收的效率很低。因此，需要加强研究和发展相关技术，解决电池回收中的问题，实现可持续的回收和利用。

8.5.1　政策与标准

我国正在积极致力于解决动力电池回收利用问题，这已经成为国家和社会关注的重要议题。为了建立一个合理高效的动力电池回收利用体系，相关政府部门一直在不断制定和完善相关政策和技术标准。在政策层面，自 2016 年起，政府陆续推出了一系列专门的政策措施，要求生产企业承担起动力电池回收的责任。自 2018 年起，政府将管理政策进一步完善，推进废旧动力电池回收利用试点示范工作。在技术标准方面，我国已经制定了与动力电池回收利用相关的国家标准，这些标准涉及动力电池的编码、检测及拆解等方面。这些标准的制定对于行业的规范化具有重要意义，可以提高动力电池回收利用的可行性和可持续性。从动力电池回收利用标准体系建设角度来说，我国处于世界前沿。有了相关政策（见图 8-11）和标准（见表 8-10）的保障和指导，废旧动力电池回收利用行业的发展将会更加正规和健康。

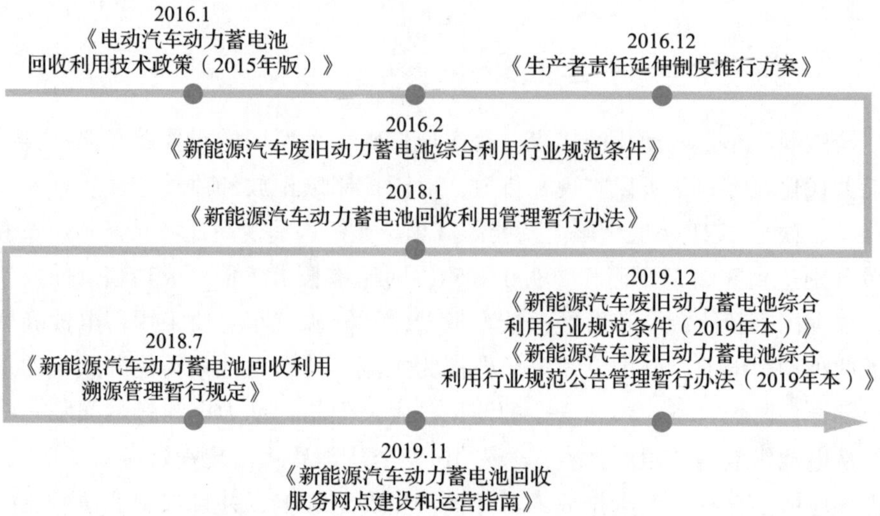

2016.1
《电动汽车动力蓄电池
回收利用技术政策（2015年版）》

2016.12
《生产者责任延伸制度推行方案》

2016.2
《新能源汽车废旧动力蓄电池综合利用行业规范条件》

2018.1
《新能源汽车动力蓄电池回收利用管理暂行办法》

2019.12
《新能源汽车废旧动力蓄电池综合
利用行业规范条件（2019年本）》
《新能源汽车废旧动力蓄电池综合
利用行业规范公告管理暂行办法（2019年本）》

2018.7
《新能源汽车动力蓄电池回收利用
溯源管理暂行规定》

2019.11
《新能源汽车动力蓄电池回收
服务网点建设和运营指南》

图8-11 动力电池回收利用的相关政策

表8-10 动力电池回收利用的相关标准

标准号	标准名称	类别	发布日期	实施日期
GB/T 38698.2—2023	车用动力电池回收利用 管理规范 第2部分：回收服务网点	推荐性标准	2023.9.7	2023.9.7
GB/T 33598.3—2021	车用动力电池回收利用 再生利用 第3部分：放电规范	推荐性标准	2021.10.11	2022.5.1
GB/T 34015.4—2021	车用动力电池回收利用 梯次利用 第4部分：梯次利用产品标识	推荐性标准	2021.8.20	2022.3.1
GB/T 34015.3—2021	车用动力电池回收利用 梯次利用 第3部分：梯次利用要求	推荐性标准	2021.8.20	2022.3.1
GB/T 33598.2—2020	车用动力电池回收利用 再生利用 第2部分：材料回收要求	推荐性标准	2020.3.31	2020.10.1
GB/T 34015.2—2020	车用动力电池回收利用 梯次利用 第2部分：拆卸要求	推荐性标准	2020.3.31	2020.10.1
GB/T 38698.1—2020	车用动力电池回收利用 管理规范 第1部分：包装运输	推荐性标准	2020.3.31	2020.10.1
GB/T 34015—2017	车用动力电池回收利用 余能检测	推荐性标准	2017.7.12	2018.2.1
GB/T 34013—2017	电动汽车用动力蓄电池产品规格尺寸	推荐性标准	2017.7.12	2018.2.1
GB/T 34014—2017	汽车动力蓄电池编码规则	推荐性标准	2017.7.12	2018.2.1
GB/T 33598—2017	车用动力电池回收利用 拆解规范	推荐性标准	2017.5.12	2017.12.1

8.5.2　动力电池的回收利用

铅酸电池和锂离子电池是最常见的两种车用动力电池，前者主要用于电动助力车等产品，后者广泛应用于新能源汽车。国内所使用的动力锂离子电池主要有磷酸铁锂、三元镍钴锰、三元镍钴铝、钛酸锂和锰酸锂等材料体系。铅酸蓄电池所含的镉、铅等重金属及其电解质溶液可能对环境造成污染。如图 8-12 所示，重金属污染对人体健康极为有害，如铅会引发神经系统、消化系统和肾脏等方面的损害，出现手足麻木、中毒等症状。同时，重金属还会污染土壤和水体。

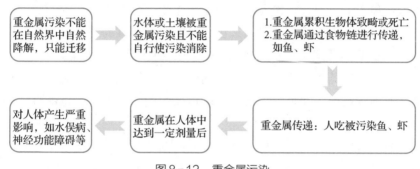

图 8-12　重金属污染

铅酸电池不仅存在重金属污染的问题，其电解质溶液还会导致土壤和水体的 pH 发生变化，使其呈现酸性或碱性。这种污染主要发生在铅酸电池的生产和回收利用过程中，这两个环节都会产生大量污染物，如释放出的铅烟、铅尘以及含铅废水。这些污染物给环境和人体健康都带来不良影响。因此，我们需要寻找解决方案来降低铅酸电池的污染问题，尤其是在生产和回收过程中加强环境保护措施，以减少铅的释放和废物的排放。这样可以最大限度地减弱对土壤、水体和人类健康的不利影响。我国是铅酸电池生产和消费大国，每年报废数量数百万吨。但缺少完善的回收体系，且不按法律要求回收、不按照规定暴力拆解、采用土法冶炼等违法行为屡禁不止，导致污染问题严重。因此，完善我国废旧铅酸电池回收处置体系迫在眉睫。

车辆所使用的锂离子电池的正极、负极、电解液、黏合剂、外壳材料以及隔膜等，以及制造过程使用的有机溶剂均存在环境的污染。磷酸铁锂、锰酸锂、三元材料、钴酸锂和镍钴铝酸锂是动力电池中常见的正极材料。需要注意的是，三元材料中的钴元素具有毒性。至于负极材料，通常采用石墨、钛酸锂、硅基材料和锡基材料，这些材料本身并不具有毒性，但天然石墨的开采过程会对环境造成严重污染。动力电池的电解液由有机溶剂和锂盐组成，这两部分中含有有毒及污染成分，有机溶剂中的碳酸二甲酯稍微具有污染性，锂盐中的六氟磷酸锂在接触水时会生成有毒的氟化氢。黏合剂一般使用丁苯橡胶、聚偏氟乙烯和丙烯酸类物质，也存在污染问题。至于电池的外壳材料，通常有铝、钢、塑料和铝塑膜等材料。其中，塑料壳、铝塑膜和由聚烯烃类微孔薄膜构成的隔膜都属于"白色污染"。在电池的制造过程中，常常使用一些有机溶剂，如 N–甲基吡咯烷酮等，作为制造正极和负极时的溶剂，如果不妥善处理这些有机溶剂，会对环境造成污染。因此，对于报废的汽车废旧动力电池，务必要进行妥善的回收处理，以减少对环境的影响。

动力锂离子电池中含有稀土元素和有色金属是宝贵的资源，极具经济价值。在废弃的动力电池中，稀土元素和有色金属的含量通常高于矿石，因此回收和再利用不仅有助于缓解当前矿产资源的紧缺问题、保护国内宝贵的矿产资源，还能降低动力电池的生产成本，推动电动汽车产业的发展。因此，对废弃的动力锂离子电池进行回收和再利用既具有环境保护的重要意义，也能带来经济上的好处。

为了解决废物增长问题、促进废物资源的循环利用，并减少废物对环境和人类健康的危害，一些地区如欧盟，引入了生产者责任延伸制度（Extended Producer Responsibility System，EPRS）。意如其名，该制度要求产品的原始设备生产者在整个产品生命周期内承担环境问题的责任，尤其是在产品回收、再利用和最终处置阶段，以深化和延伸"污染者付费原则"。这一制度在国际实践中已经被证明能够产生积极作用。EPRS 已经开始应用于在我国的电子废弃物管理领域。通过将 EPRS 引入新能源汽车动力电池回收管理体系中，新能源汽车生产企业和动力电池生产企业承担主要的动力电池回收和资源利用责任。近年来，我国的法律法规更加倾向于采用 EPRS 来替代传统的社会化回收模式。

1. 回收体系

废旧动力电池回收体系是指整合废弃动力电池的回收、收集和运输等于一体。规范和高效的回收体系的建立保证了我国有能力安全、环保和有序地回收利用废旧动力电池。目前，我国已经开始搭建废旧动力电池回收体系，但仍然存在一些需要进一步完善的问题。汽车制造企业是废旧动力电池回收体系建设的主要责任方。目前，构建废旧动力电池回收网络主要采用"企业自建 + 合作共建"的形式。同时，其他利益相关方也正在积极尝试建立自己的废旧动力电池回收网络。已经建立的回收服务点在新能源汽车保有量较高的地区较多。按照不同的回收主体，目前，动力电池的回收模式可分为自主回收、第三方回收和联合回收。

自主回收模式是由汽车生产商自行构建动力电池回收网络，具有对动力电池回收全流程把控的优势，同时有利于保护自身动力电池方面的核心技术，但需要投入大量资金和精力，并可能存在环境污染等问题。第三方回收模式则由专业的回收企业负责对废旧电池进行回收，能够提高回收效率和减少环境污染，但可能存在动力电池技术泄密的风险。联合回收模式是由汽车生产商和第三方回收企业联合构建动力电池回收网络，在各自优势的基础上提高整体回收效率和降低成本，但也面临着利益分配和话语权等问题。三种模式各有优缺点，选择何种模式需要根据企业自身实际情况权衡取舍。

当前，多家汽车制造企业、电池制造企业和废弃电池回收利用企业正在积极构建废弃或废旧电池回收网络，并借助信息化手段发挥重要作用。比亚迪作为一家汽车整车制造商和动力电池生产商，拥有处理动力电池的资质。他们采用经销商回收的方式，将电池集中运输至比亚迪的电池处理中心，并进行检测和分类，将具有再利用价值的电池将按次序重新利用，而无价值的电池组将得到相应处理。江淮新能源商用车企业与电池制造商国轩和欧朋巴克达成协议，将故障电池或废弃电池返厂处理以实现再利用。格林美与多家整车企业、电池制造商、报废汽车拆解企业和电池再生利用企业合作，建立了废弃或废旧电池回收的网络站点和大型信息网络平台，为消费者提供线上和线下回收服务。邦普集团与全球多家整车企业合作，致力于研究废气和废旧电池的回收处理。该集团已在全国范围内建立约 100 个电池回收服务网点，并积极与更多知名整车企业合作，鼓励销售网点和维修服务站将废弃或废旧电池转运至集团自身的回收服务网点。

通常，处理动力电池退役问题有梯次利用和循环利用两种途径。梯次利用是指把电池拆卸下来后，重新利用于其他储能领域，以实现其使用价值。循环利用则是通过跨越性的方法，将退役电池再回收起来，将其中的原材料提取出来，进行循环利用。目前，磷酸铁锂离子电池倾向于实行梯次利用，三元电池则是通过拆卸报废电池进行回收利用。例如，某年我国共回收电池达约 6.39 万 t，如果按照 70% 的比例进行梯次利用，而另外的 30% 进行循环利用，则本次回收的总电池处理量约为 1.92 万 t。随着时间的推移，更多的电池需要进行循环利用，同时，电池梯次利用后的归宿还是循环利用。动力电池回收网络结构如图 8-13 所示。

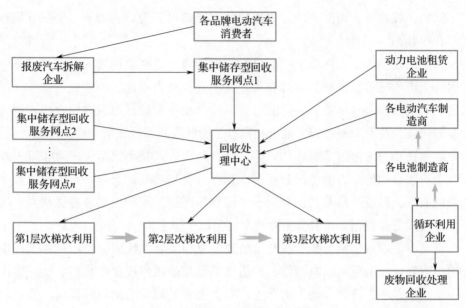

图8-13　动力电池回收网络结构

2. 梯次利用

目前，常见新能源电池有磷酸铁锂电池、三元锂电池等。其中，磷酸铁锂电池在新能源汽车中得到广泛应用。磷酸铁锂电池具备多项优点，如储能量大、循环寿命长、自放电率低、无记忆效应以及环境友好等。相比于三元锂电池，磷酸铁锂电池的安全性也更高。这些优点使得磷酸铁锂电池在新能源汽车领域的应用越来越受到重视。动力电池的使用到退役回收，回收容量一般为初始容量的60%~80%。由于电池的特性，电池的中期容量衰减速度会变慢，稳定性也更佳，并且电池的寿命拐点在初始容量的20%~50%之间，因此，它具备很大的梯次利用寿命空间。

梯次利用是将退役的新能源汽车动力电池应用于其他领域的一种过程，以延长动力电池的使用寿命并降低成本。该过程不仅涉及动力电池的制造企业、汽车制造企业，还需要有第三方梯次利用企业以及最终用户等产业链上下游的相关方的参与。尽管退役动力电池规模有限，但梯次利用仍处于产业化的早期阶段。相关企业致力于技术研究、示范工程建设和商业模式探索等工作，重点关注在通信基站备用电源、电力系统储能、低速电动车和其他小型储能领域中应用梯次利用的潜力。这些企业努力推动梯次利用的发展，以实现动力电池的再利用并提高能源资源的利用效率。磷酸铁锂动力电池可以进行三级梯次利用（见图8-14）。

图 8-14　磷酸铁锂动力电池的三级梯次利用

第一层级是整个电池包的梯次利用。将汽车上回收的动力电池包送到工厂进行动态测试以确定电池包中每个电池模组和电芯的性能。如果整个电池包因单个模组的异常而导致老化，只需更换病态模组，使整个电池包处于峰值状态，即可重新将它作为动力电池，从而降低梯次利用的成本。

第二层级是电池模组的梯次利用。这一层级的利用是指将废弃的新能源汽车动力电池包解体，形成多个电池模组，并通过对模组容量、内阻、自放电和一致性等方面进行分析，将状态相似的模组进行匹配和组合。为了节约成本，可以结合电池信息采集器（Battery Information Collector，BIC）使用。这些回收的电池模组主要应用于备用电源领域，如通信基站备用电源，由于备用电源需要长时间的浮充和低充放电倍率，对循环寿命要求并不高。相比全新电池，回收的电池模组不仅质量稳定，而且成本更低，可以替代通信行业目前使用的铅酸电池。目前，中国铁塔股份有限公司（以下简称"铁塔公司"）在通信基站备用电源领域领导相关的研究、探索和试点示范。自 2015 年 10 月开始，该公司与多家企业合作，在全国 12 个省市的 3000 多个基站上进行动力电池逐级替换铅酸蓄电池的试验。试点运行时间已经超过 2 年，结果良好，表明在通信基站备用电源的各种情况下，动力电池能够正常运行。铁塔公司从 2018 年开始停止采购铅酸电池作为备用电源。在电力系统储能领域，各相关企业都在进行多种应用形式的试验和研究示范，已经积累了能够支持项目稳定运行所需的实践经验，详细的应用情况见表 8-11。

第三层级是电池芯片的梯次利用。分析电池芯片后进行筛选、配对和组合，以形成模块或其他集成化产品。这层级的回收电池主要用在循环使用的场合，如储能行业，包括商业集装箱式储能系统和家庭小型储能系统。低速电动车是一种具有大规模社会保有量的车型。根据目前我国相关部门的管理标准，低速电动四轮车使用的动力电池应满足新能源汽车动力电池标准，并同时涵盖了电动自行车使用的锂电池标准。因此，废旧车用动力电池可以在低速电动车领域得到广泛应用。但需要注意的是，应确保废旧电池满足低速电动车所需的系统

表 8-11　国内梯次利用动力蓄电池在电力系统储能领域的应用

应用领域	项目名称	实施内容	参与单位	备注
调节功率/电压、备电	北京市大兴电动出租车充电站"梯次利用电池储能系统示范工程"	25kW/100kW·h，调节变压器功率输出，稳定节点电压水平，离网运行	中国电科院、国网北京电力公司、北京交通大学、北京市政府等 5 家单位	
削峰填谷、改善电能质量	唐山曹妃甸"梯次利用电池储能系统示范工程"	25kW/100kW·h，削峰填谷，保证用户供电可可靠性和电能质量，离网运行	国网冀北电力有限公司、唐山供电公司、北京交通大学	
备电	郑州市尖山真型输电线路试验基地"退役电池储能示范工程"	由多晶硅光伏发电系统、风力发电系统、退役电池储能双向变流器以及退役电池储能系统成的风光储能混合微电网工程	国网河南省电力公司、南瑞集团等	总系包国网青海电力公司 250kW/500kW·h 退役电池储能系统，实现在西宁市的国网青海电力公司风光水储输研究基地运行；参与国家风光储输示范工程（二期）3MW×3h 梯次利用储能电站建设；基于退役动力电池研制的变电站用直流电源系统已经在信阳供电公司实现示范验证
风电平滑调频	张北储能系统并网试验基地	以 25kW/1MW·h 储能系统作为风电调频示范应用项目	中国电力科学研究院有限公司等	系统总能量：1MW·h；单体电池：磷酸铁锂/石墨，标称 200A·h；单体电池 8 串，25V；电池簇：30 个电池模块串联；电池系统：10 个电池簇并联 300 个电池模块、2400 支单体电池
削峰填谷	为企业做的商业式储能系统	可将一套 20kW/120kW·h 左右的系统装到用户公司里，提供削峰填谷服务	上海旭达新能源科技有限公司等	以组串式储能变流器结合新能源汽车退役动力电池，形成可并联成组的基本储能单元，推出室内机柜式和户外集装箱式两种商业储能系统实现工商业用户侧削峰填谷和需量电费管理

能量密度要求，并进行标称电压、尺寸等方面的调整。目前，行业内的相关企业正在探索废旧动力蓄电池的应用，如无锡格林美与顺丰合作开展的合作项目，旨在研究如何有效利用废旧动力蓄电池，用于城市物流车辆的动力系统。另外，中天鸿鲤等企业也积极倡导动力蓄电池的梯次利用，以提高动力蓄电池的利用效率和延长其使用寿命。他们通过采用"以租代售"的商业模式来推广回收动力蓄电池在环卫、观光等车辆上的应用。

　　动力电池的梯次利用已经成为人们关注的焦点和难题。因此，很多企业积极探索和示范相关项目。例如，北京匠芯电池科技有限公司利用大数据分析建立了电池监控和评估平台，并与北京新能源汽车股份有限公司合作推进名为"擎天柱计划"的光储换电平台项目。此外，北汽集团牵头的"北汽鹏龙动力电池梯次利用项目"已经在河北黄骅开始建设，其目标是建立动力电池回收和"梯次利用＋资源化"循环利用平台。梯次利用计划包括一期的退役动力电池利用项目，规划总产能为 $10.5GW \cdot h/$年，以及二期的废旧动力电池资源化项目，规划处理能力为 10 万 $t/$年。中国铁塔集团在多个地区（包括京津冀）建立了梯次利用测试站点，示范项目展示了各个试点中梯次电池的稳定运行。此外，还有其他企业在推进相关技术应用方面取得进展，如天津猛狮新能源再生科技有限公司已建成年产能约 $140MW \cdot h$ 的动力电池梯次利用能力，天津中聚新能源科技有限公司也成功完成了 $1MW \cdot h$ 储能领域的梯次利用试验。通过这些努力，动力电池的梯次利用正逐渐取得突破和进展。

　　目前，废旧动力电池的梯次利用正面临一系列挑战，其中之一是动力电池的筛选与匹配。废旧电池之间存在较大的差异，主要体现在容量和外形上。如果筛选不准确，则重组后的电池性能将难以有效控制。此外，为了确保电池在使用和运输过程中的安全性，并满足不同车辆对电池形状的需求，动力电池包通常呈现多种形态。在初始拆解阶段，只能进行人工操作，无法批量处理，这导致处理效率较低。这些问题无形中增加了梯次利用的难度和成本。为了解决这些行业发展中的难题，相关政策文件将在一定程度上提供帮助，能够提升废旧动力电池梯次利用的效率和质量，推动该行业的健康发展。通过标准化的筛选和匹配过程，可以更准确地选择合适的电池进行重组，提高重组后电池的性能控制能力。此外，技术创新也将为废旧动力电池梯次利用带来更多的解决方案，包括自动化流水线设备的研发，以提高处理效率，并降低成本。总之，通过政策的引导和技术的支持，动力蓄电池的梯次利用有望实现更高效、更经济、更可持续地发展，为环保和能源领域做出更大的贡献。

3. 循环利用

废旧汽车电池如果无法进行梯次利用，就会被运送至专业的电池回收公司，以回收其中的有色金属。基于金属锂无法再生的事实，回收将成为未来获取锂资源的主要渠道。三元电池中所含的镍、钴和锰等金属的含量远远高于自然矿石中的含量，如 NCM111 电池，含有12%的镍、3%的钴和5%的锰，而磷酸铁锂电池中的锂远超过国内原矿中锂含量。由于原料价格上涨和贵金属矿产资源稀缺，回收废旧电池材料是不可或缺的。通过回收废旧电池材料，不仅可以实现高效利用，还能降低电池生产成本。相较于直接开采矿石，废旧电池材料的回收利用具有更多的优势。

动力电池循环利用的目标是通过对废旧电池进行拆解、破碎和冶炼等处理过程，实现有价元素的回收和资源的可持续利用。我国已经在这个领域建立了产业基础，并制定了相关规范来推动废旧电池的综合利用。这些举措有助于提高废旧电池回收的效率和质量、推动电池回收产业的发展。

不同类型的动力电池，其含有价金属的特点各不相同。例如，磷酸铁锂电池主要含有锂这一有价金属，但由于目前的退役规模较小，其回收材料的经济效益不好，很难盈利。而三元电池中含有稀有金属，能够与其他回收到的3C产品电池一同处理，具有较高的产品多样性和盈利空间。废旧锂电池的处理方法可以分为物理法、化学法和生物法三种。物理法包括破碎浮选、机械研磨和有机溶剂溶解等处理方式；化学法则包括火法冶金和湿法冶金；而生物法则是利用微生物的代谢过程实现对金属的选择性浸出。目前，湿法冶金是主要的处理方式，因为它有低能耗、高回收率和高产品纯度等优势。废旧锂电池的回收过程主要包括前处理、预处理、酸/碱液浸出、浸出液除杂、分离萃取和元素沉淀等关键步骤。在前处理阶段，废旧电池会经过分类、拆解和分离等步骤，以提取有价值的金属部分。预处理包括对废旧电池的清洗、干燥和破碎等步骤，为后续操作做准备。接下来的酸/碱液浸出阶段是湿法冶金的核心部分，通过使用无机酸或有机酸将金属离子溶解到酸性溶液中。然后，通过浸出液除杂和分离萃取等步骤，去除杂质和分离目标金属，最终通过元素沉淀得到纯净的金属产品。通过湿法冶金，废旧锂电池中的有用金属元素可以有效地回收和利用，从而减少对自然资源的依赖，并降低对环境造成的负面影响。湿法冶金回收三元锂电池和磷酸铁锂电池的工艺流程如图 8-15 和图 8-16 所示。

上述对废旧电池的回收方法是以废旧电池包的预处理为前提的。废旧电池包的预处理包含整包拆解和模组放电。整包拆解采用智能化技术，实现废旧电

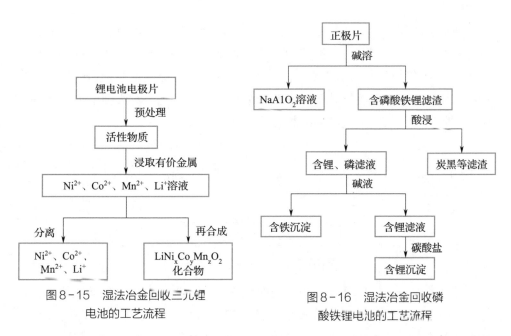

图 8-15 湿法冶金回收三元锂
电池的工艺流程

图 8-16 湿法冶金回收磷
酸铁锂电池的工艺流程

池包内部物料的分离，以便后续进行有价金属的回收利用。而在整包拆解前，必须进行模组放电，这是预处理的关键步骤。若不进行彻底的放电，在过程中可能发生短路、引发安全事故，如火灾、爆炸等。盐水池放电法和柜式放电法用于给动力电池模组放电。柜式放电设备昂贵、效率低下，而盐水池放电则较为成熟，通过盐水浸泡，释放电池内余电，具有比较高的放电效率。但是预处理过程仍存在一些问题：放电速度较慢，如钢壳电池放电可能需要两天时间；在电池放电过程中，会产生大量有害废气和废液，但环保设备不足，无法很好地处理废气废液，缺少尾气废水处理设备。电池包拆解流程如图 8-17 所示。

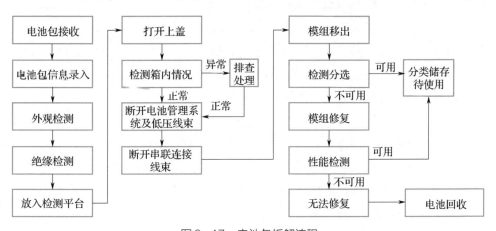

图 8-17 电池包拆解流程

电池的拆解过程旨在将电池分为不同的有价值的组成部分，以便之后实现更为精准的回收利用，电池拆解的工艺流程如图8-18所示。考虑到锂电池内部正负电极的特性以及内部铜、铝以及电极粉末等材料的成分，回收退役锂电池时采用了锤击破碎、振动筛选和气流分离等组合工艺，对废锂电池内部的正负极材料进行了初步的分离和回收处理。

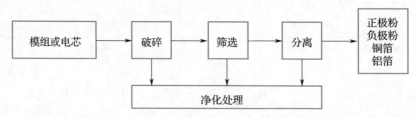

图8-18　电池拆解的工艺流程

湿法冶金方法在处理废旧锂电池时容易产生金属混合渣，虽然效率高，但锂的回收却比较困难。考虑到废旧电池正极是有价金属元素主要集中的地方，因此正极材料成为回收的重点。当前有四种常见的湿法冶金工艺可供选择。

（1）酸液浸出法　酸液浸出法能够使用磷酸（H_3PO_4）溶液和柠檬酸对废旧磷酸铁锂（$LiFePO_4$）电池的正极材料进行浸出处理，以获取 $FePO_4 \cdot 2H_2O$。经过碳热还原工艺，可以将获得的 $FePO_4 \cdot 2H_2O$ 前体、Li_2CO_3 和葡萄糖在氮气氛下进行煅烧处理，制备出具备良好电化学性能的 $LiFePO_4/C$ 再生正极材料。柠檬酸具有环保、无污染、低成本和高效率等优势，因此被广泛运用。

（2）碱液浸出法　利用碱液浸出法，废旧 $LiFePO_4$ 电池中的铝箔和正极材料可以被迅速分离：高浓度 NaOH 溶液可使铝箔迅速脱离正极材料。经过去除聚偏二氟乙烯（Polyvinylidene Difluoride，PVDF）处理后，正极材料可得到再修复和再生。将处理后的废旧 $LiFePO_4$ 电池正极材料与 LiOH 混合后，通过高压反应釜进行高压反应，然后在氮气气氛下进行煅烧和研磨，以得到修复再生的样品。最后，通过在马弗炉中进行煅烧和冷却即可获得再生的 $LiFePO_4$。回收得到的样品可以进行优化处理，并用作锂电池正极材料。

（3）氧化浸出法　采用过硫酸钠（$Na_2S_2O_8$）的强氧化性进行 $LiFePO_4$ 的氧化，是一种创新的处理方法。这一方法能够高效地浸出锂，并得到纯度达99%的高纯度 Li_2CO_3。该方法稳定可靠，不会对固体结构造成破坏，因此能够实现优异的浸出效果。此方法的优势在于可以省略事先对正极活性物质和铝箔进行分离的步骤，从而实现对锂的有效浸出，并保持低杂质含量。回收的 Li_2CO_3 可以用于补充锂源，用于 $LiFePO_4$ 电池的生产，实现对磷酸铁锂正极的闭环回收。

此外，$FePO_4$可以经过钠化反应转化为 $NaFePO_4$，用作钠离子电池的正极材料。这种工艺具有经济可行性和环境友好性，对于大规模回收废弃的磷酸铁锂电池具有巨大的潜力。

（4）有机溶剂溶解法　对于废旧锂离子电池中的 PVDF 黏合剂，常使用的方法是有机溶剂溶解法，该方法的基本原理是"相似溶解"，通过将 PVDF 溶解在特定的有机溶剂中，可以实现活性物质与导电集流体的有效分离。这种方法通过浸泡电极片的方式进行处理。处理后的离子沉淀物可以通过添加适当的铁源、锂源和磷源化合物，并经过重新煅烧处理，制备出新的 $LiFePO_4$ 材料。

此外，还有比较适合小范围的少量废旧电池的回收利用方法，具体如下：

（1）水热法　废旧 $LiFePO_4$ 电池正极材料中的 Li^+ 在加热条件下能够得到补偿和结构重塑，一般采用水热法，获得再生 $LiFePO_4$ 复合材料。与固相焙烧法相比，这种复合材料具有更小、更均匀的颗粒特性。经过测试验证，该复合材料作为锂离子电池正极材料具有稳定的循环性能和优异的倍率能力。此外，水热法在经济效益和电化学性能方面均表现优越，并且该工艺的能耗较低、无二次污染。

（2）直接再生法　通过物理拆解分离的方式处理退役动力电池，将回收的混合正极材料与 Li_2CO_3 混合后进行高温煅烧，可以逐渐分解 PVDF 黏结剂。采用这种直接再生法可以获得高纯度的 $LiFePO_4$ 电池正极材料，其电化学性能优良，并且副产品可以被高效回收和利用。这种再生方法具有低成本和高附加值的优点。

8.6　小结

我国高度重视资源节约，将其作为实施循环经济的基本国策之一。在循环经济的范畴内，综合利用和循环利用再生资源是至关重要的途径之一。根据《汽车产品回收利用技术政策》的规定：必须全面考虑汽车产品的生产、维修和拆解等环节，推动材料的再利用，并积极鼓励在生产和维修过程中采用可再生材料和可再利用的零部件，从而提高汽车材料的循环利用率，积极推动循环经济的发展。这一政策的实施为废弃汽车的回收利用提供了政策支持和保障。将报废汽车回收拆解和材料再生利用视为实现节约资源和资源可持续利用的重要途径，也是我国可持续发展的关键所在。

参考文献

[1] 王钰媛，卓浩炜，叶俏汝. 报废汽车回收利用情况调查 [J]. 北京汽车，2022 (5)：36 –
39；46.

[2] 贝绍轶. 报废汽车绿色拆解与零部件再制造 [M]. 北京：化学工业出版社，2016.

[3] 田广东. 汽车回收利用理论与实践 [M]. 北京：科学出版社，2016.

[4] 杨利芳，孟继军，张蓉. 报废汽车回收利用及无害化处理 [J]. 广州化工，2014，42
(21)：157 –159.

[5] 张洪申，赵清华，陈铭. 报废汽车典型塑料零部件回收利用技术现状 [J]. 汽车与配件，
2011 (2)：13 –15.

[6] 王爱平，王成焘，叶炳玲，等. 报废汽车回收利用研究 [J]. 中国物资再生，1998 (8)：
18 –28.

[7] 郝思越，张伟，张慧，等. 废旧动力电池回收再生利用概况 [J]. 时代汽车，2022
(20)；107 –109.

[8] 李越，蓝涛. 车用动力电池回收及梯级利用研究 [J]. 轻工标准与质量，2020 (2)：
116 –119.

[9] 曾思慧. 基于循环经济视角的新能源汽车动力电池回收利用分析 [J]. 中国资源综合利
用，2022，40 (12)：94 –96.

[10] 张薄妮，管奕欣，李昱璇. 基于新能源汽车动力电池回收利用现状的问题分析及发展
建议 [J]. 时代汽车，2019 (17)：71 –72.

[11] 黎宇科，李震彪. 我国新能源汽车动力蓄电池回收利用现状、问题及建议 [J]. 资源
再生，2019 (8)；32 –37.

[12] 王天雅，宋端梅，贺文智，等. 废弃动力锂电池回收再利用技术及经济效益分析 [J].
上海节能，2019 (10)：814 –820.

[13] 李敬，杜刚，殷娟娟. 退役电池回收产业现状及经济性分析 [J]. 化工学报，2020，71
(S1)：494 –500.

第 9 章
低碳生态汽车的先进技术

9.1 引言

在国家政策驱动下，在材料、工艺、结构、应用、降解回收再利用的全生命周期过程中，低碳创新技术的发展趋势展示出低碳时代对汽车制造的巨大影响。然而，要实现真正意义上的低碳汽车，在汽车产品的低碳设计制造的基础上，还需要结合更多的先进技术。本章对目前汽车界正在努力攻克的关键技术进行介绍，包括低碳、清洁动力技术，以及新能源汽车热管理技术、高效电驱动技术、生态驾驶与共享出行，意在描绘未来低碳生态汽车集低碳材料、轻量设计、清洁能源、智能控制、生态出行为一体的美好愿景。

9.2 低碳、清洁动力技术

根据车辆的能源类型，现代汽车主要分为两大类别：传统燃油汽车和新能源汽车。传统燃油汽车通常指的是以汽油或柴油为燃料的车辆，其中包括了油电混合动力汽车以及 24V 或 48V 轻度混合动力汽车。与此不同，新能源汽车采用非传统的能源来驱动，结合先进的动力控制和推进技术，形成了先进的技术原理、新型技术和结构的汽车。新能源汽车根据其动力来源可以分为三大类别：纯电动汽车、混合动力电动汽车和燃料电池电动汽车。车辆及能源分类如图 9-1 所示。

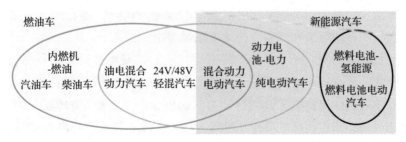

图9-1 车辆及能源分类

车辆使用的能源类型有多种，主要包括以下几种：

1）燃油：目前最常见的车辆能源是燃油，特别是汽油和柴油。燃油车辆使用内燃机，通过燃烧燃料产生动力驱动车辆。汽油车在燃烧过程中产生的尾气中含有一定的碳排放物，而柴油车则排放氮氧化物和颗粒物。燃油车的特点是容易获得燃料，续驶里程较长。

2）电力：电动汽车使用动力电池储存的电能来驱动车辆。电动车可以分为纯电动汽车和混合动力电动汽车。纯电动汽车完全依靠电能驱动，并没有尾气排放。混合动力电动汽车则结合了电池和燃油发动机，可以使用电能和燃料相结合驱动。纯电动汽车的特点是零尾气排放、低噪音和低能耗，但充电设施和充电时间仍然是一些考虑因素。

3）氢能源：氢燃料电池汽车使用氢气与氧气反应产生电能来驱动车辆。氢燃料电池汽车发生的氢气和氧气的反应只产生水蒸气，因此零尾气排放。不过，氢能源的发展还面临着挑战，如氢气的储存和供应基础设施的建设。

9.2.1　内燃机低碳技术

内燃机发展至今已经成为一种高效的能源转化装置，通过燃烧将燃料的化学能转化为机械能。在电动化和智能化技术快速发展的现状下，内燃机仍然具有提升能效的潜力。内燃机产业链完整、技术成熟、成本低廉，通过燃用碳中和燃料的新能源内燃机未来还可以广泛应用于重型卡车、工程机械、船舶、航空以及混合动力系统等领域。然而，实现内燃机燃料的低碳化和零碳化做不到一蹴而就：近中期主要采用低碳技术，即通过燃料低碳化和燃烧高效化尽早实现碳达峰；中远期主要开发全生命周期的零碳（即碳中和）燃料技术。

1. 低碳技术分析

（1）燃料低碳化　燃料低碳化意指内燃机采用低碳燃料替代高碳燃料，如重型卡车可以使用低碳的压缩或液化天然气发动机、汽油压燃发动机来代替高碳的柴油机。另一种方法是在高碳燃料中掺入低碳或零碳燃料，如在柴油中添加生物柴油（甲酯），或者在汽油中添加乙醇等。此外，还有很大的减少排放的潜力存在于石油开采和汽油、柴油炼制过程中。

（2）燃烧高效化　燃烧效率的提升也是关键。柴油机因采用稀燃、压燃和质调节模式，具有较高的热效率，但仍然可以通过高增压、高喷射压力等技术提高有效热效率。汽油机尤其混合动力汽油机，由于电动机的辅助，可以采用高压缩比、超膨胀比循环、高冷却废气再循环系统等技术，提高热效率。未来，汽油机还可以通过稀燃技术和加压燃技术来提高效率。

2. 零碳燃料技术分析

零碳燃料技术的核心概念是通过燃烧碳中和燃料，实现在整个生命周期中零碳排放。这些碳中和燃料的来源包括以下三种主要类型：

（1）生物质燃料　这里指的是直接通过光合作用生产的生物质燃料，如乙醇和生物柴油。全球存在大量丰富的生物质燃料资源，通过巧妙地组合不同类型的生物质燃料，可以有效地减少碳烟和二氧化碳排放，因此它在实现碳中和目标方面具有重要作用。

（2）绿氢和绿氨　绿氢是通过利用可再生能源，如太阳能、风能、水能等，通过水电解制得的氢气。这个过程没有碳排放。此外，绿氢还可以与氮气结合，形成绿氨，绿氨可以被看作是绿氢的能源载体。制备绿氢有多种方法，包括碱性水电解制氢（Alkaline Water Electrolysis to Hydrogen，AWE）、质子交换膜水电解制氢（Proton Exchange Membrane Water Electrolysis Technology for Hydrogen，PEMWE）和固体氧化物水电解制氢（Solid Oxide Electrolyzer Cells，SOEC）。这些技术各有优势，例如，AWE 技术成熟、成本较低，而 PEMWE 在能效方面表现出色，尽管成本较高，SOEC 在高温下利用水蒸气，能效最高，但目前仍处于实验室研发阶段。氨作为氢能的载体具有易于运输和存储的优势，并且氨气产业链和基础设施已经成熟，因此，氨气作为碳中和燃料也具备大规模推广应用的基础。

（3）电力合成液体燃料（e-fuel）　e-fuel 是将通过水电解产生的氢气与直接从空气中捕集的二氧化碳经过催化反应合成的甲醇、汽油和柴油等液体燃料。这些燃料的合成技术已经经过多年研究，相对成熟，并且具备大规模生产的潜力。e-fuel 可以在现有的汽油和柴油加油站等基础设施上使用，同时最大限度地保留了与内燃机相关的产业供应链，而无需建设新的充电站和氢气加氢站，这为实现碳中和提供了可行性。然而，e-fuel 内燃机面临的主要挑战是燃料成本较高。

3. 氢内燃机

氢内燃机的氢气喷射方式分为两种：进气道喷射和缸内直喷。进气道喷射方式成本较低，但容易引发回火问题。此外，由于氢气充填了进气道，因此进气道喷射式氢内燃机的功率提升受到限制。典型的氢内燃机样机包括马自达公司的氢气转子发动机（见图 9-2）。尽管技术上氢内燃机是可行的，但在实际使用中，必须解决氢气喷射系统、专用润滑油、氢脆等安全性和可靠性问题。由于氢燃料的低点火能量和高火焰传播速度，进气道喷射方式容易引发回火问题，使得氢内燃机的功率提升受到限制。相比于进气道喷射，直喷氢内燃机可以在进气门关闭后再喷射，避免氢气回流进入进气道导致回火。在相同工况下，直喷氢内燃机可以采用更稀薄的燃烧方式，从而降低了泵气损失，提升热效率。

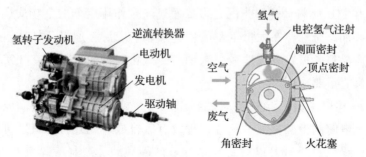

图9-2 马自达公司的氢气转子发动机

4. 氨内燃机

氨内燃机面临点火难和燃烧速度慢的问题，这增加了氨内燃机的研发难度。为了克服氨气难点火的问题，目前的研究多采用高活性燃料来引发燃烧，这些高活性燃料包括柴油、二甲醚和氢气等。要实现高效的清洁燃烧，氨内燃机还必须解决缺乏高温高压下的反应动力学机理、零部件腐蚀、氨尾气处理、泄漏和处理等关键问题。

只要燃料能够实现碳中和，内燃机就可以实现零碳排放。因此，当内燃机开始使用碳中和燃料时，可以被称为新能源内燃机，而搭载这种内燃机的汽车也可以被称为新能源汽车。从碳中和燃料的成本角度来看，如果有足够的氢气基础设施支持，直接将氢气用作燃料是一种可行的选择。从使用寿命和成本的角度来看，它相对于质子膜燃料电池动力系统具有优势。但如果氢气基础设施不够完备，那么直接使用氨气作为燃料（尤其是绿氨）也是一种可行的零碳技术路线。尽管制备绿氨燃料需要使用绿氢作为原材料，但不需要像氢气存储那样复杂的基础设施。因此，氨内燃机在综合效益方面可能优于氢内燃机。

9.2.2 动力电池技术发展

在当前新能源汽车行业中，高能量密度动力电池被视为至关重要的关键零部件，提升动力电池性能是解决里程焦虑的有效方式，除此之外，缩短充电时间和改善低温条件下的动力电池性能也可以缓解焦虑、提高消费者对电动汽车的认可度。

1. 高能量密度动力电池

（1）材料迭代　三元层状锂离子电池材料被认为是具有巨大应用潜力的高能量密度正极材料。在这个领域，主要的发展方向涵盖高电压和高镍两个方向。高电压的三元材料具有潜在的高能量密度，但它们目前受到高电压电解液等相关技术的限制，因此短期内难以大规模应用。与此不同的是，高镍正极材料与硅基负极材料的组合，已经成为满足 $300W \cdot h/kg$ 以上能量密度要求的主要技术路线。硅基负极材料具有较高的比容量、良好的导电性，而且能够支持更快的充电速度。然而，高镍三元材料也存在一些挑战。随着镍含量的增加，它们的氧化性增强、结构稳定性明显下降。为了提高能量密度，增加材料的克容量是必要的，但这会导致循环寿命、热稳定性、安全性等方面恶化。因此，实现高镍三元材料的量产应用需要在这些性能之间取得平衡，以满足实际使用需求。

（2）结构革新　除材料迭代以外，结构革新是动力电池另一条重要的技术发展路径。引入多层结构的电池设计，可以增加电池的能量密度和功率密度。这种设计堆叠多个电池层，在有效增加了电池容量的同时减小了电池的体积。采用模块化设计的电池可以更容易地进行维护和更换，降低了电池维修和更换的成本，这也有助于提高电池的可持续性和循环使用率。电池一体化的发展逐渐成为行业的重点研究方向，CTB 架构如图9-3所示。

图9-3　CTB 架构

2. 快充技术发展

随着电动汽车的续驶里程不断提升，消除里程焦虑已经有了显著的进展。当前，电动汽车行业的重点问题已经从续驶里程转向如何加速充电过程，以提高市场渗透率。为了开发具备快速充电特性的动力电池，需要深入研究合适的正负极材料、电解液、隔膜，合理设计电极，以及优化充电策略。同时，必须谨慎考虑电池内部产生的热量，并有效管理动力电池的温度。

3. 改善低温条件性能

在低温条件下提高动力电池的性能和可靠性也至关重要，特别是对于电动汽车和储能系统，这需要综合考虑电池中正极、负极、电解液等多个因素的影响。方法包括改善电解液的电导率、减少成膜阻抗、对正负极材料进行改性处理、优化材料结构，以及减少锂离子在活性物质中的扩散阻抗。通过全面优化电池体系，可以降低在低温条件下的极化现象，从而进一步提高电池的性能。

4. 其他种类动力电池研究

目前，研究方向涵盖了多种新型动力电池技术，其中包括全固态电池、锂硫电池、金属空气电池以及燃料电池。

（1）全固态电池　全固态电池具有高电压平台和更宽的电化学窗口，因固态电解质能有效抑制锂枝晶生长，为实现高能量密度的新型锂电池奠定基础。目前全固态锂电池的能量密度大约为 $350W \cdot h/kg$，预计最大能达到 $900W \cdot h/kg$，然而，其生产工艺和技术与传统液态锂离子电池完全不同，产业化存在技术难关。固体电解质离子传输速度较慢，而固体电解质和正负极材料界面的电阻很大，这制约了倍率性能，同时循环性能和温度适应性也面临挑战。

（2）锂硫电池　锂硫电池以硫作为正极，理论比能量高达 $2600W/kg$，硫资源丰富且环保，但目前存在活性物质利用率低和循环性差等问题。为了解决这些问题，研究人员开展了高性能碳硫复合材料制备技术、高稳定性锂或锂合金负极制备技术以及锂硫电池制备技术的优化，以实现能量密度超过 $500W \cdot h/kg$ 的锂硫电池，满足新能源汽车长距离行驶的需求。

（3）金属空气电池　金属空气电池利用环境中的氧作为阴极活性物质，具有较高的理论能量密度。以锂空气电池为例，研究表明它可以经受 100 个周期以上的循环，并证实充放电过程中产生和分解 Li_2O_2。然而，锂空气电池在充放电动力学过程中存在极化过电位，因此能量效率较低。目前的重点研究方向是开发高效的双功能催化剂，最大限度提高锂空气电池的能量效率。氧电极催化剂的研究涵盖碳材料、非贵金属氧化物和贵金属氧化物等多个方向。

（4）燃料电池　燃料电池具有独特的异相电催化反应过程，可以在 Pt/C 催化剂表面获得较高的交换电流密度，同时具备高能量和高功率的工况特性。这种特性正是现代汽车对动力系统的基本技术要求。从电化学器件的角度来看，燃料电池代表了化学电源的更高发展层次。燃料电池和二次电池的工作方式不同，这决定了二次电池适用于中小功率的储能应用，而燃料电池则适用于大功率的储能应用。

9.2.3　氢燃料电池及氢存储技术

氢能作为一种可再生的洁净能源受到了广泛关注。它主要通过电化学储能的方式被利用，如燃料电池等先进的发电设备将氢能转换为电力。氢气在宇宙中广泛分布，完全燃烧后只产生水，因此能显著减少温室气体排放。此外，氢气的储能密度很高，1kg 氢气能产生约 33.33kW·h 的能量，是常见化石燃料如柴油、焦煤和煤的 4 倍以上。因此，氢燃料电池在新能源领域具有广阔的发展前景。与燃油和锂电池车相比，氢燃料电池车具有更长的续驶里程、更快的充电速度和更强的低温性能等优势。

1. 氢燃料电池及氢能车推广的困难

（1）储氢技术挑战　目前，储氢技术包括加压压缩储氢、液化储氢、空心玻璃微球储氢和金属氢化物储氢等，但它们存在安全性低、成本高、易泄漏和储存密度小等问题。因此，需要深入研究和开发储氢技术和材料，以克服这些挑战、推动氢气储存技术的进步。

（2）高成本问题　氢能车的购车和耗能成本较高，约为纯电动车的 4 倍。欧阳明高院士指出未来十年氢燃料电池系统成本有望下降 80%。解决燃料电池成本问题需要着重研究燃料重整技术和燃料类型。此外，氢气的制备技术和成本也是阻碍其商业化和规模化发展的关键问题。

（3）催化剂资源短缺　铂催化剂是氢燃料电池的核心部件之一，由于铂元素稀缺，所以催化剂成本高，并成为燃料电池核心部件中的昂贵部分。为实现大规模商业化，需要研发新型催化剂。

（4）不完善的氢气运输体系　目前，氢气主要通过气氢运输和液氢运输方式进行运输。尽管管道输送是最经济的方式，但国内尚无针对氢气长输管道的标准体系。

（5）加氢便利性差　虽然我国拥有全球最多的加氢站，但由于氢气加注效率较低，需要建设成千上万个加氢站以满足氢燃料电池车的需求。然而，加氢站的建设成本远高于普通加油站。

总体而言，尽管氢燃料电池车销量增长迅速，但由于市场基数小、成本高、加氢便利性差等原因，其商业化程度仍然有限。另外，锂电池技术的不断突破也对氢燃料电池车的发展构成竞争压力，特别是如果固态电池能够实现量产，其性价比将有望超越氢燃料电池车。

2. 车载储氢技术

车载储氢技术可分为两大类：物理储氢和化学储氢。物理储氢包括高压气态储氢和低温液态储氢，而化学储氢则包括有机液体储氢和金属氢化物储氢。

（1）高压气态储氢技术　高压气态储氢技术是当前最成熟且得到广泛采用的车载储氢技术之一。其核心在于储氢瓶，这些储氢瓶目前分为五种类型，如图9-4所示。这些储氢瓶的性能见表9-1。目前，国内市场主要采用Ⅲ型储氢瓶。

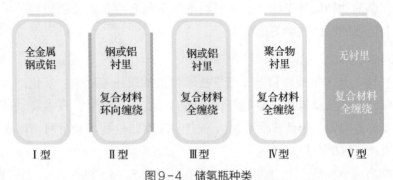

图9-4　储氢瓶种类

表9-1　储氢瓶类型及性能

类型	工作压力/MPa	产品重容比/（kg/L）	使用寿命/年	体积储氢密度/（g/L）	车载使用情况	成本	发展情况
Ⅰ型	17.5～20.0	0.90～1.30	15	14.28～17.23	否	低	国内外技术成熟
Ⅱ型	26.3～30.0	0.60～0.95	15	14.28～17.23	否	中等	国内外技术成熟
Ⅲ型	30～70	0.35～1.00	15～20	40.40	是	最高	国外技术成熟，国内开发产品
Ⅳ型	70以上	0.30～0.80	15～20	48.80	是	高	国外技术成熟，国内研发产品
Ⅴ型	—	—	—	—	—	—	国内外均处于理论研究阶段

尽管Ⅳ型储氢瓶具有多种优势，但要实现大规模量产，仍需克服一些关键技术难题。首先，高压气态储氢技术中氢气与储氢瓶的质量比值较低，这导致了氢气在运输过程中成本高且存在较大的运输风险。其次，碳纤维（图9-4中用于缠绕的复合材料）作为储氢瓶的关键材料，其技术壁垒相对较高。目前国内生产的碳纤维无法满足储氢材料的要求，因此需要大量进口，增加了储氢瓶的制造成本。最后，Ⅳ型与Ⅲ型储氢瓶不同，需要解决金属与塑料之间的密封

问题。由于塑料随着使用时间的延长会老化，与纤维复合材料壳体发生分离，这可能导致氢气泄漏，引起爆炸。由于氢气的易燃性，密封性和密封件材质的选择至关重要。

目前，高压气态储氢技术是工程化程度最高的储氢技术之一，常用的储氢压力值为 35MPa 和 70MPa。然而，仅依靠提高储氢压力以增加储氢密度，会导致储氢设备的制造要求和成本随之增加。因此，在实现高储氢密度的同时，轻重量和低成本也成为高压气态储氢技术的重要发展方向。

（2）低温液态储氢技术　低温液态储氢技术是一种新兴的氢气储存方法，它利用极低的温度（约 –253.15℃）将氢气液化并储存在高度绝热的真空容器中。这种技术具有出色的储氢密度，达到 $71kg/m^3$，是 80MPa 下高压气态储氢密度的 2 倍以上。从储氢密度的角度来看，液态储氢被认为是一种非常理想的储氢方式。

通常，液态氢被储存在液氢储罐中，这些罐主要有两种形状：球形和圆柱形。球形液氢储罐由于其较大的体积，制造和加工难度较大，因此成本相对较高。因此，目前常用的液氢储罐形状是圆柱形。液氢的沸点非常低（约 –252.78℃），汽化潜热也很小，这意味着即使微小的热量泄漏也会导致液氢的蒸发。因此，液氢储罐需要具有出色的绝热性能。用于液氢储存设备的绝热材料通常分为两种类型：可承重材料和不可承重的多层材料。前者易于安装，而后者可以有效地减少热量泄漏。在汽车领域，低温液态储氢技术主要用于氢内燃机。尽管已经将低温液态储氢技术应用于车载储氢系统，但该技术仍然存在一些挑战，如高液化能耗和氢气泄漏率问题，需要进一步技术突破以推动其商业化应用。

（3）有机液体储氢技术　有机液体储氢技术是一种依赖于不饱和液体有机物与氢气进行可逆加氢和脱氢反应的储氢方法。这一技术通常包括三个关键阶段：加氢反应、储存和运输，以及有机液体脱氢过程。通过催化剂的作用，储氢介质在脱氢反应中可以再次进行加氢反应，从而实现有机储氢材料的循环利用。这种储氢介质的性质类似于汽油，可以在常温常压下储存和运输，因此非常便利和安全，特别适用于大规模的长途运输。

（4）金属氢化物储氢技术　金属氢化物储氢技术是一种利用金属在特定条件下吸附和释放氢气的技术。在一定的温度和压力下，氢气与金属发生化合反应，形成金属氢化物，氢以原子形式储存在金属的晶格中。当外界加热金属氢化物时，它会发生分解反应，氢原子会结合成氢分子并释放出来，同时伴随着吸热效应。常见的储氢金属包括镁、钛、钒等，但在工业生产中，储氢材料通常是金属合金而不是纯金属。金属氢化物储氢具有高储能密度，单位体积储氢是常温常压下气态储氢的1000倍。而金属合金化学性质稳定，储存和运输过程中具有良好的安全性，因此被认为是具有良好发展前景的储氢方式之一。

不同车载储氢技术具有不同的储氢量和优缺点，对比结果见表9-2。考虑到储氢成本和安全性等方面的因素，高压气态储氢技术目前被认为是车载储氢的最佳选择。在短中期内，高压气态储氢技术仍然是最受欢迎的氢气储存方法。然而，从长期角度来看，一旦产能扩大并且关键技术有所突破，低温液态储氢技术和金属氢化物储氢技术有望崭露头角并成为主流。

表9-2　不同车载储氢技术的对比

车载储氢技术	储氢量（%）	优点	缺点
高压气态储氢技术	5.7	技术成熟、成本低、易操作	质量储氢密度低
低温液态储氢技术	7.4	质量储氢密度高	能耗大
有机液体储氢技术	7.2	质量储氢密度高、安全性高	成本高、难操作
金属氢化物储氢技术	4.5	安全性高、便于运输	质量储氢密度低

9.3　新能源汽车热管理技术

在整车能源管理技术中，新能源汽车与传统汽车的主要区别体现在热管理系统重要性的大幅提升。传统汽车的热管理系统主要为发动机、变速器的散热系统和汽车空调，而新能源汽车的热管理系统涵盖了动力电池、驱动电动机、整车电控等，复杂程度更高，解决难度更大，因此新能源汽车的热管理成为汽车研发方向中的一个重点。同时，新能源汽车热管理技术的改善对提升车辆续驶里程、降低能量消耗具有显著作用。未来，为实现整车耗能达到最优，热管理技术向集成化和智能化方向发展。

9.3.1　电池热管理技术

在电动汽车行驶的过程中，动力电池会产生大量的热量，若不及时散热，热量在电池模块内持续积累，导致电池模块热量不断上升和不均匀扩散，最终可能会造成严重的安全事故。因此，需要一个高效的电池热管理系统（Battery Thermal Management System，BTMS）来保持适当的电池工作温度范围，以防止温度变化带来的不利影响。

1. 电池热管理技术功能

电池热管理主要是为了让电池组能够始终保持在一个合适的温度范围内进行工作，进而维持电池组最佳的工作状态。电池的热管理主要包括冷却、加热以及温度均衡等功能。冷却和加热功能，主要是针对外部环境温度对电池可能造成的影响来进行相应的调整。温度均衡则是用来减小电池组内部的温度差异，防止某一部分电池过热造成的快速衰减。通常我们期望电池在 20~35℃ 的温度范围内工作，这样能实现车辆最佳的功率输出和输入、最大的可用能量，以及最长的循环寿命。电动汽车电池温度特性见表 9-3。

表9-3　电动汽车电池温度特性

分类	温度范围/℃	充电	放电	电池性能
低温特性	< 0	小电流或禁止	小电流	降低
中温性能	0~20	正常	正常	无影响
	20~35	正常	正常	高效工作区间
	35~40	正常	正常	无影响
高温性能	> 45	功率减半	功率减半	影响寿命及可靠性

2. 电池热管理系统发展现状与趋势

电池热管理系统可分为电池散热系统和电池加热系统，其中，目前较成熟的散热系统根据传热介质可分为四部分，分别为空气冷却、液体冷却、热管冷却和相变材料（Phase-Change Material，PCM）冷却。

（1）空气冷却系统（风冷）　风冷是目前使用最广泛的电池散热方式，可与整车的行驶特性设计相结合。以空气作为传热介质，通过汽车行驶过程的气流运动或加装排风扇的方式对动力电池进行冷却。风冷热管理在运行过程中的安全性与可靠性、所需材料简单且易于实现、产生有害气体时能够及时有效通风。然而，在面临更大能量密度的电池和更密集的电池模块时，风冷的性能无法满足电池散热需求。

（2）液体冷却系统（液冷）　与风冷相比，具有更高的传热系数和比热容，对提高电池组能量密度和热管理能力有着更显著的效果。液冷冷却系统效果良好，能够有效降低电池的工作温度和局部温差，同时也存在系统结构复杂，重量相对大，存在漏液以及常常需要维护等不利影响。近几年来，对液冷的普遍研究为采用新型的冷却液，如采用液态金属、纳米流体等来优化液冷散热。当前对液体冷却通道的设计仍是液冷系统的研究重点，如通过冷却液通道数量的增加来降低电池放电后的最高温度、优化液体冷却的通道结构、采用具有小翼结构的冷却通道、设计新型液体冷板等来控制电池组的温差并加强散热能力。

（3）热管冷却系统　热管是利用管内介质相变进行吸热和放热的高效换热元件。热管冷却具有良好的热流密度可变性、导热性、密度可变性、热流方向可逆性、恒温热性和环境适应性等优点，已成为电子设备重要的散热技术之一。但其缺点为热管的容量小、接触面积小，对大型电池组需要使用更多的热管进行散热。

（4）相变材料冷却系统　相变材料具有体积变化小、潜热大、稳定性好等优点。相变材料依赖于自身高潜热的能力，然而当温度超过自身的熔点后 PCM 冷却性能就会显著下降，目前该方式对于在汽车动力电池上的应用仍处于研究状态。一些改进方案将 PCM 冷却与常用冷却方法耦合起来构成混合系统，如将 PCM 填充至电池和热管的缝隙中，由于 PCM 耦合热管系统既有 PCM 的固液相变蓄热，又有脉动热管工质的液汽传热，因此在各种工况下，PCM 耦合热管系统具有更好的散热性能。

未来，对高功率、高能量密度和高充电效率电池的需求将持续增长，随之而来的是对更高效、更稳定、更经济、更紧凑的电池热管理系统的需求。从低能耗和结构角度来看，PCM 冷却系统更具有潜力，需要通过进一步研究来提高商业应用性。首先，寻找高导热率的 PCM 来代替；其次，设计以 PCM 冷却系统为主体，其他散热系统为辅助的协同机制，以保证电池热管理系统的耐久性。

9.3.2　乘员舱空调热管理技术

作为整车舒适性的直观感受空间，乘员舱空调系统在提升用户体验上起到关键作用，同时这部分的价值在整车热管理系统中的占比也是最高的。新能源汽车空调热管理系统如图 9-5 所示。

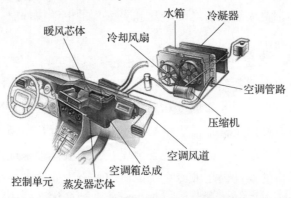

图 9-5　新能源汽车空调热管理系统

1. 乘员舱空调热管理技术工作方式

新能源汽车的空调系统在功能上可实现制冷、制热两种模式，其工作方式主要可分为正温度系数（Positive Temperature Coefficient，PTC）加热和热泵空调两大类。

（1）PTC 加热器　PTC 加热原理是通过 PTC 电阻材料将电能转换为热能，再通过风机将热风送入乘员舱以完成供暖作业，PTC 加热器系统原理如图 9–6 所示。此种方式具有结构简单、成本低、制热效果好的特点，但在系统的制热过程中由于需要对 PTC 电阻丝进行通电加热，因此能耗高成为其致命缺点。

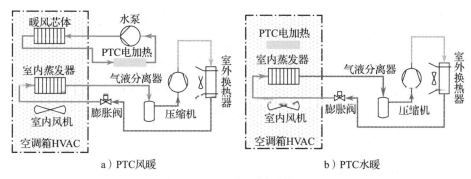

a）PTC 风暖　　　　　　　　　　b）PTC 水暖

图 9-6　PTC 加热器系统原理

（2）热泵空调系统　热泵空调系统通过三通阀来改变冷媒的流向，达到制冷、制热的转换，其系统原理如图 9–7 所示。由于热泵的制热过程是通过吸取外部空气的热量、利用压缩机液化放热实现的，其过程并非如 PTC 加热那样直接消耗电能，因此在能耗方面要远低于 PTC 加热器。不过，热泵系统的复杂度、成本等方面较之 PTC 加热器都要高，另外，当处于在温度较低的环境下时，由于吸收的外部空气热能本就少，因此其制热效果也会差些。

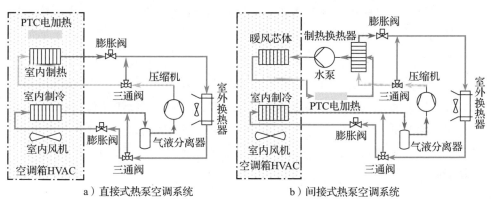

a）直接式热泵空调系统　　　　　　b）间接式热泵空调系统

图 9-7　热泵空调系统原理

2. 乘员舱空调热管理技术发展趋势

为了实现能量、资源的整合，新一代的一体化热管理系统应时而生，该系统将采用更高效的热泵空调代替 PTC 加热器作为主要热源，同时可根据各零部件的温控需求，主动控制电子压缩机、加热器、阀体等开启或关闭，通过改变循环回路达到减少能量浪费的目的，另外还可利用电动机余热的回收或电动机发热等方式作为补充热源来拓展工作温域，而对作为附件的冷却管路、控制阀、水泵等零部件进行集成化设计，可减少对车内空间的使用。

由于原本分布式朝着集成式演变，因此在系统软件的控制逻辑方面，原本分散在各控制单元中的软件将被集成到中央计算单元或域控之中，并作为软件的子模块发挥作用，通过统一的软件架构让系统软件具备更高的统一性与安全。不过，这对于开发方而言，整体的开发能力、开发流程等方面都会迎来新的挑战。在集成式的热管理系统中，如何通过系统中的各温度传感器采集的参数对阀体等进行合理的控制，进而改变系统能量回路，以实现按比例对各子系统进行精准的能量分配是应用软件开发的关键与难点。

9.3.3 余热回收技术

与传统汽车相比，新能源汽车上增加了动力电池、电动机、控制器等其他功率器件。为了满足新能源整车可靠性，热管理性能要求更高。为了降低新能源汽车热管理系统能耗，基于整车能量管理的角度，余热回收技术渐渐应用于新能源汽车。高效的余热回收技术是改善新能源汽车热管理系统、提高续驶里程的重要手段之一。

新能源汽车上的余热回收技术是通过将驱动电动机和电力电子产生的余热用来给车辆电池包加热，该方式相比于现有的电池包加热方案，实现了余热的回收利用，在一定程度上增加了车辆的续驶里程，提高了新能源汽车上的能量利用效率。

目前，新能源汽车上的余热回收技术方法主要有两种：一是高温回路与电池包低温回路通过电池冷却器进行热交换；二是利用多通道电磁阀控制技术实现高温回路与低温回路的实时连通与切断，通过高温回路余热直接加热电池包。随着全球能源需求的增加、环境问题的日益严重以及科技的发展，热管理系统余热回收技术的市场前景十分广阔。

9.4　高效电驱动技术

电驱动系统是电动汽车和混合动力汽车中的核心部分，其主要部件包括电动机、电动机控制单元和减速器等。这些部件分别在电驱动系统中扮演着不同的角色，共同协作以实现车辆的高效、高性能运行。

下一代电驱动系统技术正在向高集成度、高电压、高功率密度的方向发展。

1. 高集成度

对于电驱动系统，可以把"三合一"即电动机＋减速器＋电动机控制器的方案定义为1.0阶段，也是最主流的集成方案。目前正进入"多合一"的2.0阶段，即包含电动机、减速器、电动机控制器、充电机、交直流转换器、高压分线盒和部分整车控制器的方案，这是一个硬件解决所有空间、尺寸、成本、轻量化问题的阶段。表9-4展示了某多合一电驱动系统的集成零部件明细与代表厂商。长安汽车公司的原力超集电驱动系统，相比于过去的"三合一"集成方案，重量降低10%、功率密度提升37%、效率提升4.9%，系统的综合效率提升到了95%的水平。对于未来的3.0阶段，清华大学赵福全教授认为，电驱动系统将越来越强调智能化，需要将控制独立出来，形成整车控制域，而硬件将回归五合一。

表9-4　某多合一电驱动系统的集成零部件明细与代表厂商

集成程度	集成零部件	代表厂商
三合一	驱动电机、电机控制器、减速器	华为、比亚迪、上汽、广汽、吉利、长安
四合一	双驱动电机、电机控制器、减速器	广汽新能源
六合一	驱动电机、电机减速器、电机控制器、DC/DC、充电机、高压机电盒	江淮汽车
七合一	驱动电机、电机减速器、电机控制器、整车控制器、充电机、高压分线盒、直流变换器	长安汽车、华为
八合一	驱动电机、减速器、电机控制器、整车控制器、车载充电机、配电箱、直流变换器、电池控制器	比亚迪

2. 高电压

对于常规的汽车电驱动系统，所采用的供电电压等级一般为400 V。在功率不变的前提下，采用800V的高压电气架构可以使得续驶里程增加、充电速度提升，有利于电驱动系统实现高功率和大转矩输出。2019 年的保时捷 Taycan 是全球首款采用 800V 高压电气架构的量产车型，该车型内置升压器，增大了充电功率，提高了持续输出功率，降低了系统重量，采用 270kW 功率快充，仅需 23min 即可完成充电 5% ~ 80%。同时，前后驱动双电动机均采用交流永磁同步电动机，结合后轴两档变速器，实现性能与续驶里程的双重兼顾。在 2023 年上海车展共展出 13 款采用 800V 高电压驱动的车型，高电压驱动已然成为高效电驱动的一个重要发展趋势。当然，也面临着诸多挑战：800V 高压电驱动系统具有很高的峰值电压，对于常规的电子元器件及绝缘材料来讲是难以达到使用要求的，并且电动机设计将趋向复杂化，这导致材料的成本大幅提高，致使其应用范围主要集中于中高端车型；由于 800V 的逆变器多应用碳化硅（SiC），因此电压变化频率高，产生的轴电流增大，使得对轴承防腐蚀的要求提高；由于电压与开关频率增加，800V 电动机内部的绝缘、电磁兼容性（Electromagnetic Compatibility，EMC）防护等级要求也随之提升；对上述动力电池快充技术中的电极材料的性能的要求也更严苛。另外，对于兼容现有 400V 的直流充电桩，目前采用加装 400V 转 800V 直流车载充电机的方式进行电池充电，但随着国家对超级充电桩的布局，未来高压充电基础设施将得到完善。

3. 高功率密度

在电能转换与电路控制中，功率器件主要用于电压、电流和频率的转换，硅基绝缘栅双极晶体管（Insulate-Gate Bipolar Transistor，IGBT）器件是新能源汽车的主流方案，但是随着对电驱动系统的功率密度要求越来越高，IGBT 受限于硅基材料本身，其综合性能的进一步提升较为困难。相比于硅基器件，碳化硅器件具有更好的工作性能，尤其在导通电阻、阻断电压和结电容方面体现出显著优势，使其具有更高的功率密度，并降低了冷却系统的复杂程度。与此同时，在同电压前提下，碳化硅器件可制作得更小以实现轻量化设计，结合较低的导通电阻，可以使能源损失得到大幅下降，实现整车续驶里程的增加以及充电时间的缩短，这也是实现 800V 高压电气架构的关键技术路径。相比于相同规格的硅基金属 - 氧化物半导体场效应晶体管（Metal-Oxide-Semiconductor Field-Effect Transistor，MOSFET），碳化硅基 MOSFET 的尺寸可减小至原来的 1/10，导通电阻可降低至原来的 1/100，使得总能量损耗可降低 70%。目前已经有越来越多的车型采用碳化硅器件，如国外的特斯拉 ModelS、奥迪 e-tron GT 等，国内的比亚迪汉 EV、小鹏 G9、蔚来 ET7 等，碳化硅高功率密度器件已成为未来新能源汽车电驱动系统的发展趋势。与高电压技术的推广应用相似，碳化硅高功率密度器件受限于制造成本，目前主要应用于高端新能源车型，主要因为碳化硅衬底生长速率慢、制备技术难度高所致。

9.5　生态驾驶与共享出行

前面的技术主要是围绕着清洁能源及其高效利用，更注重于单车的低碳节能，然而对于整个交通系统来讲，实现多车之间的生态交互也是一个重要的研究课题。基于当前通信技术与大数据技术的飞速发展，汽车成为智慧交通体系下的一种智能交互单体，生态驾驶与共享出行已然成为未来低碳交通的发展趋势。

9.5.1　智能经济巡航技术

自适应巡航控制（Adaptive Cruise Control，ACC）作为发展车辆高级驾驶辅助系统（Advanced Driver Assistance System，ADAS）的重要环节，主要对车辆的纵向运动进行控制。兼顾多性能的多目标 ACC 是未来发展的主要方向，同时也是智能网联环境下发展无人驾驶汽车的重要组成部分，而以节能为导向的自适应巡航是多目标自适应巡航系统的核心分支。

1. ACC 发展现状

ACC 自 2010 年以来逐渐标准化，并在中低端市场普及。一些车型如宝骏 RS-5 和英菲尼迪 QX50 已经配备了全速 ACC，可以在城市拥堵中实现自动跟车功能。

在我国，ACC 的研究主要集中在高校和科研机构，尚未完全实现自主技术的自适应巡航系统。经济型巡航技术通过优化驾驶员决策以及对车辆性能的优化控制，可以提高燃油经济性并降低排放。

2. ACC 发展趋势

（1）控制策略与方法　过去，常用基于规则的优化、瞬时优化和基于切换逻辑的加速-滑行控制策略等优化方法，来提高经济性巡航控制。然而，这些方法通常依赖于当前道路信息和驾驶经验，泛化能力有限。最新研究包括基于能量导向的分层递阶电动汽车巡航控制策略和利用未来路面地形信息的动态规划方法，以降低燃料消耗。预测控制方法也被广泛应用于经济性巡航控制，如基于非线性模型预测控制和模糊规则调整权重的预测控制策略。然而，随着数据维度的增加，计算复杂性和优化速度仍然是问题。

（2）节能型 ACC 节能型 ACC（Economy-Oriented ACC，EACC）的研究对电动汽车的智能化和能源消耗有重要意义。目前，这方面的研究还处于初级阶段，需要更多的工作来提高节能效果。基于 V2X 通信（Vehicle to Vehicle 通信，即机动车辆间基于无线的数据传输技术）的网联车队生态式协同自适应巡航控制（Ecological Cooperative ACC，ECACC）技术是在网联车辆队列行驶的基础上实现以节能为主要优化目标的队列协同控制方法，其策略示意如图 9-8 所示。该技术作为多车协同控制的关键技术之一可以实现车辆群体节能，增强跟车行驶安全，提高道路通行效率，对实现可持续发展的智能交通系统战略起到关键推动作用。

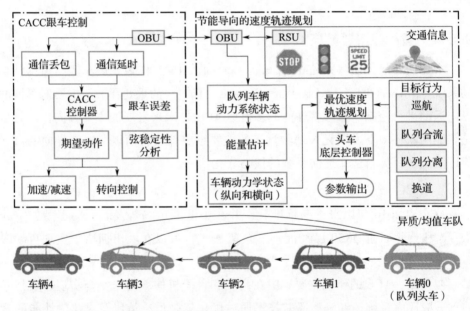

图 9-8 生态式协同自适应巡航控制（ECACC）策略示意图
OBU—On board Unit，车载单元 RSU—Road Side Unit，路侧单元
CACC—Cooperative Adaptive Cruise Control，协同自适应巡航控制

（3）上层控制器设计 在上层控制器设计过程中，应该构造多目标优化问题，从而实现 ACC 全工况下的能耗优化。

（4）巡航模式 可以采用离散动态规划设计预见性巡航车速优化算法，其以车速为状态变量，基于道路坡道、车辆状态等信息确定巡航过程中各性能指标，通过构造并求解指标函数来规划经济巡航车速，与传统定速巡航相比，预见性巡航车速优化算法可以更加节能，且不会增加时间成本的过度增加。

（5）跟车模式 可基于模型预测控制（Model Predictive Control，MPC）开

发多目标跟车控制算法。通过深入分析系统的控制目标，并对车辆的跟踪性能、舒适性能、经济性能进行准确量化。基于 MPC 框架完成预测优化问题的推导，还可进一步开发适用于非线性优化问题的求解算法。此外，与多目标 ACC 相比，节能型 ACC 多目标跟车控制算法在保证车辆跟踪性能的基础上，可进一步实现节能。

（6）经济型驾驶策略　可在车辆自身节油技术的基础上最大限度地发挥节油优势，这比在复杂交通道路下还不够成熟的环境感知技术，具有巨大的发展潜力，成为汽车节能领域的重要发展方向。而随着汽车自动驾驶、网联化以及 5G、6G 技术发展大潮的到来，ACC 将与智慧交通系统进一步融合，共创智慧城市，基于智能信息交换共享的 ACC 将成为未来发展方向。

9.5 ?　节能汽车队列技术

随着智能交通系统的发展，车辆队列行驶将成为未来重要的出行方式之一。车队的节能效果直接影响道路交通的可持续发展。

1. 协同驾驶优化和决策控制方法

为了实现车队的协同节能控制，需要研究协同驾驶方式的优化和决策控制。这方面的研究主要包括基于车对车通信的微观控制和基于车对交通设施通信的宏观决策两类方法。

（1）基于车对车通信的微观控制　以车队中的单车为研究对象，考虑其动力系统状态和周围车辆对其影响，旨在优化车队跟车行驶过程中的能耗。

（2）基于车对交通设施通信的宏观决策　以车队中的头车为研究对象，考虑交通状态和场景信息的影响，研究车队在特定场景下的协同驾驶决策，以提高通行效率和能量经济性。

这些问题可以转化为最优化问题，通过建立相应的代价函数或性能函数，并进行最大值或最小值求解，得到实现特定目标的驾驶行为决策和控制策略。常用的求解方法包括解析法和数值法，还可以利用强化学习等方法实现。

2. 节能汽车队列技术发展趋势

1）车辆之间信息的快速传输和车况的差异是未来需要解决的难题之一。尽管可以通过车对车通信实现数据传输，但由于车辆之间的差异和随机性，很难完全保证队列成员的同步。因此，未来需要研究车辆队列的横向控制、车队对车队通信结构以及智能车底盘的控制方法。

2）车辆网联化。车辆队列控制正在由自适应巡航控制向协同自适应巡航控制转变。协同自适应巡航控制通过车对车和车对交通设施通信实现车辆的互联，可以显著增加交通流量，节省出行时间并减少能耗。V2V 通信的智能网联车队的队列行驶示意如图 9-9 所示。

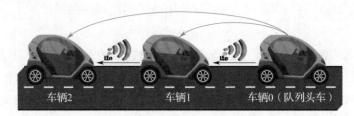

图 9-9　V2V 通信的智能网联车队的队列行驶示意图

3）MPC 控制技术。车队在行驶中可通过车辆队列跟车系统控制器进行控制，其中车辆队列的控制主要包括线性控制、模糊控制和滑模控制三种方法。然而，这些控制方法存在几点不足：无法对状态量和控制量进行约束；无法显式地针对性能指标进行设计。为解决这些问题，可以采用最优化方法进行设计。研究者提出将队列稳定性指标作为控制器的一部分进行设计优化，采用 MPC 控制技术可以同时实现对指标和系统约束的双重设计，并能够预测车辆纵向动力学的变化，实现多目标优化控制。

4）制动能量回收策略。基于电动汽车的节能策略之一是制动能量回收策略，该策略在满足制动力大小和稳定性需求的基础上，通过协调分配回收制动力和机械制动力，使车辆能够尽可能地回收制动能量。一些先进的电动车型，如丰田 Prius、宝马 i3 和特斯拉 Model S 等，都采用了这种制动能量回收系统设计。目前已有的研究包括集制动能量回收控制和车轮防抱死控制于一体的纯电动汽车和混合动力电动汽车电控制动系统、再生制动协同控制算法、基于最佳制动感觉的制动策略以及基于最佳能量回收的制动策略等。然而，当前的研究普遍将车辆视为质点，或仅考虑简单的车辆动力学特性，很少涉及制动力分配、制动能量回收策略等单个车辆的复杂特性。因此，未来的发展趋势应该是将最优的目标驱动制动转矩与最佳制动力分配相结合，从而实现制动能量回收最大化。

9.5.3　智能路口通行技术

十字路口一直以来都是城市交通事故的高发地，据数据统计，每年有 60% 以上的道路交通事故发生在十字路口。城市路口交通管理仍然面临一些难题，如信息孤岛、数据利用率低、信号控制策略难以变化、路口信息协同共享困难等。这促进了智慧路口概念的发展，特别是随着自动驾驶和车路协同技术的发展，智慧路口成为智慧交通建设的核心场景之一。

2022 年，北京经济技术开发区已经建成 332 个数字化智能路口基础设施，使车辆能够实现连续通过 9 个路口而无需停车。同时，百度地图导航系统的"红绿灯倒计时"功能是基于实时交通运行数据的智能改造，能够自动调整路口红绿灯时长，以满足各个方向的交通需求。智能路口信控带来的改变非常明显，统计数据显示，交通建设优化效果包括单点自适应路口车均延误下降 28.48%，车辆排队长度下降 30.3%，绿灯浪费时间下降 18.33%，以及 4 条双线干线绿波道路车均延误减少 16% 以上。

1. 智慧路口技术组成

智慧路口技术包括四个层次：第一是路口杆件一体化，涉及物联网概念；第二是边缘计算，如华为 EC – IoT 智慧路口解决方案采用电力线通信物联网和边缘计算技术，支持多个系统的协同工作和信息共享；第三是路口设计，包括新建路口的渠化设计和已有路口的评估；第四是数据应用，利用大数据技术分析各种采集的数据，为交通管理部门提供业务应用，如路口运行评价、信号配时优化、路口事件检测、流量规律分析等。

在智慧路口的推进过程中，边缘计算将首先得到应用，然后路口交通电子设备将更加集约化发展。华为的全息路口解决方案基于 ITS800 的雷视轨迹拟合算法，能够提供全路口的精准元数据，包括车牌、车速、位置、姿态、车道流量、交通事件检测等数据，并结合高精度地图提供数字化全息视角，提高交管数据的精确性和实时性。

2. 端边云技术

随着城市路侧智能基础设施的推广，城市路口的智能化水平将不断提高，实现多维度、多来源、全要素的全息感知。如何存储和高效运用这些全息感知数据，以及如何提高城市交通管理的通行能力和车辆平均速度，将成为重要的课题。为此，可以采用基于端边云技术架构的智慧路口解决方案。该解决方案包括以下主要内容：

（1）智慧城市交通数据智能平台整体架构　在车联网生态系统的端—边—云架构基础上，综合部署智慧城市交通数据智能平台，为自动驾驶运营、智慧交通状态感知、智慧交通控制等业务提供支撑，智慧交通示意如图 9 – 10 所示。

（2）信号协调与车速诱导、特殊车辆优先服务　在动态干线绿波基础上，采取信号协调与车速诱导等策略。通过实时监测路段上车辆和特殊车辆的运动状态，系统可以对其进行车速诱导，以提升通行能力和整体运行效率，同时优化干线绿波应用效果。通过结合实时网联车辆状态和红绿灯信息，利用智慧城市交通数据智能平台进行综合计算并将结果下发给车端，帮助车辆实时做出正确驾驶决策和调整信号灯状态，以实现行驶方向多个路口的连续性绿波，提高通行效率并有效缓解路口拥堵。

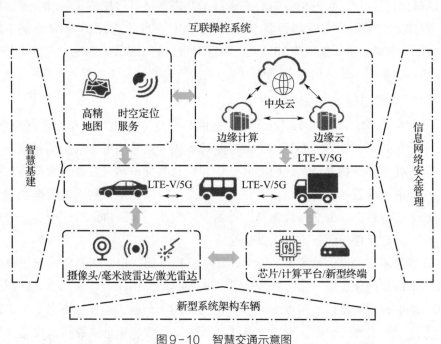

图9-10　智慧交通示意图

LTE-V—Long-Term Evolution for Vehicle，基于 LTE 网络的车辆通信技术

（3）区域路网分布式信号控制服务　采用分布式信号控制网络结构，在区域路网中应用信号控制算法。通过路口边缘云和中心云之间的数据交互，实现路口与路口之间、区域与区域之间的信息共享与协同联动，提升整个区域的交通通行能力和效率。

3. 智能路口通行技术发展趋势

未来应以智慧城市交通数据智能平台为核心，通过路口部署小规模路口边缘云，支持多设备接入，具备低延迟、大带宽的高性能通信能力，聚焦实时、短周期数据分析，支持路口级的人、车、路协同业务，解决设备管理、态势感知、单路口交通信号自适应控制等问题。同时，在区域部署中心边缘云，支持处理和存储海量数据，聚焦实时和非实时、中短期周期的数据分析，可以快速实施和验证绿波走廊、车辆动态路径规划等应用。通过多路口业务联动的分布式信号控制，解决大面积交通效率难题。

9.5.4 汽车共享出行与智慧服务

汽车共享出行是通过互联网、大数据和人工智能等先进技术实现的一种出行模式，旨在精准匹配出行供需资源。它在使用时间、合乘空间和汽车使用权等方面进行多维度共享，将乘客的出行需求、车辆的利用需求和路网的畅通需求有机融合，逐渐成为交通管理新理念和智慧城市建设的一部分。汽车共享出行作为智能交通的重要组成部分和智慧城市的关键出行模式，在提升出行效率、合理分配社会资源、促进智慧城市建设方面发挥着不可或缺的作用。同时，共享出行服务平台的建设也重塑了出行产业生态圈，引发了城市综合交通体系的深刻变革。

1. 汽车共享出行的发展趋势与空前机遇

随着生活水平提高，汽车消费和出行需求不断增加，城市交通问题日益严重，汽车共享出行能够有效缓解交通拥堵和环境问题，有助于实现可持续发展。它能提高乘客出行效率，激活闲置运力，合理分配社会闲置资源，加快促进城市智慧建设。智慧城市的发展更迭与汽车共享出行是相辅相成的共生关系（见图 9-11）。

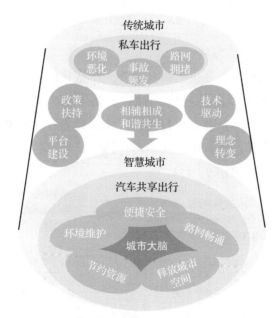

图 9-11 智慧城市的发展与汽车共享出行共生关系

2. 汽车共享出行的新技术、新需求以及新模式

新技术支持着汽车共享出行的发展，新需求推动着应用场景的构建，新模

式又对创新技术提出了新要求，三者的关系如图9-12所示。区块链、无人自动驾驶等技术正在应用于汽车共享出行中。消费者关注出行性价比和体验，企业须致力于提高服务质量并提供增值服务，构建按需取用、节约共享的新型汽车社会，而灵活、个性化、智能化的汽车共享出行新模式能够实现城市交通可持续发展，并提升出行体验。

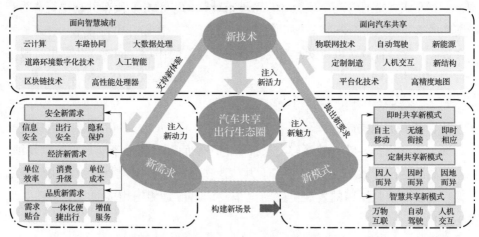

图9-12 新技术、新需求和新模式的关系

3. 汽车共享出行创新发展路径

汽车共享出行的创新发展包括跨界融合、产品升级、产业重塑、市场重构和理念转变。它正朝着安全、绿色、智能、经济、便捷和灵活的方向发展。实现汽车共享出行的路径包括移动出行平台、造车新势力、传统车企等跨界融合发展，政府引导整合优势资源打造共享出行集成服务大平台，从而形成新的汽车共享出行生态产业（见图9-13）。

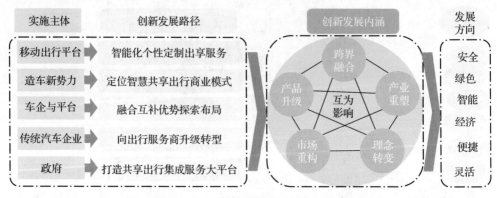

图9-13 新的汽车共享出行生态产业

4. 未来智慧汽车共享出行生态构想

未来智慧城市汽车共享出行具有以下三个方面的生态特征，包括未来汽车产品形态和价值重新定义、未来居民出行生活理念将彻底改变及未来汽车共享出行由多方共同参与（见图9-14）。

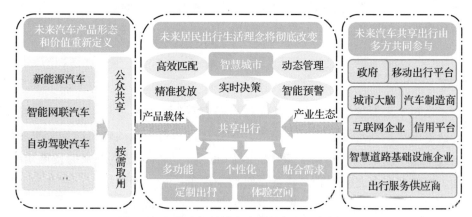

图9-14　未来智慧城市汽车共享出行生态构想

出行离不开交通服务，作为一种基于信息技术的交通服务模式，出行服务（Mobility as a Service，MaaS）是将不同的交通工具和服务整合在一起，为用户提供全方位的出行体验。MaaS通常包括公共交通、出租车、共享单车、共享汽车等多种交通方式，用户可以通过手机应用程序等方式进行预订、支付和使用。MaaS对城市智慧出行的影响和作用主要体现在以下几个方面：

1）提高出行效率和便利性。用户可以通过手机应用程序等方式随时查询和预订交通工具，减少等待时间和转换成本，提高出行效率和便利性。

2）优化城市交通结构和布局。MaaS的实现集成不同的交通方式的同时，也促进了城市交通结构和布局的优化，进而减少交通拥堵，提高城市交通效率和质量。

3）促进可持续交通发展。为用户提供更为便捷的公共交通和共享出行方式，减少个人车辆的使用，从而减少交通排放和城市环境污染，促进可持续交通发展。

4）推动交通服务产业升级。MaaS的发展促进了交通服务产业的升级和转型，MaaS需要涉及多个行业和领域的合作，这也为交通服务产业的协同创新和发展提供了新的机遇。

未来，随着自动驾驶技术、5G技术、人工智能等技术的不断发展，MaaS

也将得到更加广泛的应用和创新。然而，要实现 MaaS 的发展，还面临着一些挑战。首先，MaaS 需要整合不同的交通运输服务提供商和运营商，涉及不同的法规和规定。其次，MaaS 需要依靠信息技术的支持，因此需要大量的数据和技术支持。最后，MaaS 需要得到政府和市民的支持，才能够得到顺利发展。因此，未来的城市交通发展需要政府、企业、技术人才和市民共同合作，推动 MaaS 的创新和发展，打造更加智慧、高效、便捷、环保的城市交通系统。

9.6 小结

本章对未来低碳生态汽车的几大热点研究及先进技术进行了介绍，综述了这些技术的优缺点及发展趋势。当下，正处在汽车行业低碳转型时期，更多的先进技术会不断涌现。在第 1 章中，我们回顾了汽车自诞生以来的发展历史，阐述了汽车与人类之间的紧密联系，而如今汽车进行了低碳赋能，更有了"取之于自然，回归于自然"的意思，总的来讲，汽车只是媒介，无论其由什么材质制造而成，或具有什么样的功能，我们都希望它带给人们的价值是循环持续的，而这份循环持续就是人类与自然的关系，也是我们永恒的主题。

参考文献

[1] 王从飞, 曹锋, 李明佳, 等. 碳中和背景下新能源汽车热管理系统研究现状及发展趋势[J]. 科学通报, 2021, 66(32): 4112 – 4128.

[2] 邹慧明, 唐坐航, 杨天阳, 等. 电动汽车热管理技术研究进展[J]. 制冷学报, 2022, 43(3): 15 – 27; 56.

[3] 于仲安, 陈可怡, 张军令, 等. 动力电池散热技术研究进展[J]. 电气工程学报, 2022, 17(4): 145 – 162.

[4] 暴杰, 胡晶, 许重斌, 等. 电动汽车 800 V 电驱动系统核心技术综述[J]. 汽车文摘, 2023(1): 1 – 9.

[5] 李全, 暴杰, 赵慧超, 等. 车用电驱动系统技术发展趋势及其技术要求[J]. 汽车实用技术, 2021, 46(23): 188 – 192.

[6] 帅石金, 王志, 马骁, 等. 碳中和背景下内燃机低碳和零碳技术路径及关键技术[J]. 汽车安全与节能学报, 2021, 12(4): 417 – 439.

[7] 王雪泽, 韩欢欢, 李黎明, 等. PEM 水电解制氢原理与研究方向[J]. 现代盐化工, 2022(1): 30 – 31.

[8] 王健. 氢能在玻璃熔窑中的应用研究[J]. 玻璃, 2022(8): 1 – 5.

[9] 张策, 孙柏刚, 汪熙, 等. 外开式直喷氢气喷嘴射流特性研究[J]. 车用发动机, 2020(4): 7 – 12; 24.

[10] 陈清泉, 高金燕, 何璇, 等. 新能源汽车发展意义及技术路线研究[J]. 中国工程科学, 2018, 20(1): 68 – 73.

[11] 钟文玲. 我国替代石化燃料的新能源研究: 生物燃料[J]. 科技信息, 2008(32): 54; 32.

[12] 王婧. 经济全球化背景下中国制造业的发展与整合[D]. 长春: 吉林大学, 2008.

[13] 刘超, 周明强, 南茜. 高温甲醇燃料电池的应用研究[J]. 电子产品世界, 2021, 28(9): 47 – 53.

[14] 侯绪凯, 赵田田, 孙荣峰, 等. 中国氢燃料电池技术发展及应用现状研究[J]. 当代化工研究, 2022(17): 112 – 117.

[15] 崔明月, 朱小平, 薛科, 等. 氢燃料电池车储氢技术及其发展现状[J]. 汽车实用技术, 2022, 47(10): 173 – 178.

[16] 梁欣. 燃料电池车辆用氢气的储存技术进展[J]. 石油库与加油站, 2021, 30(1): 19 – 22; 6.

[17] 梁前超, 赵建锋, 梁一帆, 等. 储氢技术发展现状[J]. 海军工程大学学报, 2022(3): 92 – 101.

[18] 周东波, 杨亮, 刘道平, 等. 热管强化动力电池散热技术研究进展[J]. 化学工程, 2022, 50(10): 25 – 29; 5.

[19] 梁坤峰, 王莫然, 高美洁, 等. 纯电动车集成热管理系统性能的热力学分析[J]. 化工学报, 2021, 72(S1): 494 – 502.

[20] 黄锡伟, 朱隽隆, 黄晓强, 等. 基于空气冷却技术的动力电池散热方式研究现状[J]. 汽车零部件, 2021(1): 102 – 106.

[21] 王从飞, 曹锋, 李明佳, 等. 碳中和背景下新能源汽车热管理系统研究现状及发展趋势[J]. 科学通报, 2021, 66(32): 4112 – 4128.

[22] 金英爱, 江楠, 谯鑫, 等. 电气化背景下电动汽车热管理技术的进步与展望[J]. 汽车工程学报, 2022, 12(4): 446 – 458.

[23] 邬博华. 新能源汽车: 热管理市场加速放量[J]. 股市动态分析, 2018(5): 34 – 35.

[24] 王鑫正. 电动汽车电机驱动控制器关键性技术的研究和实现[D]. 沈阳: 沈阳工业大学, 2015.

[25] 李煜. 车辆经济型自适应巡航控制策略研究[D]. 淄博: 山东理工大学, 2020.

[26] 马浩, 张耀忠, 肖广兵. 基于 TMS320 的无人智能车编队协同控制系统[J]. 智能计算机与应用, 2021, 11(5): 31 – 36.

[27] 陈新海, 祖晖, 王博思. 面向车路协同的智慧路侧系统设计[J]. 交通与运输, 2019, 35(6): 62 – 65.

[28] 姜洋. 智能共享出行, 未来城市交通的新形态[J]. 中国周刊, 2019, 223(2): 29 – 30.

[29] 陈轶嵩, 赵俊玮, 刘永涛. 面向未来智慧城市的汽车共享出行发展战略[J]. 中国工程科学, 2019, 21(3): 114 – 121.

[30] 缪鸿志. 技术融合情况下共享出行系统的建模与优化[D]. 长春: 吉林大学, 2019.